"十四五"时期国家重点出版物出版专项规划项目

高速铁路基础研究与技术创新丛书

工程设计系列

高速铁路站场及枢纽设计

本丛书编委会　总主编

赵 斗　编 著

王俊峰　主 审

中国铁道出版社有限公司

2024年·北 京

内 容 简 介

本书为"高速铁路基础研究与技术创新丛书"之分册。高速铁路站场及枢纽设计是高速铁路工程设计技术体系的重要组成部分。本书结合作者高速铁路建设项目工程实践和科研成果,系统介绍了我国高速铁路站场枢纽技术发展历程;主要设施及技术条件;全面论述了车站分布、站址、图型布置、咽喉区设计、通过能力等车站设计技术,枢纽规划原则、图型布置、枢纽线路、站所布局、方案评价等枢纽设计技术,动车段(所)作业内容和流程、设备配置、图型等动车段所设计技术;系统分析了车站枢纽图型分类原则、车站线间设施、咽喉区布置、道岔梁、系统排水、路基、综合管线等系统设计技术。

本书适合从事铁路站场及枢纽工程设计的专业技术人员及高等院校师生学习参考。

图书在版编目(CIP)数据

高速铁路站场及枢纽设计/赵斗编著 . —北京:中国
铁道出版社有限公司,2024.12
(高速铁路基础研究与技术创新丛书·工程设计系列)
"十四五"时期国家重点出版物出版专项规划项目
ISBN 978-7-113-30204-7

Ⅰ.①高…　Ⅱ.①赵…　Ⅲ.①高速铁路-铁路车站-
设计②高速铁路-铁路枢纽-枢纽站-设计　Ⅳ.①U291

中国国家版本馆 CIP 数据核字(2023)第 068879 号

书　　名:高速铁路站场及枢纽设计		
作　　者:赵 斗		
策　　划:刘 霞		
责任编辑:刘 霞	编辑部电话:(010)51873405	电子邮箱:lovelxia_2008@163.com
封面设计:郑春鹏		
责任校对:苗 丹		
责任印制:高春晓		

出版发行:中国铁道出版社有限公司 (100054,北京市西城区右安门西街 8 号)
网　　址:https://www.tdpress.com
印　　刷:北京联兴盛业印刷股份有限公司
版　　次:2024 年 12 月第 1 版　2024 年 12 月第 1 次印刷
开　　本:787 mm×1 092 mm 1/16　印张:13.75　字数:277 千
书　　号:ISBN 978-7-113-30204-7
定　　价:128.00 元

《高速铁路站场及枢纽设计》

编 委 会

主　　任：赵　斗

副 主 任：李中海　何永冕　成　泉　姚丽萍　李荣华

编写人员：左　峰　董入凯　王志新　张炳民　胡显永

张　伟　畅　博　田成军　贾海伟　刘　博

乔　木　杨　郏　于鸿飞　闻方宇　侯黎明

张德育　王　健　张立阳　詹　刚　刘　淇

倪家浩　王　超　薄中旭　杨　洋　徐　峰

王玉昆　张　骋　雷明波

高速铁路基础研究与技术创新丛书

编 辑 组

序

我国高速铁路起步晚、发展快、后劲足,经过几代人的不懈努力,通过原始创新、集成创新、引进消化吸收再创新,成功地走出了一条符合中国国情路情、具有中国特色的自主创新之路。我国已系统掌握各种复杂地质和气候条件下高速铁路建造成套技术;在工务工程、列车运行控制、牵引供电、动车组等高速铁路核心技术方面实现自主化;形成了复杂路网条件下处理跨线运行的运营管理成套技术,构建了人防、物防、技防三位一体的主动安全保障机制。我国已成为全球高速铁路运营里程最长、在建规模最大、运营速度最快、技术体系最全、运营和管理经验最丰富的国家。我国高速铁路技术已走在世界前列,成为推动世界高速铁路发展的重要力量。

为贯彻落实中共中央、国务院《交通强国建设纲要》,推进国铁集团《新时代交通强国铁路先行规划纲要》的落地,系统总结、梳理我国高速铁路各领域前沿理论和技术,向我国乃至世界高速铁路科研工作者和工程技术人员提供一套前沿性的参考书,中国国家铁路集团有限公司铁道出版社公司特组织编著出版"高速铁路基础研究与技术创新丛书"。

丛书以习近平新时代中国特色社会主义思想为指导,以国家自然科学基金课题、国家基金委-国铁集团高铁联合基金课题、国家"973"课题、国家重点研发计划课题等科研成果为支撑,从高速铁路前沿研究、补短板技术、核心技术、技术发展趋势等方向组织选题,涵盖动车组、供电、通信与信号、列控与检测、工程勘察与设计、智能建造、运营与管理、现代信息技术、安全和维护等领域,规模为 100 册,是全面系统论述我国高速铁路基础研究与技术创新成就的大型系列原创性科技著作。

丛书力求突出制高点、原创性、权威性、全覆盖特色。丛书各册内容以作者团队长期从事高速铁路科学研究的成果为依托,多数成果居于国内领先水平甚至世界先进水平,多种成果荣获国家科学技术奖一等奖、二等奖,国家技术发明奖一等奖、二等奖,茅以升科学技术奖,詹天佑铁道科学技术奖,铁道科技进步奖等奖项,丛书内容体现了我国当今最新、最前沿以及展现未来发展趋势的高速铁路相关研究成果和应用技术。丛书包括动车组、供电、工程施工与组织等十个系列,基本实现高速铁路各领域全覆盖。

丛书由编委会总负责。编委会阵容强大,认真负责。编委会各成员都是长期从事我国高速铁路科研、技术、生产和管理的一流专家学者,是所从事领域的翘楚,其中包括高速铁路及其相关领域的四位院士。编委会多次开会商讨丛书的体系、内容特色、作者条件及质量保障机制;分工负责,精心审订和修改各册编写提纲;多次遴选选题,先从 150 多个选题意向中遴选出 100 个选题,后又剔除了内容特色不太鲜明的 8 个选题,还对 10 多个选题提出了较大的改进意见,补充了 8 个关键技术和弥补技术空白的选题;最后邀请专人对各册内容进行审定,从而保证了各册内容的正确性和先进性。

2021 年年底,国家新闻出版署经过严格评审,"高速铁路基础研究与技术创新丛书"(100 册)成功入选"'十四五'时期国家重点出版物出版专项规划——重大出版工程"。这是对本丛书项目的认可,也是对编委会、作者和编辑等人员前期工作的认可,更是一种鞭策。我们相信,本丛书的出版,将助力于《交通强国建设纲要》的贯彻落实,推动我国乃至世界高速铁路事业的发展,也将为铁路领域的科研工作者、工程技术人员、管理人员,以及高校相关专业师生提供一套高水平、原创性、权威性、全覆盖的大型高铁科技精品著作。

中国工程院院士
"高速铁路基础研究与技术创新丛书"编委会主任

2022 年 2 月

前　　言

本书为"高速铁路基础研究与技术创新丛书"之分册,按丛书要求,力求体现高速铁路站场及枢纽设计研究制高点、前沿性、原创性特点。

我国高速铁路运营里程已达 4.6 万 km,稳居世界第一。"四纵四横"高速铁路网提前建成,"八纵八横"高速铁路网加密成型。高速铁路运营带来的交通便利已惠及全国 180 个地级市、370 余个县级城市,已通达 93% 的 50 万人口以上城市,基本覆盖主要人口聚集区。我国高速铁路已经成为世界上运营里程最长、系统技术最全、集成能力最强、运输速度最快、运输密度最高、在建规模最大、成网运营场景最复杂的高速铁路系统。

我国高速铁路借鉴世界高铁发展的成功经验,从无到有,从引进、消化、吸收再创新到自主创新,形成了中国高速铁路工程设计技术体系。高速铁路站场及枢纽设计是高速铁路工程设计技术体系的重要组成部分,发挥着重要作用。近年来,我国高速铁路建设涉及引入铁路枢纽的数量近百个,建成客站数量超千个,高速铁路站场及枢纽技术取得长足发展。我国高速铁路站场及枢纽技术,是在复杂的运输组织方案和成网运营场景下形成的,相较世界上其他国家,客运站规模更大,车站布置更加复杂;枢纽衔接高铁数量多,衔接关系也更为复杂;车站枢纽图型布置、设备配置更加多样。为系统总结我国高速铁路站场枢纽技术,反映其发展成就,笔者历时三年编著完成本书。

本书结合高速铁路建设项目工程实践和科研成果,系统介绍了我国高速铁路站场枢纽技术发展历程、高速铁路站场及枢纽设计理论和技术、主要设施及技术条件;全面论述了车站分布、站址、图型布置、咽喉区设计、通过能力等车站设计技术,枢纽规划原则、图型布置、枢纽线路、站所布局、方案评价等枢纽设计技术,动车段(所)作业内容和流程、设备配置、图型布置等动车段(所)设计技术;系统归纳了车站线间设施、咽喉区布置、道岔梁深、系统排水、路基、综合管线等系统设计技术。本书资料翔实、内容丰富,兼具学术性和实践性。

本书的编写和出版过程得到路内外众多行业专家及中国铁道出版社有限公司

的大力支持与帮助,在此一并深表感谢!

我国高速铁路站场及枢纽设计技术的理论与实践仍在不断发展,限于编者水平,书中难免存在错误或不当之处,敬请广大读者批评指正。

编著者

2024 年 9 月

目　　录

第1章 概　　论

高速铁路为新建设计开行 250 km/h 及以上动车组列车,初期运营速度不小于 200 km/h 的客运专线铁路。高速铁路车站是高速铁路网中有配线的分界点,办理高速列车到发、越行以及客运业务;铁路枢纽是在铁路干、支线的交汇点或终端地区,由各种线路、专业车站以及其他为运输服务的有关设备组成的运输综合体。高速铁路站场及枢纽主要研究对象包括高速铁路车站和为满足技术作业而配备的场、段、所,以及有高速铁路引入的铁路枢纽。

1.1 高速铁路站场及枢纽的作用

高速铁路运输的主要任务是安全、快速、便捷、高效的运送旅客。高速铁路车站是服务旅客乘降、换乘的载体,枢纽可实现路网互联互通,高速铁路车站及枢纽是城市的门户以及沟通城乡、联系各省区的纽带,在国民经济中发挥着重要作用。高速铁路车站是运输基层生产单位,集中了与运输有关的各项技术设备,参与运输过程的主要作业环节,在高速铁路运输体系中发挥着重要作用。车站及枢纽能力是高速铁路运输能力的主要组成部分,其内部各项设备能力的协调、与区间能力的协调是保证运输需求的先决条件。合理布置和有效运用车站和枢纽的各项设备,是保证列车安全、正点运行,降低运输成本的关键,对保证运输工作质量起着决定作用。

1. 高速铁路基础设施的重要组成

高速铁路主要由土建工程、动车组、牵引供电、列车运行控制、运营调度及客运服务系统六大核心系统构成。这六大系统在高速铁路的运营中发挥着各自重要作用,六大核心系统具有很强的系统性,各系统之间既自成体系,又相互关联、相互影响,其具体的关系如图 1-1 所示。

高速铁路站场及枢纽包含站场轨道、路基、排水、道路和站场设备等土建工程,是高速铁路基础设施的重要组成部分。

2. 高速铁路生产力布局和站后设施布设的重要载体

高速铁路车站是服务旅客乘降、换乘的场所,是实现动车组列车接发和各项技术作业的场所,集中了与动车组运输和客运服务有关的各项技术设备,如牵引供电、通信信号、运营调度及客运服务等设备以及动车组运用、检修、基础设施维修设施。高速铁路站场及枢纽参与到运输过程的主要作业环节,既是承接高速铁路生产力布局的载体,也是站后设施布设的重要载体。

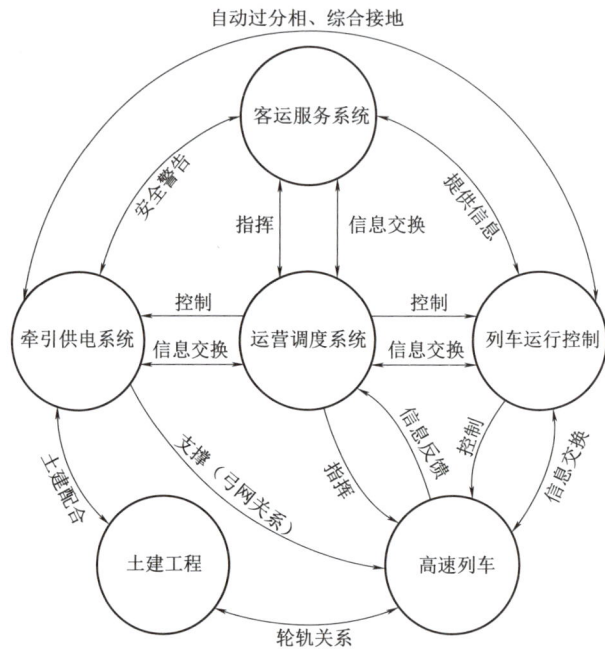

图 1-1 高速铁路主要系统关系

3. 承接高速铁路网规划,实现路网互通的关键环节

铁路枢纽是铁路干线通道的重要交汇点,是铁路基础设施网络的重要组成部分,枢纽布置、客站布局和分工、生产力设施分布、联络线设置等合理与否直接决定着能否构建衔接顺畅的综合交通枢纽,直接影响到高速铁路路网功能能否充分发挥、运输效率是否高效、吸引客流是否便捷、高速铁路效益是否充分提升,高速铁路站场及枢纽是承接国家路网规划、实现路网互联互通、提升服务水平的关键环节。

4. 实现服务旅客功能的窗口,带动城市发展的引擎

高速铁路车站是大量人员聚散之地,是高速铁路与城市的连接点,是服务旅客的窗口,涉及众多利益方,极易成为全社会关注的热点,是建设高质量高速铁路网的基础性、源头性工程。在我国城镇化建设进程中,站城一体化理念迎来了发展和实践的契机,部分城市以高速铁路建设为契机,建设新的功能区划,同时,将居住、商业、办公、餐饮、娱乐、换乘等多种城市功能与高速铁路车站相融合,同步规划并建设成具有一定规模和影响力的建筑综合体,提高了人群的可达性和工作生活的方便性,提升了土地建设的集约性,也推动了站城融合发

展,将区域综合交通枢纽打造为城市区域中心。高速铁路车站的建设成为带动城市发展的引擎。

5. 综合交通运输体系的核心

综合客运枢纽作为城市公共交通的重要组成部分,涵盖多种交通方式,通过在空间和功能上的有机组合、衔接,统筹协调各种运输方式的优势,使交通运输资源得到合理配置和有效利用。近年来,我国高速铁路站场及枢纽设计以"点线协调、安全高效、能力效益最大化"为目标,贯彻落实"创新、绿色、协调、开放、共享"的新发展理念,从传统的铁路客站向多种交通运输方式融合的综合交通枢纽转变,按照零距离换乘要求,强化高效衔接这一核心,建设以客站为中心、与其他交通方式高效衔接的综合客运枢纽,打造便捷智慧、平安绿色、站城融合的大型客运站和交通综合体,高速铁路客站成为综合交通运输体系的核心。

1.2 高速铁路站场及枢纽发展历程

1.2.1 世界高速铁路发展历程

高速铁路作为一种安全可靠、快捷舒适、运载量大、低碳环保的运输方式,已经成为世界交通业发展的重要趋势。目前除我国外,世界上已有日本、法国、德国、意大利、西班牙、比利时、荷兰、瑞典、英国、韩国等 15 个国家和地区建成高速铁路。世界高速铁路的发展历程可划分为三个阶段:

1. 初始探索阶段

20 世纪 60 年代至 80 年代,是世界高速铁路发展的初始阶段,主要由日本、法国、意大利和德国等发达国家推动了这一次建设高潮。以日本 1964 年首条高速铁路——东海道新干线的开通运营为标志,开通运营速度达到了 210 km/h。

2. 扩大发展阶段

20 世纪 80 年代至 90 年代中期,由于日本等国高速铁路建设取得了巨大成就,世界各国对高速铁路投入了极大的关注并付诸实践,法国、德国、意大利、西班牙、比利时、荷兰、瑞典和英国等最为突出。以 1981 年欧洲首条高速铁路——TGV 东南线开通运营为标志,开通运营速度达到了 270 km/h,世界高速铁路进入 250~300 km/h 新时期的转折点。在此期间,日本、法国、德国以及意大利对发展和完善高速铁路网进行了周密和详尽的规划,对原有高速铁路网进行了大规模扩建。

3. 快速发展阶段

20 世纪 90 年代中期至今,这次建设高潮涉及亚洲、北美、大洋洲以及整个欧洲,形成了世界交通运输业的一场革命性的转型升级。俄罗斯、韩国、澳大利亚、英国、荷兰、土耳其、乌兹别克斯坦等国家都先后开始了高速铁路的建设。为配合欧洲高速铁路网的建设,东部和中部欧洲的捷克、匈牙利、波兰、奥地利、希腊以及罗马尼亚等国家进行干线铁路改造,全面提速。对高速铁路开展前期研究和初步实践的国家还有美国、加拿大、印度、巴西、伊朗、阿根廷等。

从 21 世纪开始,中国高速铁路建设快速崛起,对其他国家产生了强大示范作用,其他国家纷纷加快实施本土发展规划。截至 2022 年,世界各国高速铁路运营里程如图 1-2 所示。

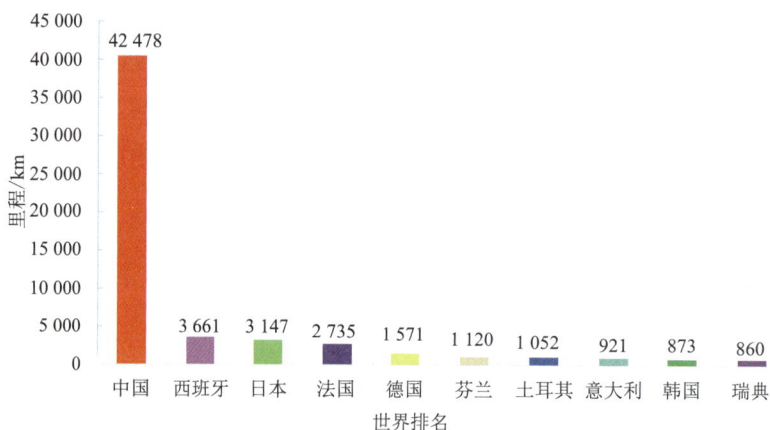

图 1-2   2022 年全球各国高速铁路运营里程

1.2.2   我国高速铁路发展历程

我国高速铁路发展历程如图 1-3 所示。

1. 初始发展阶段

1990—2003 年,为我国高速铁路初始发展阶段,主要进行了高速铁路的前期研究与初步实践。

20 世纪 90 年代初,我国开始了高速铁路技术研究和工程实践,主要围绕京沪高速铁路前期工作、既有线提速、秦沈客运专线建设开展。

1990 年 3 月,铁道部将高速铁路技术作为我国科技攻关的重点课题。1993 年 4 月,国家相关部委成立了"京沪高速铁路重大技术经济问题前期研究"课题组。1993 年 7 月,铁道部印发了《京沪高速铁路线路主要技术条件》;1999 年,制订了《京沪高速铁路线桥隧站设计暂行规定》;2002 年,结合我国几大干线提速、秦沈客运专线建设及试验经验,制订了《京沪高速铁路站后设计暂行规定》;2003 年,合并形成了《京沪高速铁路设计暂行规定》。

在广深线实施时速 160 km 改造的基础上,于 1997 年起连续 6 次对既有线大面积提速;2001 年蓝箭电力动车组在广深线投入运营,最高运行时速 200 km,为高速铁路发展奠定了技术基础。

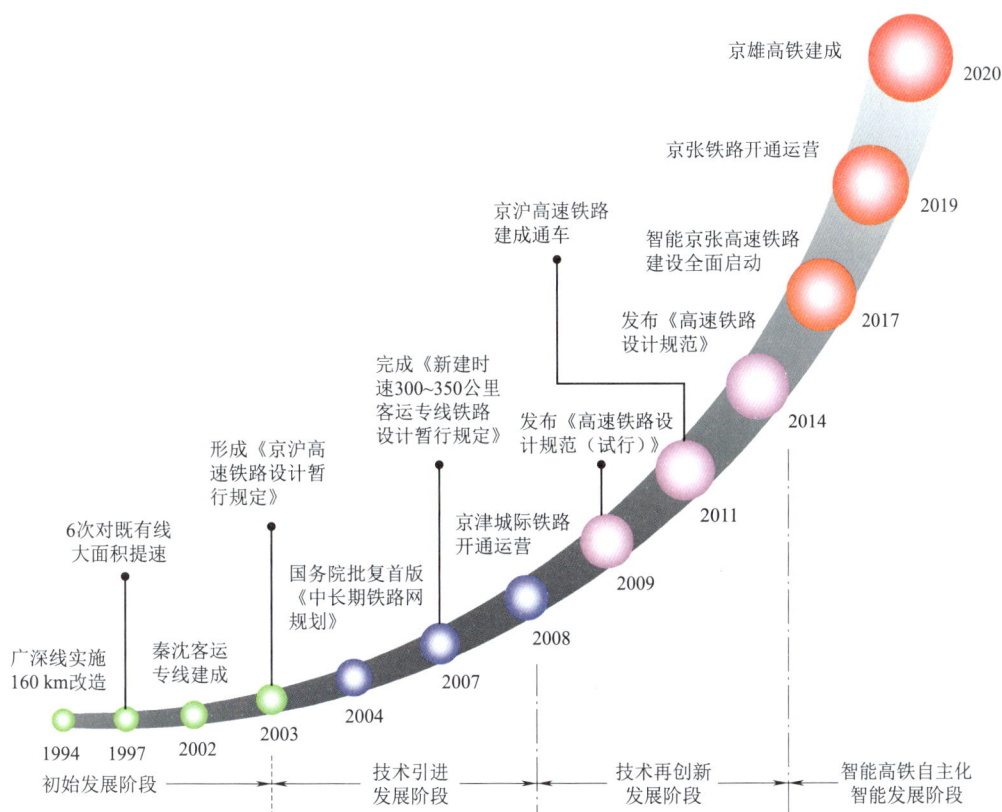

图 1-3　我国高速铁路发展历程

1999 年,在秦沈客运专线上建设设计时速 300 km 综合试验段,制订了《秦沈客运专线设计暂行规定》。2002 年中华之星在秦沈客运专线上进行试验性试跑,时速达到了 321.5 km;2003 年我国自主研究、设计、施工的第一条设计时速 250 km 客运专线——秦沈客运专线建成通车,标志着我国已具备高速铁路建设能力。

2. 技术引进发展阶段

2003—2008 年,是我国高速铁路的技术引进发展阶段,本阶段我国实质性开展了高速铁路建设。

2002 年,京沪高速铁路勘察设计和建设。

2004 年,首版《中长期铁路网规划》批复,开启了我国"四纵四横"高速铁路网建设。

2005 年,《新建时速 300～350 公里客运专线铁路设计暂行规定》编制工作启动,2007 年 3 月发布。该暂行规定指导设计完成了京沪高速铁路、武广、郑西、哈大客运专线、东南沿海通道和沪宁城际等设计;特别是对指导我国第一条设计时速 350 km 高速铁路"京津城际铁路"的建设,起到了关键作用,为京津城际铁路的成功建设和顺利开通运营、为我国各客运专线的建设奠定了技术基础。

2007 年 9 月,《高速铁路设计规范(试行)》编制工作启动,开展与已经建成的京津城际等铁路、《新建时速 300～350 公里客运专线铁路设计暂行规定》差异性对比分析,并与国外规范进行了对照分析。

2008 年,中国第一条设计时速 350 km 高速铁路——京津城际铁路开通运营,初步形成时速 300～350 km 的高速铁路成套技术体系。

3. 技术再创新发展阶段

2008—2014 年,是我国高速铁路的技术再创新发展阶段,并形成了中国高速铁路建设体系。

2009 年 12 月,《高速铁路设计规范(试行)》(铁建设(2009)209 号)发布。2013 年铁路实行政企分开改革,2014 年 12 月 1 日,国家铁路局批准发布铁道行业标准 TB 10621—2014《高速铁路设计规范》。

2011 年 6 月 30 日建成通车的京沪高速铁路标志着中国自主创新的高速铁路技术成功应用。

这一阶段,通过在消化、吸收的基础上进行再创新,我国高速铁路关键核心技术实现了多项创新突破。一是建设了京沪高速铁路、京广客专、哈大客专等一批设计时速 350 km、具有世界先进水平的高速铁路,二是依托重大项目,创建了拥有知识产权的 CTCS-3 级列控体系,三是成功研制了 CRH380 型新一代高速列车。

4. 智能高速铁路自主化智能发展阶段

2012 年以来,以中国标准动车组研制为重点,我国全面推进高速铁路关键核心技术自主化,系统掌握了涵盖工程建造、技术装备、运营管理等高速铁路核心技术,形成了完备的高速铁路技术体系。

2017 年,随着智能京张高速铁路建设全面启动,我国高速铁路朝着更智能、更安全的方向迈进,智能高速铁路采用云计算互联网、宽带移动通信、人工智能等先进技术,通过新一代信息技术与高速铁路技术的集成融合,全面提升高速铁路智能建造、智能装备、智能运营技术水平,实现旅客出行更加方便快捷、铁路运营更加安全高效、铁路装备更加绿色环保,2019年京张铁路的开通运营以及 2020 年京雄高速铁路建成,标志着中国高速铁路在自主提升上迈上了新的台阶,开始进入智能化时代。

同时,我国高速铁路走向世界,以雅万高速铁路等为标志,高速铁路技术助力一带一路建设。

1.2.3 高速铁路站场及枢纽发展

截至 2023 年,我国已有百余个枢纽引入高速铁路,建成千余座客运站,60 多个动车段所。随着我国高速铁路的发展,绝大多数铁路枢纽总图布局、客货运输结构发生了根本性的改变。高速铁路建设,特别是高速铁路车站和枢纽的建设,改变了城市综合交通运输结构、产业布局和人口布局,深刻影响人们的生活方式、城市发展导向、区域经济发展,站场及枢纽技术也取得了长足的发展。

1. 枢纽内高速铁路客运系统布局从简单向复合图型演变

我国高速铁路初始发展阶段仅有京沪高速铁路 1 条干线,全长约 1 318 km;至 2004 版《中长期铁路网规划》发布,规划"四纵四横"高速铁路网,规划高速铁路约 1.2 万 km;至 2016 版《中长期铁路网规划》发布,规划"八纵八横"高速铁路网,规划高速铁路约 4.5 万 km。《新时代交通强国铁路先行规划纲要》提出到 2035 年,全国铁路网 20 万 km 左右,其中,高速铁路 7 万 km 左右,20 万人口以上城市实现铁路覆盖,其中 50 万人口以上城市高速铁路通达。截至 2022 年,引入高速铁路干线数目多于 2 条的铁路枢纽达到 67 个,多于 4 条的铁路枢纽超过 29 个,其中广州铁路枢纽衔接京广、广深港、贵广、南广、赣深、深茂、广汕高速铁路、广珠城际、穗莞圳、广清、广佛多达 11 条。

随着枢纽内高速铁路路网规模、线路数量和衔接方向的持续增加,高速铁路正线引入枢纽的衔接关系越来越复杂;高速铁路客站多站布局成为普遍现象;运输组织模式从高、中速列车共线运行演变为不同速度等级的高速列车共线运行;联络线由实现高速线路同普速干线相连演变为实现高速铁路路网互联互通,联络线布置也是形式多样;枢纽内高速铁路客运系统布局从一站枢纽等简单图型向环形枢纽、组合式枢纽等复合图型演变。

2. 客运站规模逐渐增大、车站布置越来越复杂

车站规模随着引入线路数量的增加逐渐增大,根据对我国 83 个主要客站设计规模调查结果,到发线 20 条及以上的车站共计 21 个,到发线为 10～19 条的车站共计 34 个,到发线 10 条以下的车站共计 28 个。车场布置从一条干线引入的一场布置发展为多条干线引入的合场布置、分场布置、混合布置、分层布置等多种复杂形式,如郑州东站车场规模达到 4 个;单一车场咽喉区引入线路数量越来越多,如雄安站合场布置咽喉区引入线路数量达到 7 条,使得客站的布置越来越复杂。

3. 站址选择从以引入普速既有车站为主发展为引入既有站址和新建站址并重

在我国高速铁路发展初期,车站规模相对较小,考虑到充分利用既有路网设施以及城市配套设施等因素,高速铁路以引入既有普速车站为主。在发展过程中,随着城镇化进程,地方新的规划区陆续建设,地方规划对于高速铁路在新区设站以提供交通支持和带动地方发展的需求益发强烈;同时随着路网规模的扩充,车站衔接方向越来越多、车站规模越来越大,既有站位于城市中心,引入既有站对于城市的干扰也越来越大,因此在这个过程中近半数的高速铁路车站选择在新址建设。高速铁路引入枢纽从以引入既有普速车站为主发展为引入既有普速车站和新建站址并重的格局。

4. 客运站设计标准不断提升

随着对提高高速铁路车站接发列车咽喉通过能力以及旅客舒适度认识的加深,大号码道岔的运用越来越普遍,车站道岔从采用 12 号提升到采用 18 号道岔,区间接轨采用 42 号道岔;站线采用无缝线路得到普遍应用;站线配置缓和曲线成为共识,车站设计标准不断提升。

5. 客运站从单一的服务旅客乘降功能发展为综合交通枢纽

传统车站设计,铁路和城市范围界面清晰,各自功能独立,虽然管理便利,但也给旅客换乘带来了诸多不便。近年来,铁路客运站已经向多种交通运输方式融合的综合交通枢纽转变,建设成以北京南站、上海虹桥站等为代表的综合交通枢纽,按照零距离换乘要求,强化高效衔接这一核心,以客站为中心,与城际铁路、市郊铁路、城市轨道交通、地面公共交通、私人交通、以及机场航站楼等紧密衔接,形成快速连接、开放式、立体化综合客运枢纽。

6. 客运站系统设计水平不断提升

高速铁路车站范围涉及站前、站后多个系统。站前工程包括路基、轨道、桥涵等,随着高速铁路发展,车站布置越来越复杂,涉及路基、桥梁、地下等多种结构形式;站后系统集中了各项技术设备,包括四电设施、房屋和相关配套设施,各系统间技术接口繁多。为实现各系统的统筹布局、有序衔接、合理接口,车站设计开展了大量的系统优化设计工作,系统设计水平不断提升。

7. 高速铁路站场及枢纽设计理论和智能化手段不断发展

高速铁路站场枢纽设计理论不断创新,更加重视以运输需求为导向,注重以人为本;枢纽客运系统布局做到两协调、四实现:注重同路网相协调,注重同城市规划相协调,实现客货分线、实现客内货外、实现多点发车、实现车流顺畅;客运站规模、车场布局、咽喉区布置、设备配备按照满足高峰时段客流需求系统设置;按照"零距离"换乘、站城融合要求构建客运综合交通枢纽;车站仿真技术不断发展,实现车站能力分析系统、准确;层次分析法、熵权法、模糊分析法等和计算机技术结合的定量评价方法在站场及枢纽方案评价中不断得到应用;车站及枢纽设计软件不断更新,BIM 技术取得初步成果,推动站场及枢纽技术数字化、智能化不断发展。

1.3 高速铁路站场及枢纽研究内容及布设原则

1.3.1 高速铁路站场及枢纽研究内容

高速铁路站场及枢纽学科是一门铁路工程学与运输组织学相交叉的综合性学科,是一门融管理、规划和设计为一体的综合性学科,其研究重点是:

1. 铁路枢纽高速系统规划研究

研究车站和枢纽在路网中的合理布局。规划铁路枢纽总布置图,提出枢纽内客运站合理布局、客运站选址(含动车段所)和作业分工方案,联络线设置方案以及车站及枢纽各项设备综合运用的优化方案。进行枢纽建设方案经济比较和评价。研究车站与城市规划、与其他运输方式的协调配合,综合交通枢纽规划与设计。

2. 车站、段(所)设计

(1)研究车站、段(所)内车场、客运设备,动车组、维修等各项设施的相互位置,提出合理的车站布置图。

(2)研究车站、段(所)各项设备的规模、能力计算方法以及各项设备能力的协调与加强措施。

(3)研究车站、段(所)平纵断面、站线轨道、路基、排水、站场设备标准。

3. 系统设计

研究车站(场)内站前工程与四电、房屋及相关配套设施等站后工程的系统布局,采用系统设计实现各专业工程的接口合理、系统优化。

1.3.2 高速铁路站场及枢纽布设原则

高速铁路站场及枢纽的规划设计是一项系统工程,应坚持"创新、协调、绿色、开放、共享"的发展理念,着眼于建设和谐、节约、环境友好型社会,贯彻"以人为本、服务运输、着眼发展、强本简末、系统优化"的方针,遵守下列原则和要求。

(1)保证必要的运输能力和运输组织灵活性。车站及枢纽各项设备的能力应当适应近、远期运输要求,并应具有必要的储备能力和运输组织灵活性。

(2)保证作业安全和人身安全。车站及枢纽设备布置和设计技术条件应符合有关规章、规程和标准的要求,把提高安全可靠性贯穿于整个设计中。

(3)注重全局观点、系统工程理念。车站及枢纽设计是一项系统工程,不仅要注意本身内部各项设备的合理布局以及其与铁路区间能力的相互协调,统筹站前站后各项设施布置,而且要考虑与其他各种运输方式配合,满足城市规划、国防等多方面的要求。

(4)注重以人为本,服务地方发展。枢纽布局、客运站选址、客运设施布局、旅客流线设计等应遵从以人为本的设计理念,从支撑、引领城市发展的角度综合布局,服务地方经济发展。

(5)注重构建综合交通枢纽,按照"零距离"换乘要求,统筹与城市其他交通方式衔接,构建以铁路枢纽为中心,换乘便利、衔接顺畅的综合交通枢纽。

(6)要注重投资效益,节省基建费用。在满足设计期运营需求和保证安全的前提下,尽可能节省工程费用,少占用地。

（7）积极采用国内外先进技术和装备。根据科技发展水平和不同运输需求,采用不同层次的技术和装备,系统配套,发挥整体效能,以适应交通强国的要求。

（8）充分考虑进一步发展空间。布置车站及枢纽的各项设备时,要预留扩建用地,做好分期过渡方案,避免不必要的废弃工程。规划不仅要满足研究年度远期运量的需要,还必须展望远景发展和科技发展需要,留有足够的发展空间,对于难以实施的预留工程应同步实施。

第2章 高速铁路站场主要设施及其技术条件

高速铁路站场设施是高速铁路土建工程的重要组成部分,主要包括站内正线、到发线、折返线、道岔及连接线路、安全设备、客运设备、综合维修工区、路基、排水等。

2.1 站 内 正 线

正线是连接并贯穿或直股伸入车站的线路,连接车站的部分为区间正线,贯穿或直股伸入车站的部分为站内正线。站内正线范围包括到发线有效长度范围和咽喉区范围,即车站站坪范围。

2.1.1 站内正线平面

高速铁路中间站、越行站站内正线设计速度高、曲线半径大、曲线长度长,如在站内设置曲线会引起站坪过长,故应设计为直线。

高速铁路始发站站内正线考虑便于技术作业、运营管理、维修养护等原因,宜设计为直线;但为减少拆迁、节省工程投资,考虑到大部分列车均需停靠,在困难条件下,经技术经济比选,站内正线可采用曲线,但曲线半径不应小于相应路段设计速度的最小曲线半径,且不得小于 600 m,同时应保证咽喉区正线设在直线上。

2.1.2 站内正线纵断面

车站正线纵断面设计,包含到发线有效长度范围及咽喉区范围。到发线有效长度范围内正线纵断面,考虑列车进站安全停车、列车停车后起动、车辆溜逸和站内作业安全等因素,应设在平道上,困难条件下可设在不大于 1‰坡道上,特殊困难条件下,越行站不宜大于 6‰,且不应连续设置。到发线有效长度范围内的正线应采用一个坡段。

车站咽喉区的正线坡度宜与到发线有效长度范围内坡度一致,困难条件下始发站不宜大于 2.5‰、中间站不宜大于 6‰。

区间线路所宜设在比较平缓的坡道上,以利列车的停车、启动、加速,并防止道岔爬行。但在山区等困难地段,受地形条件或环保、用地的限制,不得不设置在大坡道上,线路所正线坡度一般不宜大于 15‰,困难条件下不应大于 20‰,特殊困难条件下,需要评估大坡度条件制动工况对无缝道岔受力变形、线—桥耦合受力、钢轨伤损爬行、养护维修的影响,经技术经济论证后确定。根据对现状线路所设计坡度的调研情况,天津枢纽南仓线路所 38 号道岔位于 21.5‰坡道上,线路为有砟轨道;昆明枢纽小团山线路所 42 号道岔位于 25‰坡道上,线路为无砟轨道。经过多年运营,状态良好。

2.1.3　站内正线布置原则

高速铁路设计速度高,曲线半径大,站内正线一般采用中穿车场布置形式。当高速铁路正线采用较小曲线半径时,站内正线也可采用外包布置形式。

站内正线设在曲线上时,应尽量减少曲线偏角,缩短曲线长度,合理选用曲线半径,周密考虑曲线在站坪范围内的部位,以改善车站作业条件。

有高速列车不停站通过的站内正线一般不邻靠站台。

2.2　到　发　线

到发线是指车站内用于接发旅客列车的线路,是高速铁路车站主要线路。

2.2.1　到发线有效长度

到发线有效长度是指能停放列车而不影响相邻股道作业的最大长度。到发线有效长度是高速铁路的主要技术标准之一,合理控制有效长度,有利于控制车站规模、减少土建工程投资。到发线有效长度是车站设计的主要技术参数,与列控系统制式、列车长度、列车制动性能以及安全防护距离等有关。

1. 我国高速铁路到发线有效长度

我国高速铁路到发线有效长度是指线路两端警冲标、有效长度计算点或车挡挡车器始端之间的距离。到发线分为贯通式到发线和尽端式到发线两种类型,其中贯通式到发线按照使用方式分为双方向到发和单方向到发两种,在站坪长度不受限的条件下贯通式到发线一般设计为双方向到发使用,便于车站的运输组织。

(1)双方向使用的贯通式到发线有效长度

贯通式到发线有效长度由有效停车长度 l、防护区段长度 b(含安全距离)、防护区段至站台端部距离 a、有效长度计算点至绝缘节间距离 c 等组成,满足:

$$L=c+b+a+l+a+b+c \tag{2-1}$$

①有效停车长度 l:按照目前国内最长的动车组编组长度 439.9 m,并在两端考虑停车余量计算确定。设有旅客站台时,有效停车长度即为站台长度 450 m;

②防护区段长度 b：防护区段长度根据 ZPW-2000 轨道电路最小长度、车载信号设备响应时间、应答器组设置、安全距离等计算确定。以衔接到发线道岔允许速度为 80 km/h 的 18 号道岔为例，车载信号设备响应时间 2.5 s，道岔最高侧向通过速度 80 km/h，安全距离为 20 m，其所需最小长度为

$$b_{min} = v_{max} \times 2.5 + 20 = 80 \times 1\,000/3\,600 \times 2.5 + 20 = 75.6 \text{ m}$$

取整为 80 m，为提升防护效果，现行《高速铁路设计规范》中按 90 m 取值。

③防护区段至站台端部距离 a：结合工程实施条件，防护区段距站台端部留有的余量，一般情况下按照 5 m 设计；

④警冲标（或有效长度计算点）至绝缘节的距离 c：TB 10007—2017《铁路信号设计规范》规定不小于 5 m。

贯通正线警冲标至绝缘节的距离 c'：TB 10007—2017《铁路信号设计规范》规定不小于 55 m。

车站到发线股道及非贯通正线股道出站信号机、发车进路信号机应设置在距邻近的顺向道岔警冲标不小于 5.0 m 或邻近的对向道岔岔前基本轨轨缝处。贯通正线股道出站信号机、发车进路信号机宜设置在距离邻近的顺向道岔警冲标不小于 55.0 m 或邻近的对向道岔尖轨尖端不小于 50 m 的位置，邻靠站台的正线股道出站信号机、发车进路信号机可设置在顺向道岔警冲标或道岔尖轨尖端不小于 30 m 处。

双方向使用贯通式到发线有效长度如图 2-1 所示。

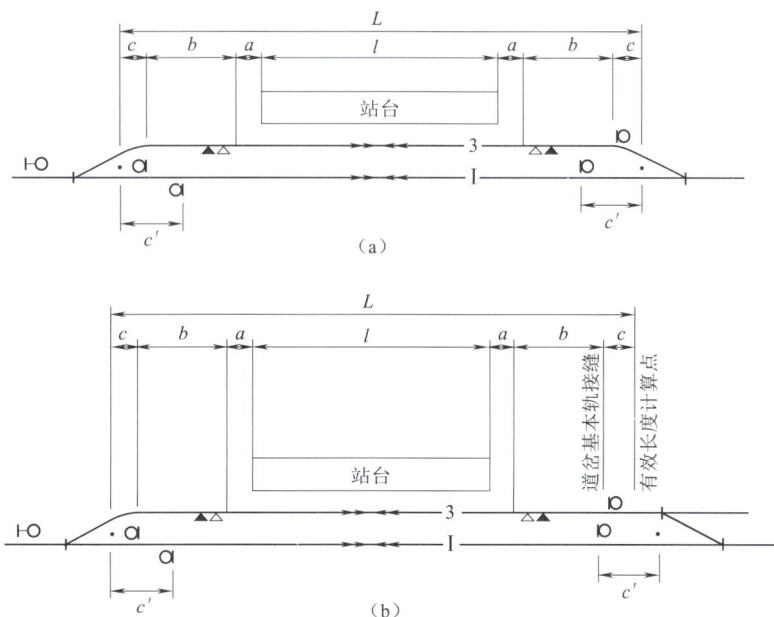

图　2-1

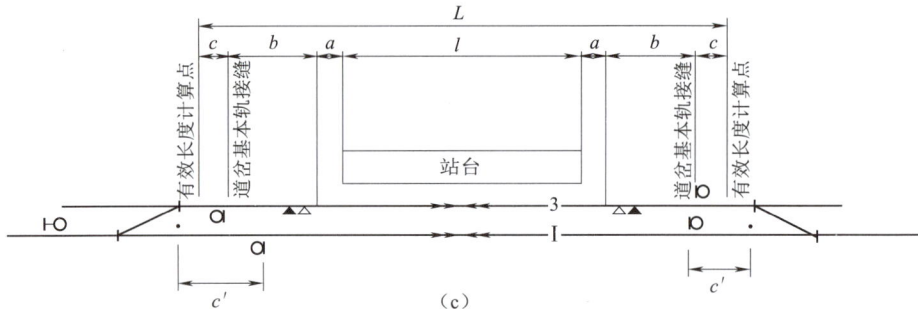

图 2-1　双方向使用的贯通式到发线有效长度示意

计算结果表明,高速铁路双方向使用的贯通式到发线有效长度应采用 650 m。

(2)单方向使用的贯通式到发线有效长度

单方向使用的到发线其主要特征是进站端不设防护区段,其有效长度由有效长度计算点至绝缘节(该处设阻挡信号机)间距离 c、进站端应答器距阻挡信号机距离 e(20 m)、应答器组内间距 f(5 m)、有效停车长度 l、防护区段至站台端部距离 a、防护区段长度 b(含安全距离)、有效长度计算点至绝缘节间距离 c 等组成,即

$$L=c+e+f+l+a+b+c$$

单方向使用的贯通式到发线有效长度示意如图 2-2 所示。

当有效停车长度(站台长度)450 m 时,高速铁路单方向使用的贯通式到发线有效长度可不小于 575 m。

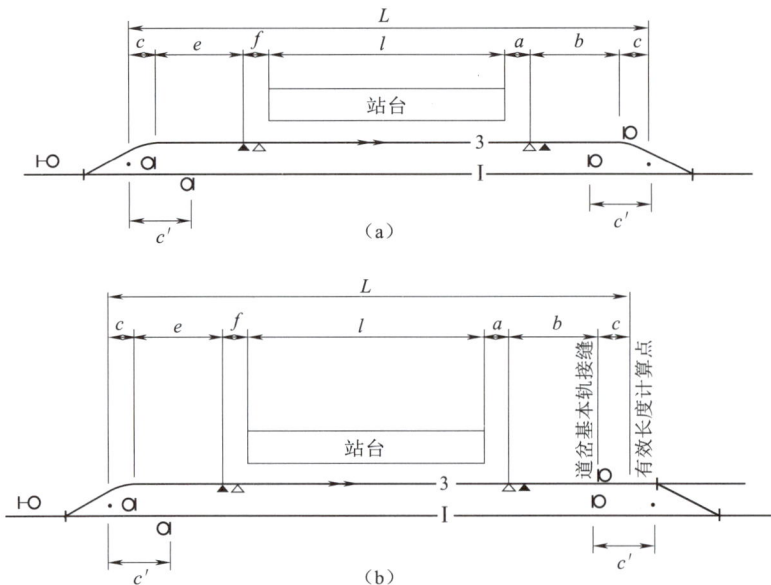

图　2-2

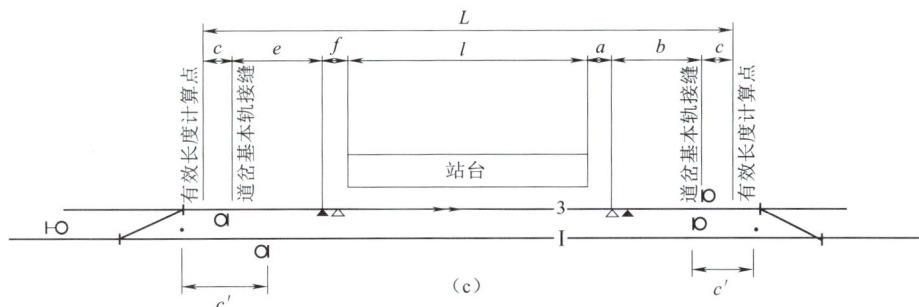

图 2-2　单方向使用贯通式到发线有效长度示意

（3）尽端式到发线有效长度

尽端式到发线有效长度由出发端警冲标至绝缘节（该处发车进路信号机）间距离（≥5 m）、出发端应答器组至出站信号机间距离（20 m）、出发端应答器组内间距（5 m）、有效停车长度（站台长度）、无源应答器组内间距（5 m）、尽头端安全距离（d）、绝缘节至挡车器距离（g）组成。尽端式到发线有效长度如图 2-3 所示。图 2-3 中，挡车器距车挡的距离应根据选用的挡车器型号确定。其中尽头端安全距离是指 C2、C3 车载模式下常用制动条件下的停车安全防护距离，按照 Q/CR—2021《CTCS-2 级列控车载设备技术规范》的规定及 Q/CR—2020《CTCS-3 级列控车载设备技术规范》的规定，该值取 60 m。

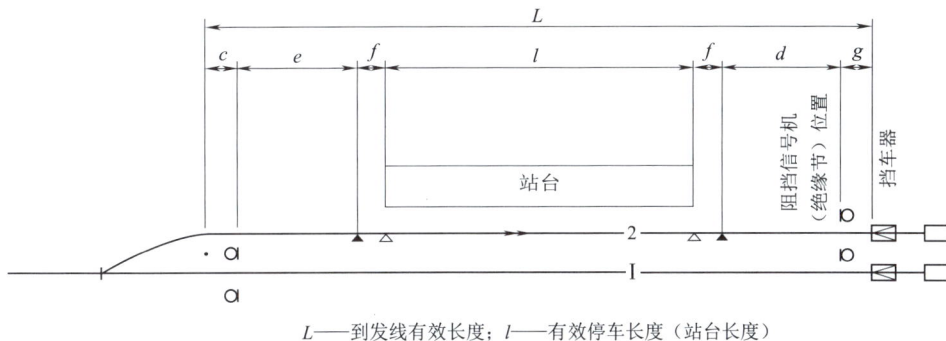

L——到发线有效长度；l——有效停车长度（站台长度）

图 2-3　尽端式车站到发线有效长度示意

当有效停车长度 450 m 时，高速铁路尽端式车站到发线有效长度不小于 550 m。

2. 国外高速铁路到发线有效长度

世界各国高速铁路对车站到发线有效长度的规定各不相同。日本规定新干线的到发线有效长度由列车长度、富余长度（考虑停车误差）及安全防护距离三部分组成，东海道及山阳、东北、上越等新干线有效长度为 400 m（最大列车长度）+15 m×2（富余长度）+50 m×2（安全防护距离）=530 m。各部分取值如图 2-4 所示。

日本高速铁路到发线有效长度计算理论与中国相同，仅列车长度参数及安全富余量不同。

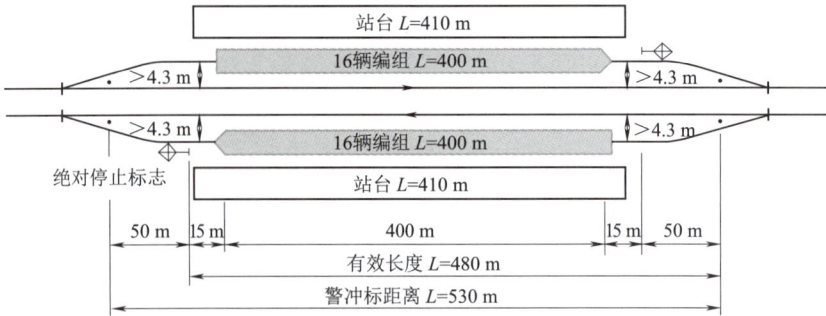

图 2-4　日本新干线到发线有效长度示意

德国到发线有效长度由列车长度和附加长度两部分构成。德国高速铁路到发线有效长度一般为 450 m,其中列车长度不超过 400 m,附加长度 50 m。(附加长度包括信号能见距离 5 m×2、不准确停车距离 5 m,列车伸长防护区段 10 m×2,特殊的列车伸长防护距离 8 m,列车防护信号机至绝缘节距离 6 m;以上合计 49 m,取整 50 m)。德国高速铁路到发线有效长度如图 2-5 所示。

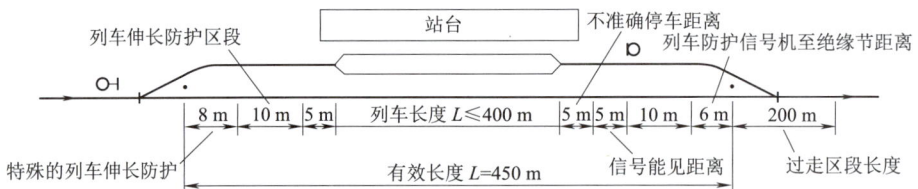

图 2-5　德国高速铁路车站有效长度示意(单位:m)

同中国标准相比,德国到发线有效长度不包含过走区段长度 200 m。

法国高速铁路到发线有效长度为 650 m,组成为:475 m(列车长度)＋15 m(停车余量)＋2×80 m(出站信号机至岔前基本轨缝或警冲标之间距离)。

2.2.2　到发线平面

1. 曲线半径

到发线进路上的曲线半径应与相邻道岔规定的侧向通过速度相匹配,当采用 18 号道岔时,到发线曲线半径不小于 800 m;采用 12 号道岔时,曲线半径可不小于 400 m。到发线最小曲线半径选择主要与通过到发线的速度目标值、旅客舒适度指标有关,最小曲线半径按照式(2-2)计算。

$$R=11.8(v_G^2-v_D^2)/(h_q+h_g) \tag{2-2}$$

式中　v_G——列车最高设计速度;

　　　v_D——列车最低设计速度;

(h_q+h_g)——欠、过超高之和允许值。

高速铁路各种超高参数标准依据舒适度条件确定。欠、过超高之的允许值舒适度优秀条件下取 100 mm，良好条件下取 140 mm，困难情况下取 180 mm。

邻靠站台的到发线曲线半径不小于 1 000 m，困难条件下不应小于 600 m，邻靠站台的到发线曲线半径需要考虑列车车门与站台边缘距离满足旅客乘降要求，避免车门与站台边缘的空隙过大，不致对旅客(特别是老人、孩子)上下车和行包装卸作业造成不便。在直线地段，线路中心线至站台边缘的距离为 1 750 mm，客车半宽最小 1 502 m，车体至站台边的距离最大为 248 mm；当到发线曲线半径为 1 000 m 时，车体至站台边的距离增大为 293 mm；当到发线曲线半径为 600 m 时，车体边至站台边的距离增大为 353 mm。

2. 外轨超高

列车到发进路上的曲线应设外轨超高，曲线超高值根据平面曲线半径以及列车通过速度计算确定，并应满足允许欠超高、允许过超高以及欠、过超高之和允许值的规定，且不应小于 20 mm。

根据我国多次曲线试验研究结果，并参照国外经验，根据人体感觉舒适度条件，欠超高允许值 $[h_q]$ 和过超高允许值 $[h_g]$ 均一致，舒适度优秀条件下取 40 mm，良好条件下取 60 mm，困难条件下取 90 mm。过、欠超高之和 $[h_q]+[h_g]$ 的允许值舒适度优秀条件下取 100 mm，良好条件下取 140 mm，困难情况下取 180 mm。工程设计中，到发线曲线超高设计取值见表 2-1。

表 2-1　到发线曲线超高设计取值

曲线半径/m	800	900	1 000	1 100	1 200 及以上
设计超高/mm	30	30	25	25	20

3. 缓和曲线

列车到发进路上的站线曲线不设缓和曲线时，曲线半径需要满足旅客舒适度要求，体现为容许的(欠)超高时变率要求，可按式(2-3)计算确定。根据计算结果，列车通过速度不大于 80 km/h 时，曲线半径为 1 145 m、困难条件下 965 m 及以上时，能够满足旅客舒适度的需要，可不设缓和曲线；列车通过速度不大于 50 km/h 时，曲线半径为 282 m，困难条件下 235 m 及以上时，能够满足旅客舒适度的需要。考虑 18 号道岔导曲线半径一般大于 1 100 m，12 号道岔导曲线半径一般大于 350 m，故车站咽喉采用 18 号道岔时，曲线半径大于等于 1 200 m 可不设缓和曲线；采用 12 号道岔时，曲线半径大于等于 400 m 时可不设缓和曲线。

$$R \geqslant \frac{11.8 v_{\max}^3}{3.6 L(b+0.5f)} \tag{2-3}$$

式中　b——旅客舒适度容许的欠超高时变率，mm/s；

　　　L——车体长度，取 24 m；

f——旅客舒适容许的超高时变率,mm/s;

v_{max}——列车最高运行速度,km/h。

为使列车安全、平稳地由直线过渡到圆曲线或由圆曲线过渡到直线,满足旅客舒适度的需求,列车到发进路上的曲线和连接曲线宜配设缓和曲线,设置缓和曲线时,其长度应根据列车通过速度、曲线设计超高、(欠)超高时变率、超高顺坡率按式(2-4)计算确定,且不应小于 20 m。从公式取值可看出,超高顺坡率一般为 $1/9v$,困难条件下不大于 $1/7v$,且不大于 2‰。到发线缓和曲线长度的计算及取值详见表 2-2。

$$l=\max\{hv_{max}/3.6f,h_q v_{max}/3.6b\} \tag{2-4}$$

式中 f——旅客舒适容许的超高时变率,mm/s,一般情况下采用 31 mm/s,困难情况下采用 40 mm/s;

b——旅客舒适度容许的欠超高时变率,mm/s,一般情况下采用 45 mm/s,困难情况下采用 52.5 mm/s;

h——设计曲线超高,mm;

h_q——旅客列车以最高行车速度通过曲线时的欠超高,mm。

表 2-2　到发线缓和曲线长度取值

曲线半径/m	最高速度/(km·h⁻¹)	最低速度/(km·h⁻¹)	设计超高/mm	超高时变率确定的缓和曲线长度		欠超高时变率确定的缓和曲线长度		采用值/m	欠超高/mm
				一般	困难	一般	困难		
350	50	0	35	15.68	12.15	15.22	13.04	20	49.3
400	50	0	30	13.44	10.42	13.52	11.59	20	43.8
500	80	0	60	43.01	33.33	44.94	38.52	40	91
600	80	0	40	28.67	22.22	42.42	36.36	40	85.9
800	80	0	30	21.51	16.67	31.80	27.26	30	64.4
900	80	0	30	21.51	16.67	26.62	22.81	30	53.9
1 000	80	0	25	17.92	13.89	24.84	21.29	25	50.3
1 100	80	0	25	17.92	13.89	21.58	18.50	25	43.7
1 200	80	0	20	14.34	11.11	21.19	18.16	20	42.9

工程设计中,常用的到发线曲线半径与相应的缓和曲线长度一般按照表 2-3 对应取值。

表 2-3　到发线不同曲线半径对应缓和曲线长度取值

曲线半径/m	800	900	1 000	1 100	1 200 及以上
设计缓长/m	30	30	25	25	0 或 20

4. 圆曲线长度及曲线间夹直线长度

圆曲线长度及曲线间夹直线长度均需要满足行车平稳和养护要求。

（1）行车平稳要求

车辆通过圆曲线和夹直线时，至少在某一瞬间，能使车辆处于水平位置（即不使车辆的两转向架同时位于两缓和曲线上），故圆曲线和夹直线最小长度应大于一辆车的转向架心盘中心距，动车转向架间最大轴距为 19 m。

（2）养护要求

为保持曲线圆顺，圆曲线上至少应该有两个正矢桩以便绳正曲线，不小于 20 m；为正确保持直线方案，夹直线长度至少要有一节 25 m 标准钢轨在直线上。因此，圆曲线和两曲线间夹直线长度不小于 25 m。

另外，当曲线不设缓和曲线时，夹直线长度考虑满足超高顺坡顺延至直线的要求，超高顺坡率不大于 2‰，站线超高值按 20 mm，则两曲线间的夹直线长度，超高顺坡需要的长度单侧取值 10 m，超高顺坡终点间的夹直线长度不短于一辆动车的转向架轴距 19 m，设计中取值 20 m，即无缓和曲线两曲线间夹直线不小于 40 m；若困难条件下采用 12 号道岔，因速度较低，仅需满足轨距加宽需求（轨距加宽最大值 15 mm），轨距递减率按困难值 3‰，则两曲线间夹直线长度不短于 10 m。

综上所述，列车到发进路上的曲线设缓和曲线时，圆曲线和两曲线间夹直线长度不应小于 25 m；不设缓和曲线时，两曲线间无超高直线段长度不小于 20 m，采用 12 号道岔困难条件下不小于 10 m。

2.2.3　到发线纵断面

一般情况下，到发线纵断面同站内正线相同。列车在到发线上要进行制动减速和起动加速，为了减少经变坡点时产生的附加力和附加加速度，使列车运行平稳，保证有较高的旅客乘车舒适度，在列车全长范围内尽量不设变坡点，将到发线有效长度范围设在一个坡段上；困难条件下，坡段长度不小于 450 m，可保证一个列车长度内变坡点不超过两个，以减少变坡点附加加速度的叠加影响。

到发线上的列车运行速度最大不超过 80 km/h，当坡度差大于 3‰时以竖曲线连接，竖曲线半径不小于 5 000 m。竖曲线与竖曲线、缓和曲线、道岔均不得重叠设置；竖曲线与平面圆曲线不宜重叠设置。

为保持轨面的平顺，提高旅客舒适度，减少变坡点，正线与到发线、到发线与到发线的轨面一般等高。当咽喉区线路的轨面有高差时，轨面高差根据路基面横向坡度和道床厚度等因素顺接。顺接坡道范围可为道岔前后普通轨枕至出站信号机。当顺接坡道落差不够时，根据车站的具体情况，可采用减缓路基面横向坡度、加厚道床、铺设双层道床等措施予以调整。顺接坡道的坡度不大于 6‰，相邻坡段的坡度代数差不大于 3‰，坡段长度不小于 50 m。

2.2.4 到发线轨道

1. 轨道类型

由于到发线上列车运行速度较正线低,采用有砟轨道即可满足运营安全及作业要求,较采用无砟轨道可以节省大量工程投资,因此到发线一般采用有砟轨道。高架车站和站台范围设架空层的车站到发线,以及与无砟轨道正线相邻的上下行两条到发线,线下基础满足无砟轨道铺设要求,为保持站内整洁美观,方便日后运营维护,可以采用无砟轨道。

2. 有砟轨道结构设计标准

到发线为无缝线路,采用 60 kg/m、100 m 长定尺无螺栓孔新钢轨,绝缘接头采用胶接绝缘接头。到发线采用新Ⅱ型混凝土枕能够满足轨道结构要求,考虑到 60 kg/m 钢轨混凝土岔枕道岔前后两端均需要铺设 50 根Ⅲ型枕过渡,为减少到发线轨枕铺设类型、避免轨道刚度频繁过渡、减少养护维修工作、保证线路状态良好,且引起的投资增加并不明显,到发线可以采用混凝土Ⅲ型枕,每公里铺设 1 667 根。到发线采用弹条Ⅱ型扣件,严寒地区可采用调高量较大的弹性扣件,沿海或酸雨腐蚀严重的地区采用相应防腐措施的扣件。到发线道床主要技术指标需要满足无缝线路强度、稳定性等设计要求,采用一级碎石道砟,单线道床顶面宽度 3.4 m,砟肩堆高 0.15 m,道床边坡 1∶1.75,采用单层碎石道砟,道床厚度 0.35 m。

3. 到发线无砟轨道设计标准

高速铁路到发线无砟轨道一般采用双块式结构形式。无砟轨道采用配套弹性扣件,扣件间距不大于 650 mm,特殊情况下超过以上限值时,需进行设计检算,且不宜连续设置。轨道结构根据线下基础和环境条件设置性能良好的防排水系统,严寒地区排水设计考虑防冻融要求。无砟轨道轨道板或道床板内钢筋应进行接地和绝缘。无砟轨道结构设计荷载包括列车荷载、疲劳检算荷载、温度荷载等,同时需考虑下部基础变形对轨道结构的影响。图 2-6～图 2-8 均为 CRTS Ⅰ型双块式无砟轨道形式。

到发线路基段 CRTS Ⅰ型双块式无砟轨道由钢轨、弹性扣件、双块式轨枕、道床板、支承层或底座等部分组成。结构高度为 860 mm(内轨轨顶面至底座板底面),曲线超高在基床表层上设置,路基地段的 CRTS Ⅰ型双块式无砟轨道断面如图 2-6 所示。

到发线桥梁地段 CRTS Ⅰ型双块式无砟轨道由钢轨、弹性扣件、双块式轨枕、道床板、自密实混凝土,隔离层以及底座等部分组成。结构高度为 738 mm(内轨轨顶面至底座板底面),曲线超高在无砟轨道底座板上设置。桥梁地段的 CRTS Ⅰ型双块式无砟轨道断面图详如图 2-7 所示。

正线路基岔区范围 CRTS Ⅰ型双块式无砟轨道由钢轨、弹性扣件、双块式轨枕、道床板、隔离层以及底座等部分组成。结构高度为 860 mm。其轨道断面如图 2-8 所示。

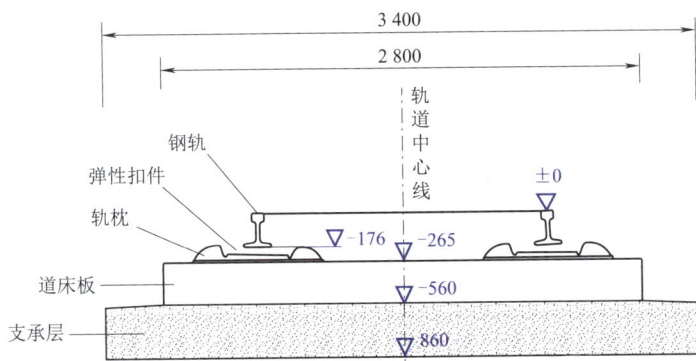

图 2-6 路基地段轨道断面图(单位:mm)

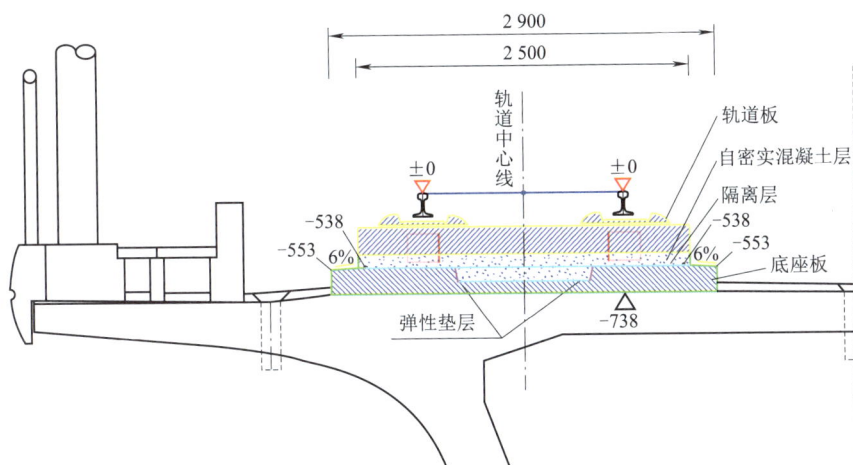

图 2-7 桥梁地段轨道断面图(单位:mm)

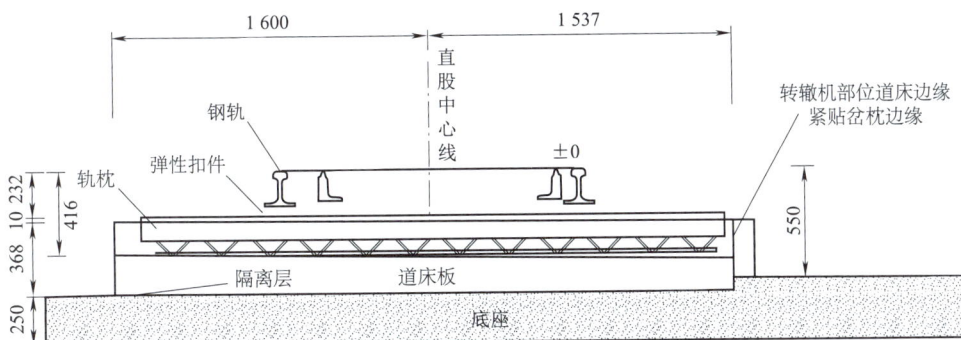

图 2-8 路基岔区地段轨道断面图(单位:mm)

4. 无砟轨道与有砟轨道过渡措施

当正线采用无砟轨道、相邻到发线采用有砟轨道时,由于有砟轨道和无砟轨道结构高度、基底变形要求和竖向刚度不同需要设置过渡段。过渡段可以按车辆以设计速度半秒内行驶的距离确定最小长度,由于速度低,过渡段可仅考虑无砟轨道结构的底座或支承层从过渡点开始向有砟轨道延伸,可不设辅助轨及配套部件等措施,同时应符合有砟轨道区段最小道床厚度的要求。邻近过渡点无砟轨道侧一定范围内,采取措施保证轨道板或道床与其下部基础间的可靠连接。

在站内一般为从岔区无砟轨道向车场的有砟轨道过渡。无砟有砟过渡方式如图 2-9 所示。

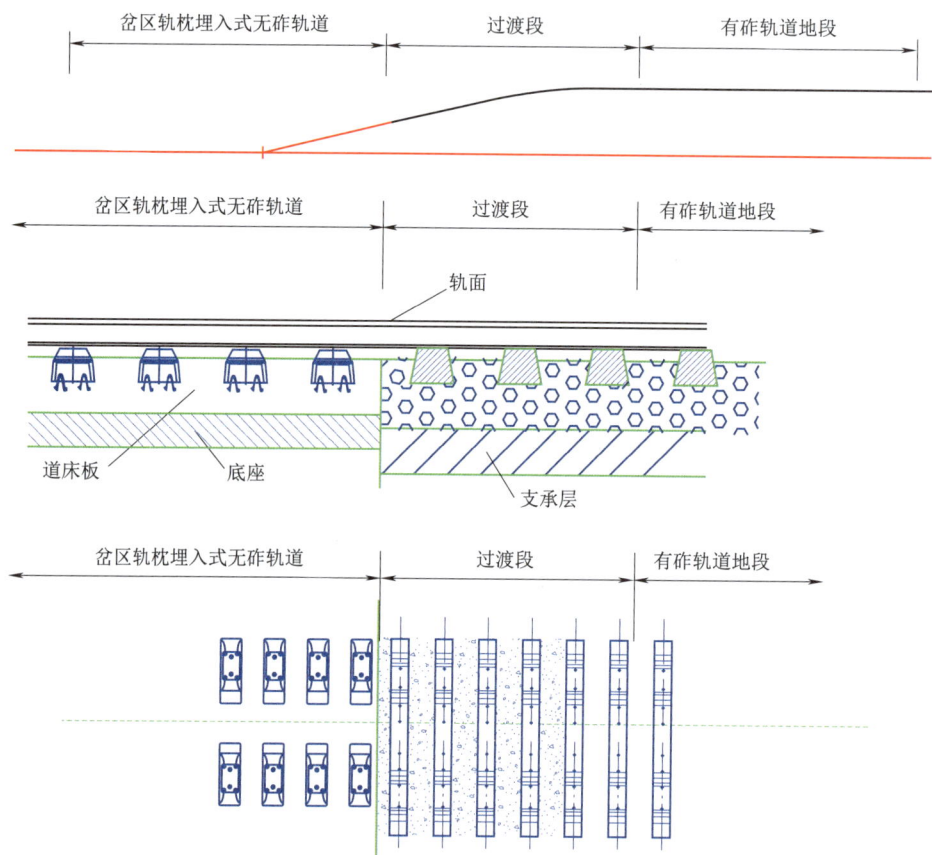

图 2-9 无砟有砟过渡形式示意

5. 到发线无缝线路

为了提高旅客列车进站运行的平稳性,减少动车组车轮磨损,我国高速铁路到发线按无缝线路设计。

(1)单元轨节布置

到发线铺设无缝线路地段,可采用定尺长为 100 m 或 25 m 长无螺栓孔新钢轨,现场设置胶接绝缘接头;厂焊轨长度可根据到发线实际长度合理确定,一般采用 500 m;曲线半径一般不小于 400 m,并进行钢轨强度、无缝线路稳定性及岔区无缝线路相关检算;现场钢轨焊接采用闪光焊,无缝线路作业按锁定二次、应力放散二次考虑。

（2）设计锁定轨温

无缝线路的设计锁定轨温根据线路通过地区的最高和最低轨温、无缝线路的允许温降和允许温升计算确定,并满足无缝线路断缝检算要求。无缝线路在设计锁定轨温范围内锁定,且相邻单元轨节间的锁定轨温之差不大于 5 ℃,同一单元轨节左右股钢轨的锁定轨温之差不大于 3 ℃,同一区间内单元轨节的最高与最低锁定轨温之差不大于 10 ℃。

（3）道岔区无缝线路

高速铁路正线道岔采用无缝道岔。无缝道岔设计应满足跨区间无缝线路的允许温升和允许温降要求,各连结件应牢固、耐久、可靠;无缝道岔的设计锁定轨温与两端区间无缝线路的设计锁定轨温一致。道岔内及道岔两端的锁定焊可采用铝热焊。

（4）无缝线路与有缝线路过渡段

到发线无缝线路与有缝线路相连地段,一般情况无缝道岔后设 100 m 长伸缩区,伸缩区外为缓冲区,缓冲区设 2～4 根 25 m 长普通标准轨。

（5）位移观测桩

无缝线路按单元轨节等距离设置位移观测桩,桩间距不大于 500 m,并在长轨条起、始点,距离长轨条起始点 100 m 位置各设 1 对位移观测桩。

无缝线路每组道岔设置 7 对位移观测桩,在道岔前后限位器、距离道岔前后 50 m 处各设 1 对。相邻道岔之间的插入钢轨长度大于 50 m、小于等于 100 m 时,可减少 1 对;插入钢轨长度小于 50 m 时,可减少 2 对。

2.2.5　到发线数量

越行站上下行均需要办理高等级旅客列车越行低等级的旅客列车,故设为 2 条到发线。

中间站除办理高等级旅客列车越行低等级的旅客列车外,还要办理客运业务,故设 2～4 条到发线,有少量折返作业时,其停站时间较长,到发线数量可适当增加。一般情况下,位于县城及以下地区的中间站设 2 条到发线。

始发站到发线数量与引入线路数量、车站作业量、列车种类及运输性质（指列车越行、立即折返、始发、终到、动车组列车出入段（所）等）、客车开行方案、旅客列车各项作业时分以及高峰时段列车密集到发的需要等因素密切相关。高速铁路始发站列车换算对数（对）和到发线数量（条）的关系,可按表 2-4 采用。换算系数取值,始发终到列车为 1.0,立即折返列车为 0.9,停站通过列车为 0.7。列车均需停站的站内正线,可按到发线计算;如以始发、终到列车为主,仅有少量的列车不停站通过,站内正线（邻靠站台时）可按到发线适当折减计算。

表 2-4 始发站到发线数量

列车换算对数/对	到发线数量(正线除外)/条
70 及以下	5
71～110	6～8
111～150	8～10
151～190	10～12

始发站规模尚应满足在高峰时段列车密集到发的要求。高峰小时每条到发线办理的列车对数不超过 2.5 对。

2.2.6 站内线路距相关设施距离

到发线距离接触网柱边缘不小于 2 500 mm,距离雨棚柱、矮型信号机边缘不小于 2 150 mm,距离警冲标不小于 2 000 mm,距离站台边缘不小于 1 750 mm,距离连续墙体不小于 3 000 mm。

站内正线距离建(构)物边缘考虑大机作业时有砟轨道不小于 3 100 mm、无砟轨道不小于 3 000 mm,不考虑大机作业时不小于 2 440 mm,邻靠站台且有通过列车时,距离站台边缘不小于 1 800 mm。

站内线路线间距,既需满足建筑限界或机车车辆限界的要求,还需满足车站平面布置和两线间设置有关设备以及保证作业安全的需要,与正线之间的距离还需考虑列车交会运行时会车压力波的影响等因素。

高速铁路两正线间的线间距应与区间正线相同,且不应小于 4.6 m,曲线地段可不加宽。相邻两线路间无建筑物或设备时,正线与到发线间、到发线间、到发线与其他线间不小于 5.0 m,曲线地段可不加宽;相邻两线路间设有建筑物或设备时,按照建筑物和设备至线路中心线的距离、建筑物和设备的结构宽度计算确定,曲线地段按有关规定加宽。一般情况下站内直线地段线间的最小间距应按照表 2-5"车站线间距"的相关规定计算确定。

表 2-5 车站线间距

序号	线　别	线间设施		最小线间距/mm
1	正线间	无		同区间并不小于 4 600
2	正线与相邻到发线间	无		5 000
		接触网支柱	有砟	5 600+结构宽
			无砟	5 500+结构宽
		雨棚柱		4 590(5 250)+结构宽
3	到发线间或到发线与其他线间	无		5 000
		有站台		3 500+站台宽

续上表

序号	线　别	线间设施	最小线间距/mm
3	到发线间或到发线与其他线间	接触网支柱	5 000＋结构宽
		雨棚柱	4 300＋结构宽
4	正线与其他线间	无	5 000
5	正线与动车走行线	无	5 000

注:(1)当正线和相邻的到发线间设有接触网杆时,其线间距 $L=3\,100$(有砟,无砟时 $3\,000$)$+2\,500+L_{网柱}$。

　　(2)当正线和相邻的到发线间设有雨棚支柱时,其线间距 $L=2\,440$(当正线为有砟且需考虑大型养路机械时为 $3\,100$)$+2\,150+L_{雨柱}$。

2.3　道　　岔

道岔是使机车车辆从一股道转入或越过另一轨道时必不可少的线路连接设备,是铁路轨道的一个重要组成部分。由于道岔具有数量多、构造复杂、使用寿命短、限制列车速度、行车安全性低、养护维修投入大等特点,与曲线、接头并称为轨道的三大薄弱环节。它的基本形式有三种:即线路连接、交叉、连接与交叉的组合。常用的线路连接有各种类型的单开道岔和复式道岔;交叉有垂直交叉和菱形交叉;连接与交叉的组合有交分道岔和交叉渡线等。我国常见的道岔类型是普通的单开道岔,其数量占各类道岔总数的 90% 以上。复式交分道岔和交叉渡线多用于维修工区、动车段(所)等场所。

2.3.1　道岔号数选择

道岔号数的选择主要受控于正线路段设计速度、侧线通过速度(一定的通过速度是为了提高线路的通过能力)以及道岔连接车场的作业性质(区分不同的作业性质是为了使旅客列车进入的车场径路上满足旅客舒适度的要求)等,一般来说,应遵循以下原则:

(1)正线道岔的直向通过速度不应小于路段设计行车速度。

(2)正线与跨线列车联络线连接的道岔应根据联络线设计速度确定,联络线与正线接轨处一般采用 42 号道岔,侧线通过速度满足 160 km/h,当跨线列车联络线接轨于车站且列车均停站时,可采用 18 号道岔。

(3)正线道岔及侧向接发动车组列车的到发线上道岔应采用 18 号道岔,困难条件下路段设计速度不大于 160 km/h 时,绝大多数列车均停站的个别车站以及改扩建车站的道岔可采用 12 号。

(4)动车、养护维修列车等走行线在到发线上连接时应采用不小于 12 号道岔,段管线、维修线在到发线上出岔时,可采用 9 号道岔。

(5)动车段(所)、存车场内到发场到达(出发)端的道岔宜采用 12 号道岔,困难条件下可采用 9 号道岔。

2.3.2 道岔型号选择

我国高速铁路道岔经过近20年的发展,目前已经形成了比较完备的道岔设计、制造体系,为了规范标准轨距铁路道岔的使用和管理,减少道岔型号及备品备件数量,推进道岔统型化工作,目前用于高速铁路的道岔型号及适用条件见表2-6。

表2-6　高速铁路道岔型号及适用条件

序号	图　号	道岔型号		允许通过速度/(km·h⁻¹)		适用轨下基础类型	适用条件	
		钢轨类型	号　数	直　向	侧　向		位　置	正线设计速度
1	客专线(07)006	60	42	350	160	无砟	与联络线联接的正线道岔	250(不含)~350 km/h 正线
2	客专线(07)011	60	42	350	160	有砟		
3	客专线(07)009	60	18	350	80	无砟	站内正线道岔	
4	客专线(08)016	60	18	350	80	有砟		
5	客专线(07)001	60	18	250	80	无砟	站内正线道岔	200(不含)~250 km/h 正线
6	客专线(07)004	60	18	250	80	有砟		
7	客专线(10)017	60	12	250	50	无砟	仅限于尽头车站正线	
8	客专线(10)018	60	12	250	50	有砟		
9	GLC(08)01	60	12	200	50	有砟	到发线上采用	时速200 km及以下仅运行动车组列车的铁路
10	研线1505	60	12	200	45	无砟		
11	GLC(07)02	60	18	200	80	有砟		
12	GLC(07)02W	60	18	200	80	无砟		
13	CZ2209	50	9	100	35	有砟	其他站线采用	
14	CZ577	50	9	120	35	有砟		
15	专线4257	60	12	120	50	有砟		
16	专线4249	60	12	160	50	有砟		

2.3.3 道岔布置原则

(1)道岔布置应综合考虑咽喉区平行进路设置需要,动车段(所)、维修工区位置等因素尽量紧凑布置,以缩短咽喉区长度。

(2)为保证列车运行平稳,提高旅客的舒适度,车站正线及到发进路上的道岔宜采用可动心轨道岔,并在相邻道岔间插入一定长度钢轨,道岔和曲线间设置一定直线段长度。

(3)为便于运营维护,车站道岔不应与竖曲线和变坡点重叠。

(4)道岔的道床厚度、宽度、边坡不小于连接的主要线路的道床指标。

(5)为保证道岔范围内的线下基础沉降和支承刚度一致,保持道岔结构的稳定和良好的几何形态,减少养护维修工作量,正线道岔一般不设在路桥(涵)、路隧、堤堑等过渡段上,困难条件下需采取相应工程措施,保证道岔范围内线下基础刚度和沉降协调一致。工程措施一般可以采用延长过渡段长度的方式,过渡段设置如图 2-10 所示。

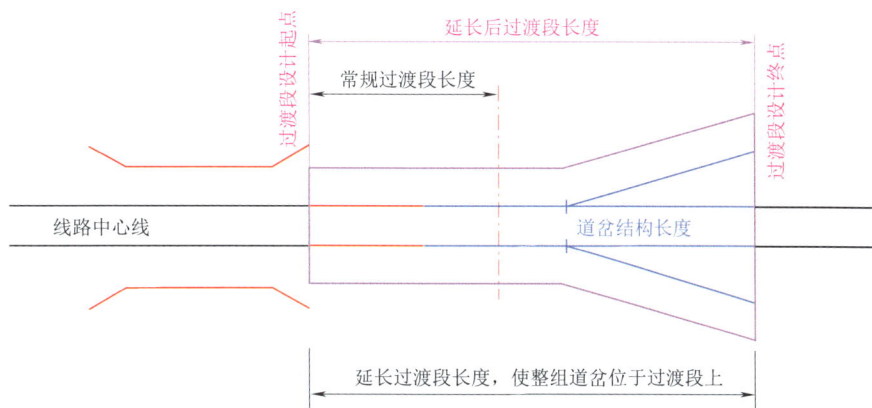

图 2-10　路桥(涵)过渡段示意

2.3.4　道岔配列

相邻道岔间插入直线段的目的是减缓列车过岔时的冲击振动,以提高旅客的舒适度,有时也是道岔结构所限。

有列车同时通过两侧线时,道岔之间需插入钢轨长度,使车辆通过前一组道岔导曲线所产生的振动,在到达后一组道岔导曲线前消失而不与后一组道岔导曲线所产生的振动叠加,道岔间直线段长度的计算公式见式(2-5),也可简化为一般情况下 $L \geqslant 0.6v$,困难情况下 $L \geqslant 0.4v$。

$$L \geqslant v \times n \times t / 3.6 \qquad (2\text{-}5)$$

式中　L——插入直线段长度,m;

　　　v——道岔侧向允许通过速度,m/s;

　　　n——车辆振动衰减系数;

　　　t——车辆振动周期。

正线及到发进路上采用 18 号道岔时:正线道岔对向设置,有列车同时通过两侧线时,插入不小于 50 m 长度的钢轨,困难条件下插入不小于 32 m 长度的钢轨;正线道岔对向布置无列车同时通过两侧线时或道岔顺向布置时,插入不小于 25 m 长度的钢轨;路段设计速度小于 160 km/h 的特大型及大型客运站可插入不小于 25 m 长度的钢轨。到发线上道岔对向布置时,考虑减少无缝线路温度应力对道岔的影响,插入不小于 25 m 长度的钢轨;到发线道岔顺向布置有列车同时通过两侧线时,插入不小于 25 m 长度的钢轨,困难条件下或无列车同时通过两侧线时,考虑满足道岔结构的要求,插入不小于 12.5 m 长度的钢轨。

正线及到发进路上采用 12 号道岔时:正线道岔间插入不小于 25 m 长度的钢轨,困难条件下插入不小于 12.5 m 长度的钢轨;到发线道岔间插入不小于 12.5 m 长度的钢轨。

动车段(所)、存车场相邻道岔间插入钢轨长度:道岔对向布置,有动车组同时通过两侧线时,道岔间插入钢轨长度主要是考虑对向道岔导曲线间的直线段长度不小于单个车体的转向架外轴距,尽量降低钢轨和车辆轮对之间的磨耗和损伤,插入钢轨长度不小于 12.5 m;无动车组同时通过两侧线时,不存在上述情况,插入钢轨的长度可不小于 6.25 m。相邻道岔顺向布置时,道岔间插入钢轨长度主要是考虑混凝土岔枕结构要求,使两组道岔的混凝土岔枕不相互重叠,困难条件下使前一组道岔的混凝土长岔枕与后一组道岔的混凝土岔枕不相互重叠,12 号道岔后插入钢轨长度不小于 12.5 m,9 号道岔后插入钢轨长度不小于 8.0 m;困难条件下 12 号道岔后插入钢轨长度不小于 8.0 m,9 号道岔后插入钢轨长度不小于 6.25 m。采用特殊道岔结构时插入钢轨长度应计算确定。

2.3.5 道岔与曲线间直线段长度

1. 正线道岔与缓和曲线间直线段长度

高速铁路在正线道岔上直向过岔速度较快,道岔(直向)基本轨接缝与曲线之间需有一定长度的直线段过渡,以减少列车行车时的振动和摇晃,按列车在曲线上产生的振动与道岔上产生的振动不叠加考虑,与列车振动、衰减特性和列车运行速度有关。根据试验,车辆振动周期为 1.0 s,列车在缓和曲线出入口产生的振动通常在半个周期时达到最大,在 1.5~2 个周期内基本衰减完,按 1.5~2 个振动周期计算,则道岔(直向)与曲线之间的直线段长度按式(2-6)计算。

$$L_{min} = (1.5 \sim 2) \times \frac{v_{max}}{3.6} \approx (0.42 \sim 0.56) v_{max} \tag{2-6}$$

式中 L_{min}——夹直线长度,m;

  v_{max}——列车最高运行速度,km/h。

因此,高速铁路正线上道岔与曲线间直线段最小长度一般按 $0.6v$ 计算确定,困难条件下按 $0.5v$ 计算确定。

2. 站线道岔与曲线间的直线段长度

站线道岔至曲线之间的直线段长度,根据站线性质、曲线半径、道岔结构、曲线轨距加宽和曲线超高等因素计算确定。

通行动车组列车的到发进路上的道岔前后至曲线之间的直线段长度,考虑动车组车轮不同时位于道岔和曲线上,不小于 20 m;困难条件下,应能满足曲线超高(曲线轨距加宽)设置要求,岔后不应小于道岔跟端至末根岔枕的距离(特别困难时为至末根长岔枕的距离)与超高顺坡(轨距加宽)所需长度之和。当站线道岔前后连接的曲线设有缓和曲线时,曲线加宽、超高均可在缓和曲线内完成。

动车段(所)内道岔岔前直线段长度:一要满足道岔的导曲线与岔前曲线间夹直线大于

10 m,由此确定道岔岔前与曲线间的直线段长度不小于 6.0 m;第二要满足曲线超高设置的需求,站线一般条件下设置不大于 15 mm 超高,2‰超高递减率顺接,由此确定道岔岔前与曲线间的直线段长度不小于 7.5 m;三要满足曲线轨距加宽顺接的要求,一般情况下,轨距加宽递减率为 2‰,困难条件下,轨距加宽递减率为 3‰,站线轨距加宽的最大值为 15 mm,因此其长度一般为 5~7.5 m。超高顺坡与轨距加宽可以同时在同一段直线进行,因此岔后直线长度不小于道岔跟端至末根岔枕的距离与曲线超高顺坡(或曲线轨距加宽,两者取其长者)所需的最小直线段长度之和。一般情况下,当站线曲线设置超高时,岔后直线长度受曲线超高的控制,当不设超高时,岔后直线长度则受轨距加宽的控制。

2.4　安全设备

2.4.1　安全线

安全线是为防止列车或机车、车辆从一个进路进入另一列车或机车、车辆占用的进路而发生冲突的一种隔开设备。

1. 设置原则

正线、联络线、疏解线、动车组走行线应在站内接轨,与站内正线接轨时应根据列车运行方向设置安全线,与到发线接轨时可不设安全线。困难条件下在区间内与正线接轨时,应在接轨处设置线路所,并根据列车运行方向设置安全线。

维修工区(车间)等岔线、段管线应在站内与到发线或其他站线接轨,并在接轨处设置安全线。

接车线末端、接轨处能利用其他站线及道岔作为隔开设备并有联锁装置时,可不设安全线。

有折返列车作业的中间站且有动车组长时间停留的到发线两端应设置安全线,以防止溜车。

2. 技术要求

安全线有效长度不小于 50 m,满足一台救援吊车停留所需的长度。

为使事故列车不影响相邻线的运行,应设置防止事故列车脱轨或侧翻的护轮轨,护轮轨应由道岔末根岔枕起,用混凝土桥枕铺至车挡,其进口处按道岔内护轮轨开口尺寸办理。

安全线的纵坡应设计为平道或面向车挡的上坡道。设置安全线纵坡,是为了提高进入安全线车辆的安全性,设计时应尽量采取较大的上坡道。

安全线尾部不宜设置在桥梁上、隧道内。安全线不宜设在桥上,是为了避免发生事故的列车翻于桥下或毁坏桥梁;安全线不宜设在隧道内,是为了使事故列车施救的工作面大些,以尽快恢复运营。

安全线尾部应设置车挡和缓冲装置,路基地段安全线尾部应设置止轮土基。止轮土基长 15 m,顶宽 4.5 m,用黏性土夯填至轨面下 1 m,均以草皮防护。

2.4.2 止挡设备

止挡设备主要包含车挡和挡车器。

1. 设置原则

(1)车挡设置原则

路基地段邻靠正线的安全线应设置带止轮土基的土堆式车挡;路基地段不邻靠正线的安全线宜选用带止轮土基土堆式车挡,亦可根据周边环境要求选用浆砌片石车挡或与挡车器配套的固定型车挡;桥上、隧道内的安全线应选用与挡车器配套的固定型车挡。段所内的库外尽端式线路宜选用与挡车器配套的固定型车挡。

(2)挡车器设置原则

各种尽端式线路末端(不含库内线路)均应设置挡车器。各种线路末端应优先选用滑移式挡车器。洗车线、临修线等车速不大于 5 km/h 的线路末端亦可选用固定式挡车器。滑移式挡车器始端至车挡间线路应设在直线上,并要求无钢轨接头及其他障碍物。安全线、机待线轨道电路绝缘节一般位于车挡前 25 m 处,其他尽端线轨道电路绝缘节一般位于调车信号机内方 50 m 处,应避免绝缘节处于滑移式挡车器和车挡之间。

2. 型号选择

目前高速铁路常用挡车器及配套车挡型号见表 2-7。

表 2-7 挡车器及配套的车挡型号选择(推荐)

牵引类型	线路用途		挡车器及车挡型号	安装位置/m
动车组	安全线	路基	滑移式液压缓冲挡车器＋带止轮土基土堆式车挡	15
		桥上、隧道内	滑移式液压缓冲挡车器＋XCD 型固定型车挡	15
	存车线、折返线等有动车组出入的线路		滑移式液压缓冲挡车器＋XCD 型固定型车挡	15
	洗车线、临修线、不落轮镟轮线等车速不超过 5 km/h 的线路末端		库外固定式液压缓冲挡车器	3
	动车运用所检查库内线路		采用库内固定式液压缓冲挡车器	2
	综合维修工区库内车挡		DCQ-HS 型滑动升降式月牙挡车器	2

注:(1)安装位置指挡车器端部距车挡的距离。

(2)当线路长度受限制时,可使用固定型挡车器代替滑移式挡车器。

2.5　折返设备

高速铁路动车组一般采用早晨出段、白天运行、夜晚入段的运用方式。因高速列车速度高,运行交路长短不一,始发终到列车在一个动车组交路完成后,往往在车站办理必要的作业后,开始下一个运行交路,也就是开行立折列车;此外,高速铁路沿线部分城市未设置动车段(所),因区段客流密度不同、以及部分城市开行始发终到列车的需求,也需要开行部分立折列车。部分车站因接轨正线的引入方向限制,需要开行车站同一端到发的折角运行列车。折返设备即为在始发站或中间站,为能开行立即折返列车等而设置的专供改变列车运行方向的设施。开行立折列车需要联通上下行系统,设置必要的渡线以及满足同时接发列车的平行进路;因立折列车作业需要切割上下行系统,为减少对接发列车干扰,可根据列车对数、折返能力、工程条件等需求,设置折返线、反到线、反发线、环发线路等进行立交疏解。

2.5.1　折返渡线

渡线折返为在车站咽喉区进站端设置渡线,以实现列车从一条正线进入另一条正线,是高速铁路最主要的折返方式。渡线折返作业需占用或切割正线,干扰正线行车,降低正线行车和折返能力,因此一般在折返列车数量较少的中间站或不停车通过列车较少的始发站采用,当折返列车较多时,还需要设置满足列车同时到发的平行进路。

1. 设置单渡线折返

如图 2-11 所示,车站 A 方向有少量立折车,在 A 方向接车端增设到发线一条,用于办理折返列车作业。设置顺到反发折返渡线,折返列车可以先顺向进站,再通过 AB 渡线反切正线出站。

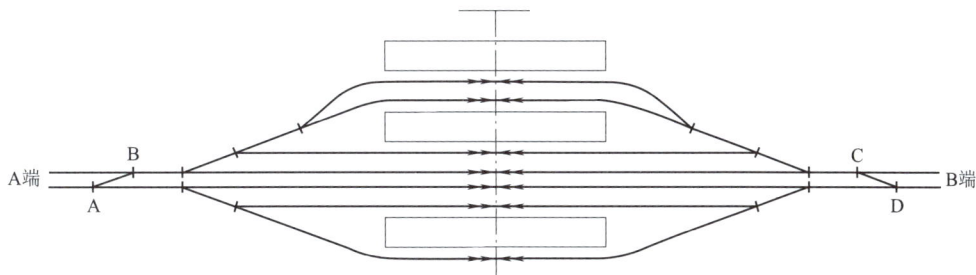

图 2-11　单渡线折返方式

2. 设置八字渡线折返

如图 2-12 所示,车站 A 方向有少量立折车,A 方向咽喉区设八字渡线,折返列车既可以先顺向进站再通过 CD 渡线反切正线出站,也可以先通过 AB 渡线先切正线反接进站,再折返顺向出站。

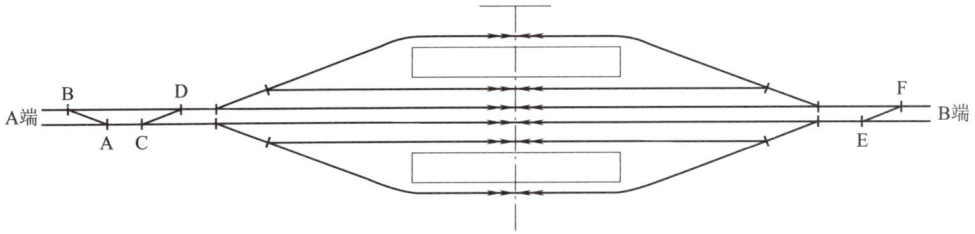

图 2-12　八字渡线折返方式

从运营组织上分析,折返列车先顺向进站,再反切正线折返出站更为合理。因为顺向进站不影响对向列车运行,并且可利用进站后在站内停车办理旅客乘降的间隔选择出站反切正线时机,即便出现列车运行秩序有所调整,也不会出现折返列车不能进站而停在区间的情况。相反,先切正线反接进站,到达列车要与对向通过或出发列车进路交叉,一旦运行秩序有所调整,会引起通过列车在站停车,等待折返列车进站,或折返列车停在区间,等待直通列车通过,这显然不合理。

因此,基于满足功能并最大限度减少正线上道岔的理念分析,只有一端有折返作业的车站,在折返 A 端设置 1 条渡线即可满足要求,也是最合理的布置图型。但这条渡线必须确保折返列车顺向进站、反发出站的条件(图 2-11)。

如果车站 AB 两端都有少量折返作业,两端渡线都按照顺接反发的原则布置渡线,将会出现两端渡线"平行"的现象,这不符合满足维修作业进出站及特殊情况下反向行车基本功能,因此必须在另一端增设 1 条渡线,使之形成一端单渡线、一端小"八"字渡线情况(图 2-12)。

3. 折返作业端设置平行进路渡线

车站 A 端有折返作业,折返列车较多时,咽喉区设置渡线 AB 与渡线 CD、EF 组成平行进路,使得 A 端有同时办理折返列车出发和到达列车作业的条件,如图 2-13 所示。

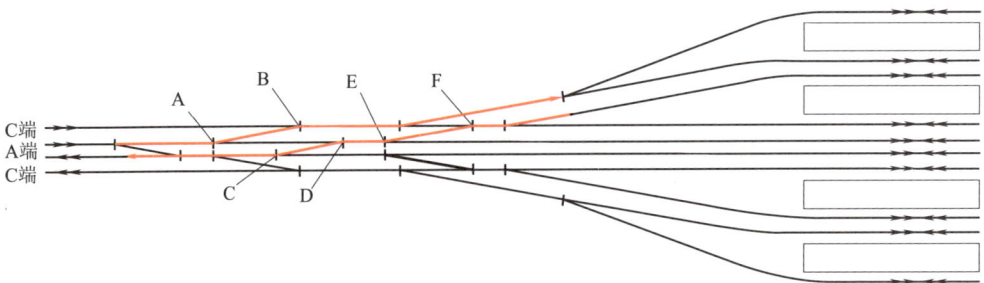

图 2-13　折返端设置平行进路渡线

2.5.2　折返线

1. 折返线设置条件

当立折列车数量较多时,可设置折返线进行折返作业,设置折返线运输组织方式为站后折返,列车办理到达作业后,自到发线牵出经折返线转至正线另一侧到发线,一般采用同正线立交疏解的形式,使折返作业不切割正线、不影响正线列车的运行秩序。折返列车到、发作业在不同的到发线上完成,到发线分工明确,旅客流线更清晰,但利用折返线折返,折返列车走行距离长,折返时间多,因此,车站有折返作业的 A 端渡线也应按照顺接反发布置,以便在非高峰运行时段,立折列车可以通过折返渡线实现站前折返。贯通式车站折返线布置如图 2-14 所示。

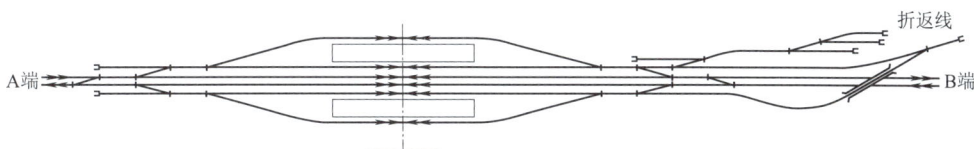

图 2-14　贯通式车站折返线布置

一般情况下折返线都应设在接车方向末端,若车站两端均有折返作业,折返线宜设置在折返作业量少的一端。

图 2-15 为尽端式客运站站后折返布置图。接车方向末端设折返线,连通到发线。

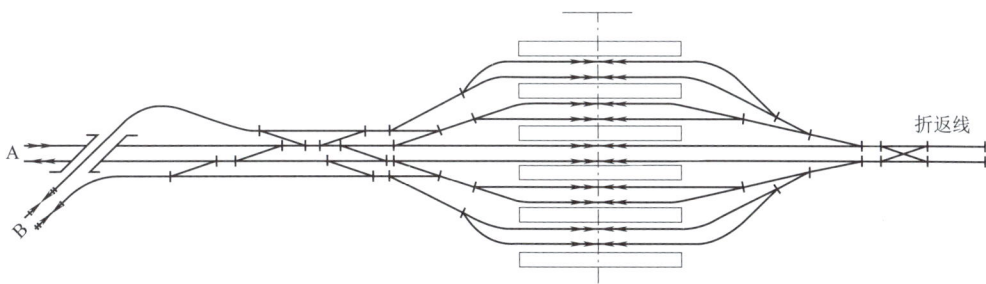

图 2-15　尽端式车站折返线布置

当动车走行线设于到发线尽端时,可利用动车走行线作为折返线。

2. 折返线技术要求

折返线有效长度需满足转线列车作业要求,即满足列车的长度和必要的安全距离,应根据动车组的编组长度计算确定。我国当前大部分采用 16 辆编组,《高速铁路设计规范》规定,当动车组采用 16 辆编组时,动车组列车长度为 428 m,考虑 50 m 安全防护距离,考虑折返线有效长度不小于 480 m。

列车自车站出入折返线,距离车站较近而采用调车模式时,列控车载设备仅监控顶棚速度,采用人工保证列车走行的安全。因此可仅在列车两端各考虑 10 m 停车余量,而不需要安全保护距离;此外,防护信号距离挡车器(有效长度计算点)不小于 5 m。调车模式下折返线有效长度计算如图 2-16 所示,其长度不小于 453 m。

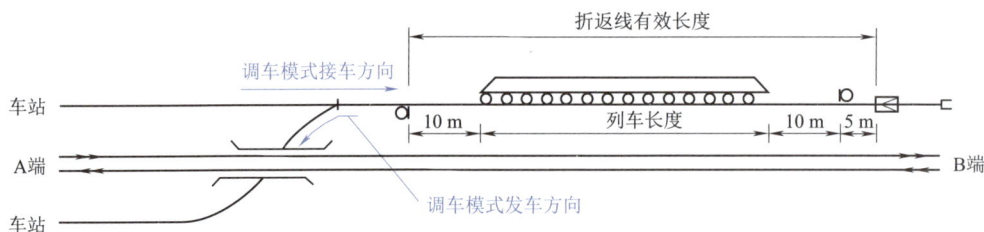

图 2-16 折返线有效长度示意

折返线应设在直线上,困难条件下可设在曲线半径不小于 600 m 的曲线上。折返线应设在平道上,困难条件下可设在不大于 6‰的坡道上。折返线与车站咽喉连接的线路,平面曲线半径不小于 300 m,坡度不宜大于 30‰,困难条件下不应大于 35‰。

2.5.3 反发或反到线

在一些大型车站,立折列车较多,利用折返线折返,虽然缓解了立折列车对正线的切割和影响,但列车在站作业复杂,走行距离长,折返时间多,咽喉区复杂。为避免折返线存在的上述问题,可修建直接连接接车正线侧到发线与发车正线的反发联络线,或者连接接车正线与发车正线侧到发线的反到联络线,避免折返列车到发与正线的切割和干扰。设置反到、反发联络线运输组织方式为站前折返,折返列车在同一条到发线上完成所有作业。该方式作业过程衔接紧密、列车折返距离短、节约折返时间。

如图 2-17 所示,在车站 B 端设置反发线,B 端的立折列车顺向进站至接车正线一侧到发线后,通过反发线完成发车作业。

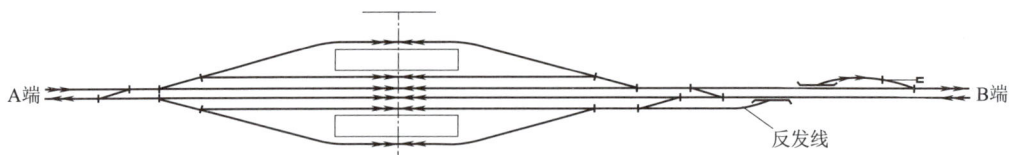

图 2-17 设置反发线折返车站布置

如图 2-18 所示,在车站 B 端设置反到线,B 端的立折列车通过反到线接入车站发车正线一侧到发线后,完成顺向发车作业。

图 2-19 为两条高速铁路方向别引入车站,站前设反接联络线办理立折作业车站布置图。反接线设置使得 A 方向立折车在车场一侧办理,避免了 A 方向立折作业对 B 方向正线

的切割,实现 A 方向反向接车和发车平行作业。

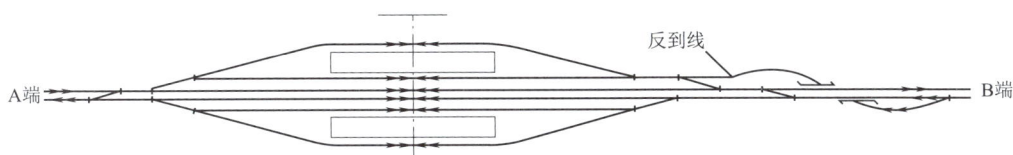

图 2-18　设置反到线折返车站布置

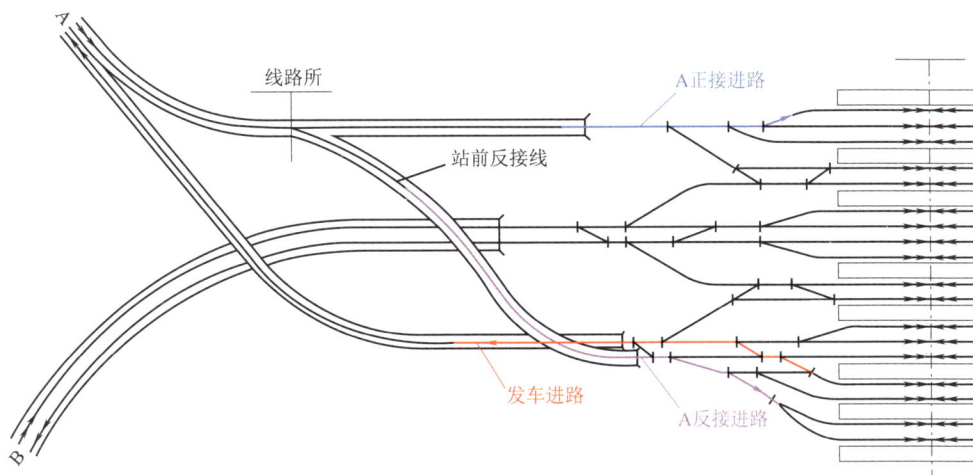

图 2-19　多线引入设置反到线折返车站布置

图 2-20 为始发站上利用动车组走行线设置反发线布置图,动车走行线设于站前,反发线利用动车走行线部分段落。

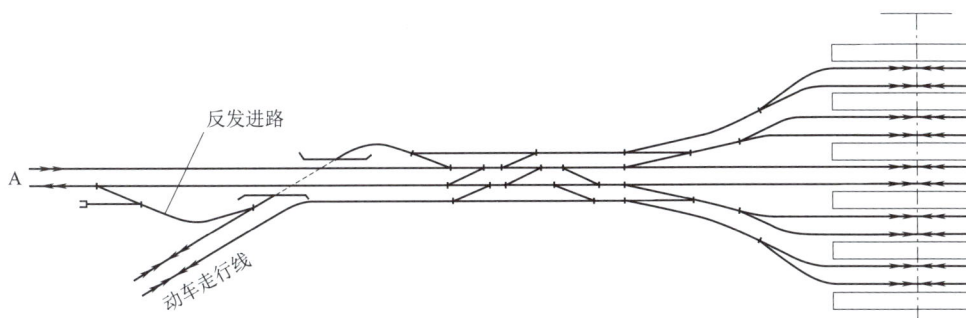

图 2-20　利用动车组走行线设置反发线车站布置

2.5.4　环发线

环发线为连接接车正线一侧到发线尾部和发车正线一侧到发线尾部,同正线立交疏解的环形联络线。环发线可以理解为折返线的特殊形式,列车经环发线实现车站折返。

图 2-21 为设置环发线示意,AC 接车方向末端设有环发线,可以实现 A→C 或 C→A 列车的顺向运输,并可解决 A、C 两方向立折车与正线进路交叉问题。设置环发线为一回头曲线,需与正线立交疏解,设置条件困难,曲线半径小,工程量增加较大;另外,车辆走行距离长,增加运营费用。

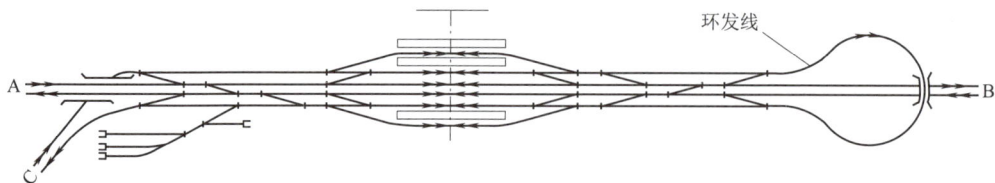

图 2-21 环发线示意

2.6 客运设备

车站内用来办理客运业务的设备称为客运设备,主要包括旅客站房、站台、站台门、雨棚、天桥地道等。

2.6.1 旅客站房

旅客站房是为铁路旅客服务和车站工作人员办公、作业用的房屋。旅客站房与广场、站场设施是铁路客运站的三大组成部分,三大组成部分之间通过站房相关联,在空间上形成立体重叠的相互关系,满足客运业务需要。

1. 我国旅客站房发展历程

旅客站房是我国铁路建设史的缩影,我国铁路旅客站房大体经历了单一型站房、站房综合楼、综合交通枢纽、站城一体交通枢纽四个发展阶段。

(1)第一代:单一型站房

建国初期至 80 年代初,为单一型站房阶段,该阶段的站房被认为是城市的标志性建筑,满足旅客最基本的出行、候车需求,提供一个遮风避雨的临时场所。客站在城市中的选址大多在城市中心,位于城市要道丁字路口的尽端,成为城市主干道的对景。代表作品为北京站、广州站、长沙站、南京站等,如图 2-22 和图 2-23 所示。这一时期站房主要特征是规模较小、功能简单。

(2)第二代:站房综合楼

20 世纪 80 年代至 21 世纪初,站房开始进入站房综合楼时代,也就是进行车站上盖开发,其主要特征是站房采用高架候车的线上式布局方式,除交通功能外,增加了相当规模的商场、餐饮等功能。但车站功能和商业综合楼功能仍然是各自独立的。以北京西站、上海站、天津站、沈阳北站、杭州站等为代表,如图 2-24 和图 2-25 所示。

图 2-22　北京站

图 2-23　长沙站

图 2-24　北京西站

图 2-25　沈阳北站

（3）第三代:综合交通枢纽

进入 21 世纪,我国铁路旅客站房设计从单一的铁路客运"城市之门"向多元化"综合客运交通枢纽"转化,更加强调提高车站效率,加强导向性和通过性,站房与铁路站场、城市广场密切融合,集约用地,缩短流线。文化品位成为这一时期品位标准。以北京南站、广州南站、武汉站、上海虹桥站等大型铁路枢纽为代表,如图 2-26～图 2-29 所示。

图 2-26　北京南站

图 2-27　广州南站

图 2-28　武汉站

图 2-29　上海虹桥站

（4）第四代：站城一体交通枢纽

进入新时代，高速铁路站房设计强调站城融合、站城一体开发的规划设计理念，以 TOD 规划为引导，通过高速铁路新城、上盖开发等手段，依托交通枢纽功能带动区域经济发展，使多方主体共享车站带来的开发价值。以站城融合、功能复合、交通集合、文化契合为规划愿景，如图 2-30～图 2-32 所示。

图 2-30　雄安站

图 2-31　星火站

图 2-32　站城一体、功能复合站房规划

2. 站房与站场空间关系

旅客站房与站场空间关系表现为平面关系与高程关系两个方面。

根据站房和站场的高程关系，可以分为以下三类：线平式、线上式、线下式。站房标高低于站场标高，高差在 7 m 左右，为线下式；站房与站场标高接近，为线平式；站房标高高于站场标高，高差在 8 m 左右，为线上式。

根据站房和站场的平面关系，可以划分为以下三类：线侧式、尽端式、高架站及地下站。站房在站场的一侧，为线侧式；站房在站场的一端，站房垂直于轨道方向，为尽端式；站房在站场设施的正上方，站房与车场在平面上重合，为高架站；站房在站场设施的正上方，车场在地下并与站房在平面上重合，为地下站。

高程关系和平面关系的排列组合，可以组成众多的车站站型。

（1）侧式站房

主要特点为站房位于轨道侧向，没有轨道层结构。可具体分为线侧上、线侧下、线侧平三种类型。侧式站房是传统铁路客站结构形式，应用广泛，如图 2-33 所示。

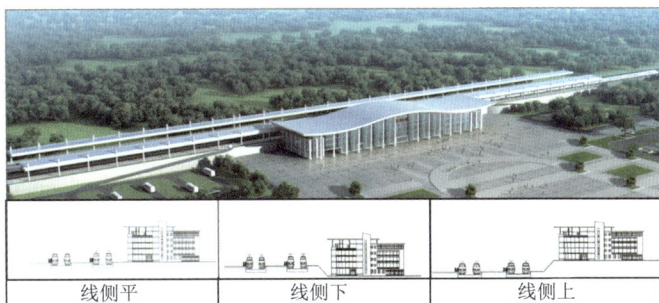

图 2-33　侧式站房示意

（2）高架站房

主要特点为高架候车厅位于轨道上方，一般采用工字型或 T 型布局。高架站房多应用于较大型的省会及副省会级城市铁路客站，如图 2-34 所示。

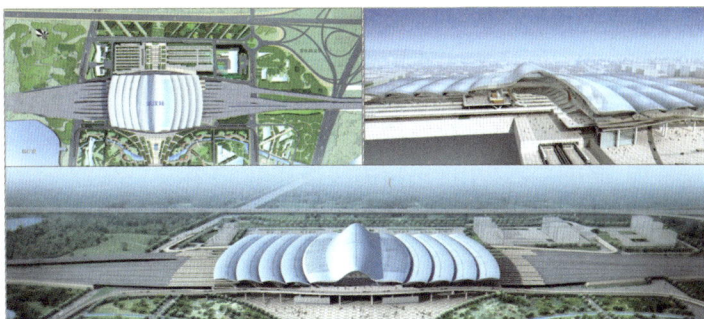

图 2-34　高架站房示意

（3）桥式站

主要特点为采用桥式轨道层，站房位于轨道下方。桥式站主要应用于高架客站，如图 2-35 所示。

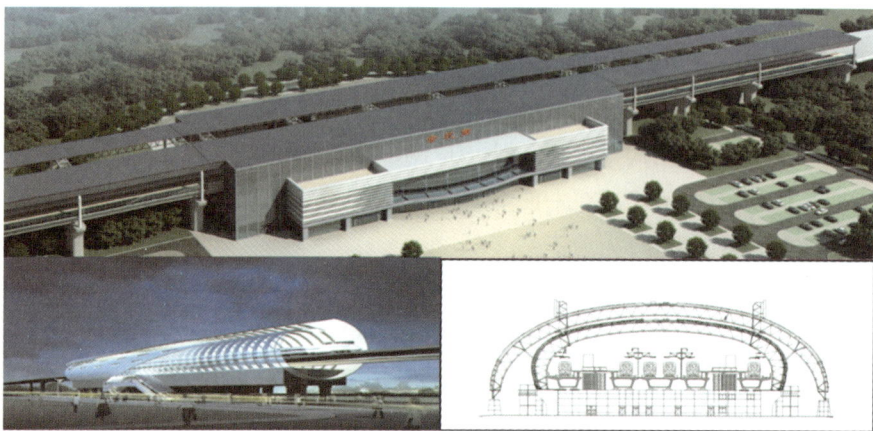

图 2-35　桥式站示意

（4）地下站

主要特点为站房和轨道均位于地面下。地下站主要应用于城市内客站，如图 2-36 所示。

图 2-36　地下站示意

3. 站型与流线的关系

铁路车站的基本流线按流动方向可分为：进站流线、出站流线、贵宾流线、行包作业流线等。各种流线避免相互交叉干扰，是建筑流线设计的一般要求。旅客流线设计的基本原则是互不交叉、短捷合理、明确清晰，在进出站流线设计中，往往以选择剖面流线方式入手。

（1）线平式

客站站房设于铁路线一侧，旅客的剖面流线方式一般有两种。单层候车室时一般可考虑进站旅客通过地道从候车室进入站台、出站旅客通过地道从站台抵达出站口。这一剖面流线方式称为"下进下出"，如图 2-37 所示。

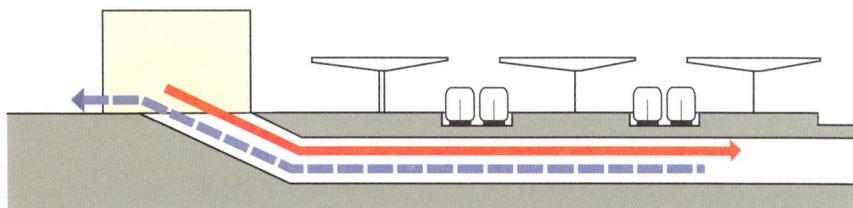

图 2-37　线平式站房示意(下进下出)

　　两层候车室时可考虑天桥进站、地道出站，这一剖面流线方式称为"上进下出"，同时可将基本站台候车室设在下层方便旅客直接进入基本站台，其他普通候车室则设在上层，如图 2-38所示。

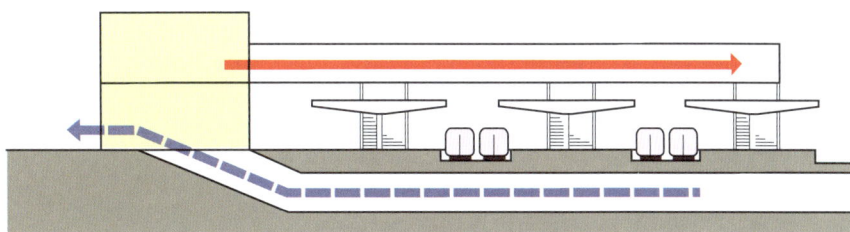

图 2-38　线平式站房示意(上进下出)

(2)线上式

　　候车室设于铁路线上方，旅客流线为"上进下出"方式，也可以考虑"上进上出"，如图 2-39和图 2-40 所示。

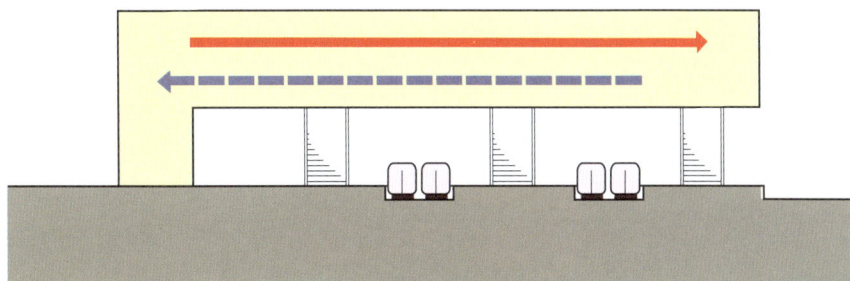

图 2-39　线上式站房示意(上进上出)

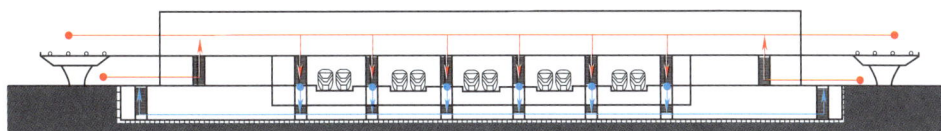

图 2-40　线上式站房旅客流线示意(上进下出)

(3)线下式

客站站房设于铁路线一侧并低于站台一定的高度,旅客流线一般可考虑为地道进站、地道出站方式。即"下进下出"。两层候车室时可将基本站台候车室设在上层,其他普通候车室设在下层,如图 2-41 所示。

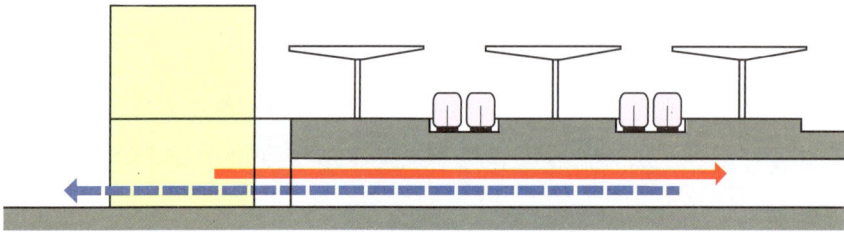

图 2-41　线下式站房示意(下进下出)

在站台和广场之间的高差不足 5 m 时,站房设计为两层会使上层候车室不能与基本站台高度很好适应。为此,可利用这一高差做架空层,使地形条件适合两层的线侧平式站房,架空层设置出站厅、行包库和停车场,剖面流线"上进下出",这种站房模式称为"带架空层的线侧平式站房",如图 2-42 所示。

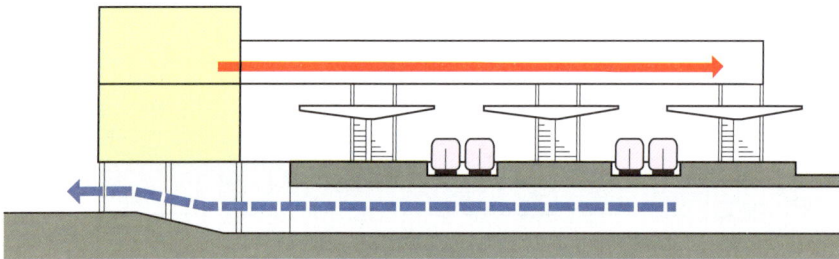

图 2-42　线下式站房示意(上进下出)

客站站房设于铁路线下方,旅客流线自然为"下进下出"方式,如图 2-43 所示。

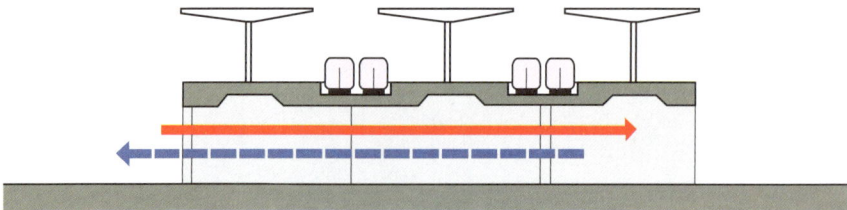

图 2-43　站房设于铁路线下方示意(下进下出)

2.6.2　旅客站台

旅客站台是供旅客上、下车和行包、邮件装卸的设施。靠近站房一侧的旅客站台为旅客基本站台,除基本站台外的其他站台称为中间站台,按照其与铁路线路的位置关系分为岛式站台(两线路间)和侧式站台(线路外侧)。

1. 设置原则

(1)一般情况下,旅客站台不宜邻靠正线设置,正线邻靠站台时,旅客列车在正线停靠站台,会影响后续追踪列车的通过,影响通过能力;另外,由于通过列车风压的影响,需加大站台上的旅客安全退避距离,并需设安全防护设施。

(2)旅客站台应布置在车场居中位置。

(3)旅客站台宜设在直线上,困难条件下站台可伸入曲线。

(4)正线邻靠站台设置时,列车通过最高速度不得超过 250 km/h,列车通过速度大于 80 km/h 时,应在距离站台边缘 1.5 m 处设置站台安全标线,必要时在距离站台边缘 1.2 m 处设置安全防护设施。站台位于到发线一侧时,应在距离站台边缘 1.0 m 处设置站台安全标线。站台上设置站台门时,可不设站台安全标线。

2. 设计要求

(1)长度

旅客站台长度是按动车组列车长度加前后停车余量确定的。按 CRH1 动车组 16 辆编组计,动车组列车长度约 430 m,考虑动车组的停车余量后,确定旅客站台长度为450 m。只停靠 8 辆编组动车组站台,动车组列车长度最长为 214 m,考虑动车组前后的停车余量后,站台长度可按 220 m 设置。

(2)高度

旅客站台的高度应高出轨面 1.25 m。

(3)宽度

旅客站台宽度应根据车站性质、站台类型、客流密度、行包搬运工具、安全退避距离、站台上通道出入口宽度、站台上的建(构)筑物宽度等因素确定,可按表 2-8 采用。

表 2-8　高速铁路旅客站台宽度　　　　　　　　　　　　　　　　　　　m

名　　称	特大型站	大型站	中型站	小型站
站房或建(构)筑物突出部分边缘至基本站台边缘距离	20.0~25.0	15.0~20.0	8.0~15.0	8.0
岛式中间站台	11.5~12.0	11.5~12.0	10.5~12.0	10.0~12.0
侧式中间站台	8.5~9.0	8.5~9.0	7.5~9.0	7.0~9.0

注:站房或建(构)筑物范围以外地段的基本站台宽度不应小于侧式中间站台宽度。

站台位于曲线地段时,站台端部最小宽度不宜小于 5.0 m。站台端部最小宽度主要考虑在站台端部旅客有 3.0 m 宽的活动空间及每侧站台各留有 1.0 m 的安全宽度。

（4）站台面横坡

站台面的横向坡度大小既要考虑站台面排水，又要考虑站台上的物品不能自然溜入到站台限界，影响行车安全，站台面横坡不应大于 1%。当有雨棚覆盖站台时，站台面横坡还可适当减小，设计中常采用 5‰。

（5）站台其他设施

为满足工作人员进入站内检查维修的需要，旅客高站台两端应设置台阶或坡道。为避免站台上旅客和非工作人员从站台上进入车场内，在站台端设置防护栅栏和宽度不小于 1.0 m 的栅栏门，并标有禁止通行标志。侧式站台还需在不靠线路一侧的站台边设置防护栅栏。

3. 站台边缘距线路中心距离

（1）直线地段

当站台位于正线一侧时，站台边缘距线路中心距离为 1.80 m。当站台位于到发线一侧时，站台边缘距线路中心距离为 1.75 m。

（2）曲线地段

站台位于曲线时，距离相邻股道距离应考虑加宽。曲线地段加宽值按式（2-7）、式（2-8）计算。

曲线内侧加宽值（mm）：

$$W_1 = \frac{40\ 500}{R} + \frac{H}{1\ 500}h \tag{2-7}$$

曲线外侧加宽值（mm）：

$$W_2 = \frac{44\ 000}{R} \tag{2-8}$$

式中　R——曲线半径，m；

　　　H——计算点自轨面算起的高度，mm；

　　　h——外轨超高，mm。

当站台端距离直缓点或直圆点距离 $L \geqslant 22$ m 时，如图 2-44 所示，站台范围无须加宽。

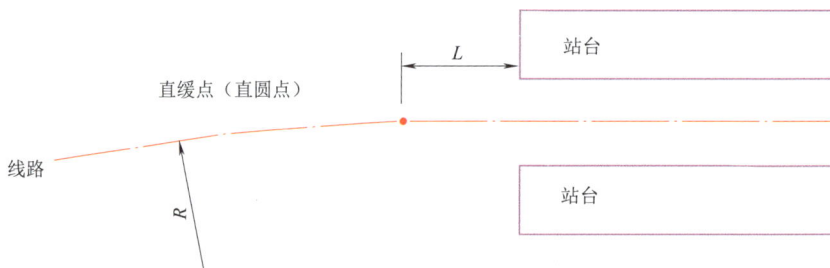

图 2-44　站台范围曲线加宽示意（$L \geqslant 22$ m）

有缓和曲线时,当站台端与直缓点距离 $L<22$ m,站台范围曲线地段加宽方法如图 2-45 所示。

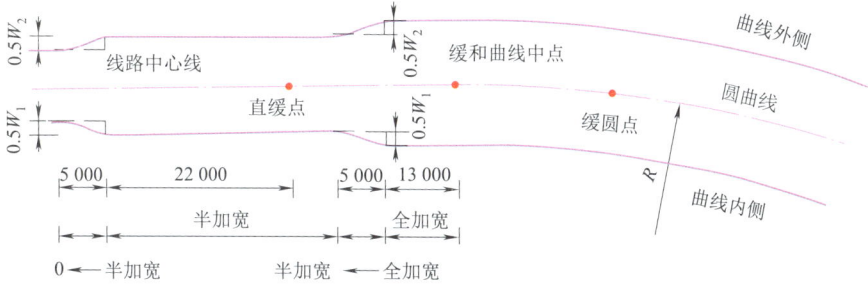

图 2-45　站台范围曲线地段加宽示意($L<22$ m 有缓和曲线)

无缓和曲线时,当站台端与直圆点距离 $L<22$ m 时,站台范围曲线地段加宽方法如图 2-46 所示。

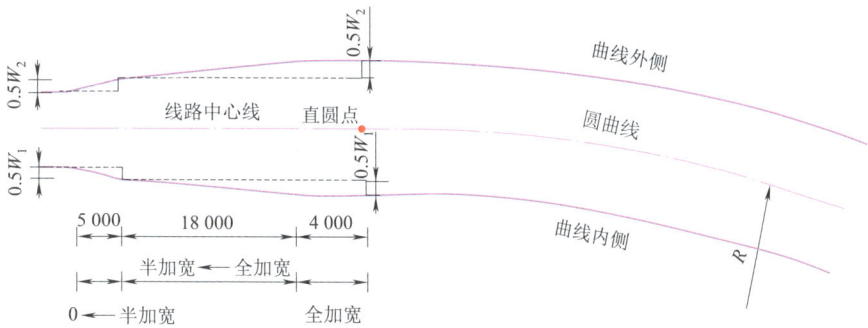

图 2-46　站台范围曲线加宽示意($L<22$ m 无缓和曲线)

位于曲线内侧的旅客站台,如线路有外轨超高时,应降低站台高度,降低的数值为0.6倍外轨超高数值。

曲线站台地段,受曲线内、外侧加宽和外轨超高影响,常用的站台边缘距线路中心距离加宽值及站台高度降低值见表 2-9。

表 2-9　站台边缘距线路中心距离加宽值及站台高度降低值

曲线半径/m	外轨超高/mm	站台位于曲线内侧时距离加宽值/mm	站台位于曲线外侧时距离加宽/mm	站台位于曲线内侧时高度降低值/mm
800	30	75.6	55	18
900	30	70.0	49	18
1 000	25	61.3	44	15
1 200	20	50.4	37	12
1 500	20	43.7	29	12

2.6.3　旅客站台门

站台门是设置在站台上实现旅客候车安全防护的物理屏障,门体结构有足够的强度和刚度,能承受风荷载、人群挤压和冲击荷载组合作用。

1. 设置原则

(1)正线邻靠站台并有客车通过或采用站台候车时,站台上应设置站台门。

(2)站台门边缘至进出站通道出入口或建(构)筑物边缘的距离不应小于2.5 m。

(3)站台门门体距站台边缘距离应结合列车运行模式、限界要求、列车运行速度、信号系统联控方式以及旅客乘降安全等因素综合考虑确定。

①正线侧站台门一般选择退台安装的方式,站台门距站台边缘不小于1 200 mm。

②站线侧站台门与站台边缘的距离根据停靠车型种类确定,多车型情况下,站台门多采用退台安装的方式,退台安装时站台门距站台边缘不小于1 200 mm;单一车型情况下,站台门多采用贴台安装的方式,地下车站站线侧站台门门体距站台边缘为100 mm,地面车站或高架车站站线侧站台门门体距站台边缘为200 mm。表2-10为我国现状站台门安装位置调查情况。

表 2-10　国内高速铁路/城际站台门安装位置统计

序号	项目名称	车站	站台门类型	运营车型	门体与站台边缘距离/m	项目状态
1	海南东环线	美兰机场站	封闭式站台门	CRH1	正线1.4、站线1.0	已运营
2	广深港客专	福田站	封闭式站台门	多种 CRH	正线2.0、站线0.1	已运营
3	郑机城际	郑州机场站	封闭式站台门	CRH6	正线1.3、站线1.2	已运营
4	成灌线	地下站	封闭式站台门	CRH1/CRH2	0.2	已运营
		地上站	半高站台门		1.2	已运营
5	珠三角城际莞惠、佛肇、穗莞深	地下站	封闭式站台门	CRH6	正线1.2、站线0.1	已运营
		地上站	半高站台门		正线1.2、站线0.2	已运营
6	长株潭	地下站	封闭式站台门	CRH6	1.8	已运营
		地上站	半高站台门		1.2	已运营
7	京雄城际	部分车站	半高/封闭式站台门	多种 CRH＋标动	1.2	已运营
8	京张城际	部分车站	半高站台门	智能动车组＋CR400-BF	正线1.2、站线0.2	已运营
9	北京城际联络线	新机场站	封闭式站台门	CRH6＋标动	1.2	建设中

从我国的工程实际来看,高速铁路和城际铁路工程正线侧站台门均选择退台安装的方式,站台门与站台边缘的距离均不小于1.2 m。站线侧站台门与站台边缘的距离根据停靠车型种类的多少有所不同,当运营多车型时,站台门采用退台安装的方式;单一车型情况下,站台

门多采用贴台安装的方式,站台门门体与站台边缘距离多为 0.2 m,个别地下车站为 0.1 m。

2. 技术要求

(1)站台门类型

站台门可分为密闭结构屏蔽门、非密闭结构高站台门(大于 2.0 m)、非密闭结构半高站台门(1.2~1.5 m)。地下车站主要有密闭结构屏蔽门、非密闭结构高站台门两种类型,高架车站和地面车站多采用非密闭结构半高站台门。

(2)站台门高度

根据《城市轨道交通站台屏蔽门系统技术规范》要求,半高站台门的门体高度不低于1.2 m。因为门体高度偏低时,年幼乘客可能会将手臂或随身物品伸过站台门,对人身安全和行车安全带来一定的危险;根据标准动车组参数资料,标准动车组车窗上缘距站台面高度约 1.48 m,站台门高度高于 1.48 m 时,门框会遮挡动车组的车窗,影响进站动车组列车内乘客的视野,会产生类似被墙壁包围的压迫感,因此屏蔽门的高度规定为 1.2~1.5 m。从已实施项目来看,我国高速铁路半高站台屏蔽门门体高度采用 1.2~1.3 m 为宜。

根据《城市轨道交通站台屏蔽门》要求,高站台屏蔽门的高度不低于 2.0 m。

(3)站台门门体材质

我国站台屏蔽门门体材料主要是玻璃门体;而滑动门体有轻质材料和不锈钢栏杆两种。

玻璃作为站台屏蔽门门体材料,通常采用低自爆率的钢化玻璃,成本相较于轻质材料较低,由于玻璃表面不易形成划痕和凹槽,通透性和美观性较好;轻质材料的门体质量较轻,通透型和美观性好,但成本高;不锈钢栏杆的门体质量轻,成本较低,通透性和美观性差,且由于两栏杆间无遮挡,不能完全防止乘客有意或无意得将危险物品通过间隙伸入至轨行区,引发行车安全,安全性稍差。

2.6.4　进出站通道

1. 旅客进出站通道

(1)设置原则

旅客进出站通道可选择天桥或地道,并应优先选用地道。当采用高架跨线候车室时,进站天桥应与高架候车室合设。

旅客进出站通道的数量:小型客运站设置 1 处,中型客运站旅客进、出站通道分开各设置 1 处,大型及特大型客运站的出站通道根据需要统筹考虑。一般情况下,特大型客运站设3 处地道(下进下出)或 1 处进站天桥、2 处出站地道(上进下出),大中型客运站设 2 处地道(下进下出)或 1 处进站天桥、1 处出站地道(上进下出),小型客运站设 1 处天桥或地道。

(2)设计要求

旅客进出站通道的最小宽度根据《铁路旅客车站建筑设计规范》的相关要求计算确定,

可参照表 2-11。

表 2-11 旅客进出站通道最小宽度

项　目	旅客进出站通道/m		
	特大型站	大型站	中、小型站
最小宽度	12	8~12	6~8

地道的净高不小于 2.5 m。旅客天桥、地道通向各站台宜设双向出、入口,出入口宽度可参照表 2-12 采用;通道出入口设有自动扶梯或升降电梯时,其宽度需根据升降设备的数量和要求加宽。

表 2-12 旅客站台出入口宽度

名称	旅客站台出入口宽度/m		
	特大及大型站	中型站	小型站
基本站台岛式中间站台	5.0~5.5	4.0~5.0	3.5~4.0
侧式中间站台	5.0	4.0	3.5~4.0

注:特大型及大型站的旅客进出站通道出入口宽度已包括设置一部自动扶梯的宽度。

既有客运站改扩建时,在符合使用功能和安全的前提下,可利用既有旅客进出站通道扩建。

站台出入口或建(构)筑物边缘至靠线路侧旅客站台边缘的距离不小于 3.0 m,困难条件下,中、小型站不小于 2.5 m;改建既有站,其中一侧距离不小于 2.0 m。

2. 作业通道

车站办理行包邮件业务、餐饮物料配送、垃圾转运等作业以及保洁机具和维修设备通往站台时,设置作业地道。

(1)作业通道数量:特大型及大型客运站不少于 1 处;中型客运站有始发终到客车作业时可设置 1 处;小型客运站可与旅客出站地道合并设置,不单设作业地道。

(2)地道宽度不小于 5.2 m。

(3)地道的净高不小于 3.0 m。

(4)地道通向各站台宜设单向出、入口,并设置在站台的端部,其宽度不小于 4.5 m。当条件所限且出、入口处有交通指示保证时,其宽度不小于 3.5 m。

2.6.5 站台雨棚

站台雨棚作为铁路车站旅客上下车遮风挡雨的结构,其形式日趋多样化,从与铁路站场布置不同的关联角度,主要的形式为有站台柱雨棚、无站台柱雨棚、屋面停车全覆盖雨棚。

1. 有站台柱雨棚

有站台柱雨棚是指雨棚支柱设在站台上,一般适用于中小型铁路客运站。相比较而言,有站台柱雨棚结构形式简单，工程造价较低。

12 m 宽岛式站台通常设置为双 Y 形见图 2-47，小于 12 m 宽岛式站台及侧式站台通常采用为 Y 形如图 2-48 所示。

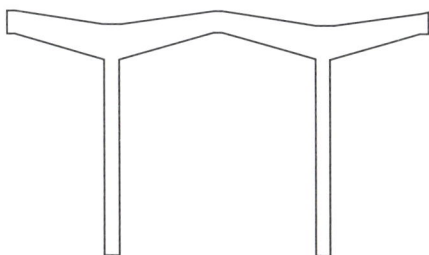

图 2-47　双 Y 形雨棚　　　　　　　　　图 2-48　Y 形雨棚

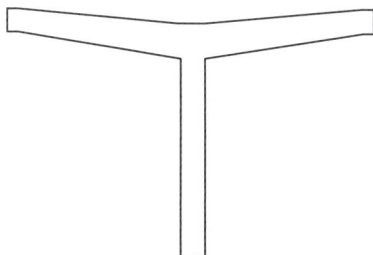

2. 无站台柱雨棚

无站台柱雨棚是将雨棚柱设置于站场铁路线束之间，一般适用于大型铁路客运站，或对旅客站房景观设计要求较高的客运站。

无站台柱雨棚与高速铁路站房关系密切，由于使用功能和客流组织需要，雨棚与站房两者呈相连或相互交融式。雨棚与站房的平面关系有两种典型布置：一类是线侧式，如图 2-49所示，雨棚覆盖整个站台，站房立于雨棚一侧；另一类是线上式，如图 2-50 所示，站房位于站台上方，雨棚覆盖站房两端站台。

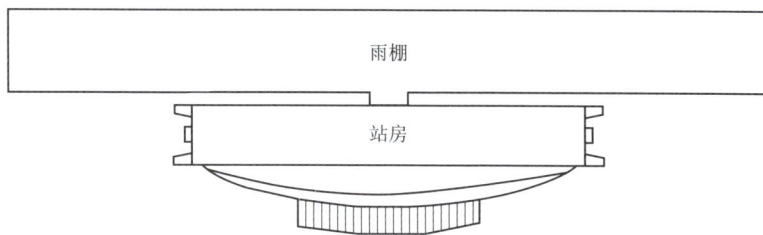

图 2-49　线侧式站房与雨棚

图 2-50　线上式站房与雨棚

3. 屋面停车全覆盖雨棚

屋面停车全覆盖雨棚严格意义上不是雨棚的基本结构形式，从本质上与地铁上盖、动车段所上盖等一样,是在特定条件下对雨棚顶面利用的新思路。

如图 2-51 所示,北京朝阳站首次探索应用了全覆盖雨棚形式,在其屋面设置了停车场,通过对相关流线、平面布局、结构、消防、排水和停车系统等关键技术研究,将车站雨棚屋面设置成社会停车场,可解决停车 555 辆,有效利用站台雨棚面积 6.2 万 m²,同时雨棚上盖停车场还结合停车位,合理设置屋面绿化,有效补充了城市绿化空间。相对地面停车场或地下停车场,利用雨棚上盖屋面停车,实现了土地的集约利用,大幅提高土地利用率,改善了城市空间环境。

图 2-51　北京朝阳站鸟瞰

2.7　维　修　设　施

维修设施是指为各类维修作业提供服务及保障的工程设施,为各类维修设备的运用、维修、保养、试验、维修物资的集散、使用以及维修人员的办公生活等提供保障条件。高速铁路维修设施包括维修基地(段)、维修车间及维修工区,承担线路、路基、桥涵、隧道、灾害监测、牵引供电、电力、给排水、通信、信号、信息、房屋建筑等设施的维修工作。

综合维修段或各专业维修段等区域性管理机构一般应根据区域路网的发展情况统筹考虑,在工程项目建设中通常独立立项,不包含在常规的高速铁路工程项目中。对于高速铁路工程设计而言,维修系统的配置主要指维修车间、维修工区等沿线维修设施。

2.7.1　维修设施管理

综合维修段完成综合维修生产管理和设备的预防性计划维修、入场检测等工作。从管理职能看,综合维修段为决策层。

综合维修车间接受综合维修段的业务管理,是基础设施日常管理单位和基层核算单位。负责管辖范围内基础设施状态和信息资料的分析管理、临时修补计划的审批及合同签订与实施,并为综合维修工区的相应专业工班提供技术支持,组织完成对突发事故的紧急救援和修复。从管理职能看,车间为组织层,车间组织生产,具有分析、计划、检查、验收职能,并负有应急处置职能。

综合维修工区是固定设施的基层管理单位,综合维修工区内设置线路、桥梁、接触网、信号等分专业工班,负责管内基础设施的日常养护、定期巡回检查和静态检测,配合大修、预防性计划维修和临时补修的辅助工作。从管理职能看,工区为执行层,负责现场作业。

2.7.2　综合维修设施布局影响因素

维修车间及维修工区的设置需满足本线管段内检测、保养作业的需要。维修设施按照专业强化、资源综合、集中管理的原则进行布局和规划,维修设施及设备配置应根据天窗作业时间完成维修作业的需要进行设计。

1. 轨道结构类型

不同的轨道结构类型因其结构性能不同,其基础设施质量的保持周期不同,因此维修内容和工作量不同,影响维修机构管辖范围。

2. 管辖范围内基础设施数量和质量

管辖范围内基础设施数量、质量影响到养护维修作业量,从维修能力的角度需要布局的维修设施数量不同。

3. 外部环境

外部环境一是指公路交通的便捷程度,二是指日常作业所处区域(线路所处区域如山区、高原、寒区、地质条件)环境的恶劣程度,三是指维修工区(车间)的布设与货场、既有线连接的便捷程度。外部环境的友好程度决定了维修设施可覆盖的范围。

4. 应急响应时间

高速铁路具有高速度、高密度的特点,维修设施的布局应保证故障发生时的快速响应,保证高速铁路及时恢复运营。

5. 经济成本

经济成本主要包括人员及维修生产力布局配备成本等。在管辖范围设置时,需综合考虑各项经济成本。

2.7.3　综合维修设施分布原则

1. 专业管辖范围设置相关规定

维修设施专业管辖范围设置相关规定见表 2-13。

表 2-13 专业维修机构管辖范围规定

专业维修		车间管辖范围(营业里程)	工区管辖范围(营业里程)	文件依据
工务维修	线路维修	100 km(有砟) 150~200 km(无砟)	30 km(有砟) 60 km(无砟)	《高速铁路无砟轨道维修规则》《高速铁路有砟轨道维修规则》
		100 km(有砟) 150 km(无砟)	30 km(有砟) 50 km(无砟)	《高速铁路设计规范》
	路桥检查	300 km	100 km	《高速铁路设计规范》
供电维修		供电车间 200 km 维修车间:1 200~1 500 延展公里	运行工区 60 km(有砟区段可适当缩短)	《高速铁路接触网运行维修规则》
		200 km	供电工区 60 km,电力工区 80 km	《高速铁路设计规范》
电务维修	信号	150 km 左右,不少于 1 500 组换算道岔(有砟) 200 km 左右,不少于 2 000 组换算道岔(无砟)	根据需要设置信号工区、专业工区、值班工区、检修工区	《高速铁路信号维修规则》
		200 km	根据需要设置信号工区、专业工区、值班工区、检修工区	《高速铁路设计规范》
	通信	200 km	在有客运站作业的车站设置维修工区;宜在就近车站和保养点设置 24 小时值班驻站点设施	《高速铁路设计规范》
信息维修			大型及以上客站、动车段(所)可设置信息工区,每 3~5 个中间站可设置一个信息工区	《高速铁路设计规范》

2. 综合维修车间分布

在综合维修体系下各专业要实现统一组织架构、统一天窗安排、统一作业组织、统一应急处置、统一生产平台,因此维修车间分布应综合考虑各专业管理及作业特征,保障高速铁路高效维修,其分布间距主要考虑维修设备、人员进行各项维修、抢修活动的作业半径,并结合车站分布及场址条件统筹考虑。

综合表 2-13 各专业管辖范围,综合维修车间适宜的管辖范围距离为 150 km。维修车间应设在所辖线路的中心地段、大型车站所在地,管理范围应兼顾区域内其他线路。

3. 综合维修工区分布

综合维修工区是固定设施的基层管理单位,直接担负对高速铁路运营所辖区间基础设施的日常养护、维修、临修以及对大机在该区间养护、维修的配合与质量的验收等工作,综合维修工区分布要满足抢修作业需求,一般应保证在 30 min 左右可赶赴至抢修地点。另外综合维修工区选择应靠近车站,有利于维修车辆快速上道作业,减少作业辅助时间。

维修工区的分布主要受大型养路机械维修作业控制,大型养路机械在作业期间停留在沿线设置的维修车间或工区内。大机作业流程如图 2-52 所示。

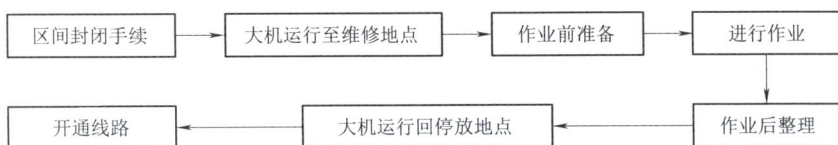

图 2-52　大机作业流程

以上各类作业需在天窗时间内完成。作业当日天窗开始后,大型养路机械由邻近的维修基地出发走行至作业地点进行作业,完成作业后再回到临近维修车间或工区。在大型养路机械作业效率相对固定的条件下,维修车间及维修工区的分布位置,直接影响大机作业对维修天窗的利用率。综合表 2-13 各专业管辖范围及工程经验,综合维修工区适宜的管辖范围不宜大于 60 km,例如我国高速铁路维修天窗一般为 4 h,维修工区布点即考虑在维修天窗内,走行时间及辅助作业时间 60 min(包括办理区间封闭手续、作业前准备/作业后整理、开通线路),有效作业时间约 180 min。

4. 维修值守点

未设置维修工区的车站,宜根据专业化管理要求分别设置车站值守房屋,即设置维修值守点。

2.7.4　综合维修设施主要设备

1. 维修车间

根据其功能需求,维修车间的设施一般应包括以下内容,并根据具体需要选择,如图 2-53 所示。

(1)线路

线路包括维修车间走行线、停放线、材料装卸线等。

①工务维修应设置 1 条有效长度 260 m 停放线,供大型养路机械停放。

②工务维修应设置 2 条有效长度 120 m 的停放线,供工务作业车停放。

③供电维修宜设置 1 条有效长度 320 m 停放线(有条件时可与大型养路机械合用 1 条),供接触网检修列车停放。

④供电维修宜设置 2 条有效长度 120 m 的停放线,供接触网作业车和接触网抢修车停放。其中,若单独设置接触网检修列车停放线,接触网抢修车停放可直接利用检修列车停放线,一般不再单独设置。

⑤材料装卸线,材料装卸线一般情况下不单独设置,由大型机械停放线兼顾其装卸功

能,在大机停放线末端设置材料堆场或装卸站台。

⑥内燃热备救援机车停放线。该线及相应设施结合资源共享与生产力布局统筹考虑,其直线段长度、库前硬化面应满足救援机车停放需求。

(2)室外设施

室外设施包含装卸站台、材料堆场、停车场、练兵设施、生活设施等。

(3)房屋建筑

轨行车辆停留库、汽车停放库、材料机具存放库、设备保养检修间、生活办公房屋、其他配套房屋等。

场地内同时需要建设道路、围墙、绿化、排水等辅助设施。

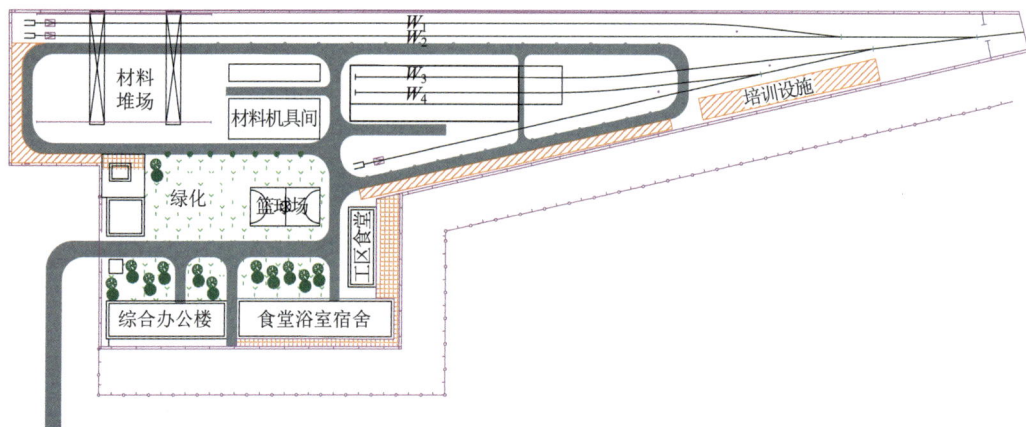

图 2-53　维修车间平面布置

2. 维修工区

综合维修工区内的设施一般包括以下内容,并根据具体需要选择,如图 2-54 所示。

(1)配线情况

①工务维修应设置 1 条有效长度 320 m 停放线,主要供大型养路机械停放,供电检修列车一般考虑与工务共用 1 条停放线。

②工务维修应设置 1 条有效长度 120 m 的轨道车辆停放线。

③供电维修应设置 1 条有效长度 120 m 的接触网作业车停放线。

④材料装卸线,材料装卸线一般情况下不单独设置,由大型机械停放线兼顾其装卸功能,在大机停放线末端设置材料堆场。

(2)室外设施:包含材料堆场、停车场、生活设施等。

(3)房屋建筑:轨行车辆停留库、汽车停放库、材料机具存放库、设备保养检修间、生活办公房屋、其他配套房屋等。

场地内同时需要建设道路、围墙、绿化、排水等辅助设施。

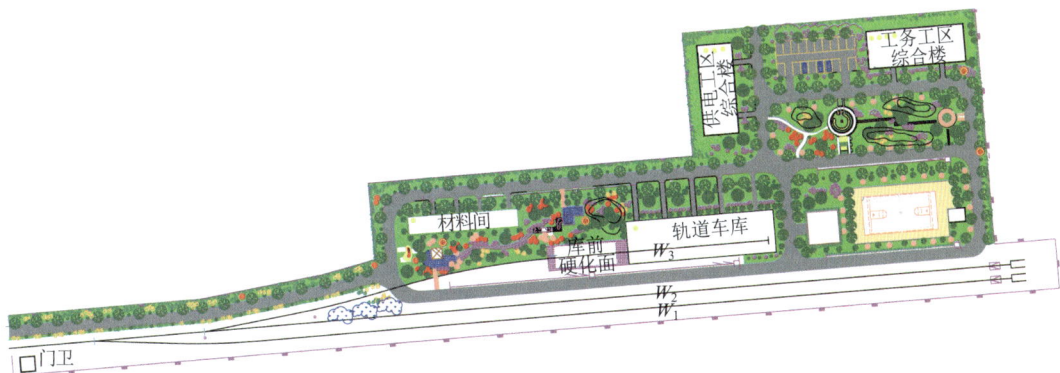

图 2-54　维修工区平面布置

3. 维修值守点

在基础设施薄弱且设备集中的位置,同时距离邻近维修工区较远时,一般需要设置维修值守点,供应急值守人员使用。

维修值守点不配备线路设备,一般配备机具材料间及人员值班室等少量房屋,由邻近工区派驻人员使用。

2.7.5　维修车间、维修工区线路主要技术条件

1. 平面

(1)维修车间、工区走行线

曲线半径不应小于 200 m;走行线兼作牵出线使用时,还应符合牵出线的设置规定。

(2)维修车间、工区内线路

宜设在直线上。库内线路应设在直线上。

2. 纵断面

(1)维修车间、工区内线路

宜设在平道上,困难条件下可设在不大于 1‰的坡道上。咽喉区可设在不大于2.5‰的坡道上,困难条件下可设在不大于 6‰的坡道上。

(2)维修车间、工区走行线

最大坡度不宜大于 30‰,困难条件下不应大于 35‰。

坡段长度不宜小于 50 m。

(3)牵出线

牵出线的坡度不宜大于 6‰。

(4)站线坡段连接

相邻坡段的坡度差大于 5‰时,采用 3 000 m 半径的竖曲线连接。

3. 轨道

轨道均为有缝线路,其轨道工程按照以下标准:钢轨采用 50 kg/m、25 m 长普通钢轨,绝缘接头采用胶接绝缘接头,接头螺栓采用 8.8 级及以上高强度接头螺栓,垫圈采用单层弹簧垫圈,螺母采用 10 级高强度螺母;轨枕铺设新 II 型混凝土枕,每公里 1 440 根,当采用大型养路机械养护维修时轨枕根数不小于每公里 1 600 根,半径为 300 m 以下的曲线铺设小半径曲线专用混凝土枕;采用弹条 I 型扣件,严寒地区可采用调高量较大的弹性扣件,沿海或酸雨腐蚀严重的地区、隧道内采用相应防腐措施的扣件;道床采用一级碎石道砟,道床顶面宽 2.9 m,边坡坡率 1∶1.5。

2.8 站场路基、排水

2.8.1 站场路基

1. 基本原则

(1)站场路基按站内正线路基、到发线路基、其他站线路基、场坪等分类设计。

(2)当站场路基路肩高程受洪水位或潮水位控制时,设计洪水频率或重现期应符合以下要求:

①路肩和主要生产房屋的场坪高程设计洪水频率标准采用 1/100。

②车场内一般生产办公房屋及相关配套房屋等的场坪高程设计洪水频率标准采用 1/50。

③滨海路堤的设计潮水位采用重现期为 100 年一遇的高潮位。

2. 路基宽度

线路中心线至路基面边缘的距离,应根据轨道设计标准、养护维修方式、曲线加宽、路基面沉落加宽、铁路各种电(光)缆沟槽、接触网立柱、声屏障基础等因素,计算确定。最小宽度不小于 3.0 m,且最小路肩宽度不小于 0.6 m。

当最外股道为正线(有砟轨道)时,曲线地段路基面宽度,需根据正线路段设计速度、曲线半径采用值在曲线外侧加宽,加宽值在缓和曲线范围线性渐变。加宽原则及加宽值执行《铁路路基设计规范》相关规定,具体数值见表 2-14。

表 2-14　高速铁路曲线地段路基面加宽值

设计速度/(km·h⁻¹)	曲线半径/m	路基外侧加宽值/m
250	$R<4\ 000$	0.6
	$4\ 000 \leqslant R < 5\ 000$	0.5
	$5\ 000 \leqslant R < 7\ 000$	0.4
	$7\ 000 \leqslant R < 10\ 000$	0.3

续上表

设计速度/(km·h⁻¹)	曲线半径/m	路基外侧加宽值/m
250	$R \geqslant 10\ 000$	0.2
300	$R < 5\ 000$	0.6
	$5\ 000 \leqslant R < 7\ 000$	0.5
	$7\ 000 \leqslant R < 9\ 000$	0.4
	$9\ 000 \leqslant R < 14\ 000$	0.3
	$R \geqslant 14\ 000$	0.2
350	$R < 6\ 000$	0.6
	$6\ 000 \leqslant R < 9\ 000$	0.5
	$9\ 000 \leqslant R < 12\ 000$	0.4
	$R \geqslant 12\ 000$	0.3

3. 站内正线路基

（1）路基面横向坡度

无砟轨道支撑层（或底座）底部范围内路基面可水平设置，支撑层（或底座）外侧路基面设置不小于 4% 的横向排水坡。

有砟轨道路基面形状为三角形，由路基面中心向两侧设 4% 的横向排水坡。曲线加宽时，路基面仍保持三角形，路基基床底层的顶部和基床以下填料部位的顶部设 4% 的人字排水坡。

（2）基床结构及填料标准

路基基床结构由基床表层和基床底层构成，其厚度见表 2-15。基床底层的顶面和基床以下填料的顶面设不小于 4% 的人字排水横坡。

表 2-15　高速铁路常用路基基床结构厚度　　　　　　　　　　　　　　m

铁路等级	基床表层	基床底层	总厚度
有砟轨道	0.7	2.3	3.0
无砟轨道	0.4	2.3	2.7

基床表层和基床底层填料标准见表 2-16。

表 2-16　高速铁路基床表层和基床底层填料选择标准

结构层	粒径限值/mm	可选填料类别
基床表层	≤60	级配碎石
基床底层	≤60	砾石类、砂类土中的 A、B 组填料或化学改良土

4. 站线路基

（1）路基面横向坡度

到发线路基基床表层顶面、基床底层顶面及底面设置 4% 的横向坡度。其他站线路基面排水横坡不小于2‰。各类装卸、作业场坪及站房场坪可采用不小于1‰的横向坡度。路基面横向坡度及一个坡面的最大线路数量，可按表2-17确定。

表 2-17　路基面横向坡度及一个坡面的最大线路数量

序号	路基岩土种类	地区年平均降水量/mm	横向坡度/‰	一个坡面的最大线路数量/条
1	块石类、碎石类、砾石类、砂类土（粉砂除外）等	<600	2~4	4
		≥600	2~4	3
2	除上述外其他岩土	<600	2~4	3
		≥600	2~4	2

（2）基床结构及填料标准

站线与正线处于同一路基时与正线标准相同。

到发线与正线间设有纵向排水槽、站台等设施时，到发线路基可与正线路基分开设置。分开设置时，到发线的路基填料和压实标准按客货共线Ⅱ级铁路标准设计，路基基床表层厚度为 0.6 m，基床底层厚度为 1.9 m，基床总厚度为 2.5 m；路基基床表层至设计冻深范围优先填筑非冻涨 A 组土、其次为非冻涨 B 组土，设计冻深至基床底层填筑 A、B 组土，基床底层以下填筑 C 组土。

到发线以外的站线、动车段（所）及综合工区（保养点）内等其他站线路基填料和压实标准按Ⅱ级铁路标准设计，路基基床表层厚度为 0.3 m，基床底层厚度为 0.9 m，基床总厚度为 1.2 m；路基基床表层填筑 A、B 组土，基床底层填筑 C 组土。

在路基上修建排水沟、站台墙等设施时，路基的回填需符合其相应部位的填料和压实标准。

旅客站台的填土和压实标准按Ⅱ级铁路基床底层的标准设计。

场坪路基不分层，可采用 D 组填料，压实标准需符合 GB 50007《建筑地基基础设计规范》的有关规定。

对不符合要求的填料需采取土质改良或加固措施。到发线填料的颗粒粒径在基床底层内不大于 100 mm，基床以下不大于 150 mm；其他站线颗粒粒径在基床表层内不大于 150 mm，基床底层不大于 200 mm，或摊铺厚度的 2/3，基床以下不大于 300 mm。

2.8.2　站场排水

站场排水是指站场范围的地面水及对路基、道床有影响的地下水排除。地面水包括天然雨水、融化雪水、机车和客车上水时的漏水、废弃水等，主要为路基面及边坡等的排水。

站场范围的地下水、生产生活废水及污水，按专业分工分别处理，但应总体布置、统筹设计、相互配合。

1. 站场主要排水设备

站场主要排水设备包括路基面排水设备及路基外地面排水设备两类。

路基面排水设备主要包括：车场内纵向排水槽、横向排水槽（管）、渗水管、检查井、道路侧排水槽等。

路基外地面排水设备：路基排水沟、侧沟、天沟、截水沟、跌水与急流槽、渗水池、集水井（坑）等。

2. 站场系统排水原则

（1）站场排水设计应总体规划、系统设计，并与当地排水系统有效衔接。纵向、横向排水系统应紧密结合，水流径路应短直。

（2）站场路基面地表水应引排至路基范围以外，引排水不得冲刷路基及边坡等，当地下水对路基、道床有影响时，应设置排水构筑物将其引排至路基外侧的排水系统。

（3）路基横向排水设施宜利用站内桥涵，无桥涵可利用时，可选用横向排水槽或排水管。

（4）站场排水设施不宜与接触网柱、雨棚柱等基础交叉，困难条件下可绕行，但不得降低排水能力。

（5）站区排水应注意与房建、桥梁、接触网、给排水、路基、隧道、四电等专业的接口衔接。

（6）排水设施要重视末端处理。天沟、排水沟、侧沟要顺到沟底，并做好消能处理。

3. 站场排水设施标准

站场排水设施的断面尺寸按 1/50 洪水频率的流量设计。有充分依据时，可按当地采用的洪水频率进行设计。纵、横向排水槽的底部宽度不小于 0.4 m，深度不宜大于 1.2 m；当深度大于 1.2 m 时，其底部宽度应加宽。

（1）路基面排水设备

站场纵向排水设施的位置需根据站场路基面的形状确定。站台范围内纵向排水槽宜设于到发线与到发线、到发线与正线之间，困难条件下也可设于到发线与站台之间。站场横向排水槽不宜穿越站台和正线。

站场纵向排水槽单面排水坡长度不宜大于 300 m，必要时可设置横向排水槽。

纵向排水设施的坡度不小于 2‰，困难条件下，不小于 1‰。穿越线路的横向排水设施的坡度不小于 5‰，在特别困难条件下，可根据具体情况设置。

位于有作业人员及车辆通行地段的排水设施应满足人员及车辆通行要求。道路侧及铁路路基面上的排水槽均为带盖板的矩形槽；当排水槽位于需注垄填砟的股道间时，排水槽设计成砟顶式排水槽。

（2）路基外地面排水设备

地面排水设施位于地质或土质条件差区段，可能产生渗漏或变形时，应采取适宜的加固防护措施。为使水流尽快排出，避免冲刷、淤积堵塞，各排水设施的沟底坡不小于 2‰。为防止水流溢出并具有一定的安全储备,各排水设施需预留一定的安全高度,沟顶高出流水面至少 0.2 m。

排水沟、天沟的单面排水坡坡段长度不超过 400 m。

排入自然沟渠的天沟、排水沟,其末端应设置消能、沉淀设施,避免集中水流对地表的冲蚀。

自然及人工沟渠发育地区,应设过水桥涵进行连通,不宜采用管道连通。

气候干旱、排水极困难地段,可利用沿线的集中取土坑或专门开挖的凹坑修筑蒸发池。

路堤两侧的侧沟及路堑的侧沟天沟为梯形沟,受条件限制时,可采用矩形沟。

侧沟、天沟、排水沟采用混凝土浇筑或整体式预制拼装结构,现浇混凝土厚度宜为 0.2 m,深度较大的矩形水沟的厚度通过计算确定。

第3章 车 站

3.1 车站分类及设备配置

3.1.1 车站分类

高速铁路车站按照业务性质分为客运站和越行站。客运站是指为专门办理客运业务而设的车站;越行站是指为专门办理旅客越行而设的车站,车站不办理旅客业务。客运站按照技术作业性质分为始发站和中间站,按办理的客运量大小分为特大型、大型、中型、小型车站。

1. 客运站

在高速铁路上所有办理旅客列车作业的车站均为客运站,按照车站办理旅客作业的技术性质又分为始发站、中间站。始发站是指主要办理列车的始发、终到作业的客运站,一般设有动车段(所)或动车组存车场,始发站大多位于铁路枢纽和直辖市、省会城市所在地以及具有大量客运业务的车站。中间站是指主要办理旅客列车通过及越行作业的客运站,部分中间站可办理少量的列车折返作业,中间站分布区域较广,一般位于市、县所在地。

客运站按照办理客运量大小分为特大型、大型、中型、小型车站。按客运量大小分类的目的主要是为了确定客运设备的规模和标准。根据《铁路旅客车站建筑设计规范》的规定,车站按照高峰时段的高峰小时旅客发送量 PH(人)进行分类:$PH \geqslant 10\ 000$ 人为特大型站;$5\ 000 \leqslant PH < 10\ 000$ 人为大型站;$1\ 000 \leqslant PH < 5\ 000$ 人为中型站;$PH < 1\ 000$ 人为小型站。特大型、大型站一般设于直辖市、省会或计划单列市,中型站一般设于地级市或经济发达的县级市,小型站设于县级及以下的城镇所在地。

2. 越行站

越行站是指专门为办理旅客越行而设的车站,车站不办理旅客业务。在高速铁路中,合理的越行安排能够有效地减少高等级列车的旅行时分,增加运输组织灵活性和提高高速铁路的运输服务质量。越行站一般设于站间距离较长的区间,为低等级列车待避高等级列车越行服务,如沈白铁路(设计时速 350 km/h)在东韩家(距离抚顺北、新宾分别为 63.7 km 及 44.1 km)设置越行站;石太高速铁路(设计时速 250 km/h)在东凌井(距离太原东 44 km,距离阳泉北 48 km)、井陉北(距离阳泉北 52 km,距离石家庄站约 58 km)分别设置了越行站。另外,牡佳线(250 km/h)桦林东站为越行站,是为了连接动车运用所而设置。

越行站和中间站最主要的区别在于是否办理旅客作业、设置旅客站台和站房,为使高速铁路能够惠及更多沿线群众,因运输组织需要增设越行站时,应结合客流分布情况,在客流吸引条件相对较好的地方设置、增加或预留办理客运作业设备的条件。

3.1.2 车站作业和设备配置

1. 越行站

高速铁路的越行站多是在站间距较大的区间为满足越行需求而设;也有为综合维修工区岔线、动车段(所)走行线接轨等功能需要而设。

越行站需设供列车待避的到发线,满足上下行高等级列车越行要求,同时配套四电以及生产生活房屋等站后设施,部分车站设有综合维修设施。

2. 中间站

中间站是高速铁路常见的一种车站,主要办理通过列车的到发作业以及客运业务,部分车站办理少量始发终到列车作业。

中间站除需要设置接发列车的到发线外,还需设置办理客运作业的设备设施,包括旅客站房、旅客站台、雨棚和跨越设备等,以及四电和生产生活房屋等站后配套设施。一般还设有综合维修设施。部分车站设有动车存车场。

3. 始发站

始发站办理列车始发终到作业,相较于中间站,引入线路方向多,列车行车量大,密集到发率高。除设置接发列车的到发线,办理客运作业的旅客站房、旅客站台、雨棚和跨越设备等设施,以及四电和生产生活房屋等站后配套设施外,一般还设有动车段(所),设有综合维修设施,部分客运站还设有立折设备和疏解设施。

3.2 车 站 分 布

3.2.1 车站分布主要影响因素

1. 客运需求

高速铁路的建设目的就是为了满足旅客安全便捷出行的需求,因此高速铁路车站分布应充分考虑客流量、客流分布特征。客流量包括直接吸引范围和间接吸引范围内产生的旅客流量,与沿线人口和经济分布、产业布局、交通运输结构、旅游发展等密切相关。客流分布特征包含旅客运量的持续增长性;客流地区间分布的不均衡性;客运比重结构呈不同变化趋势特性;时间上强烈的季节性等。

2. 通过能力

一般情况下,当不同速度等级列车共线运行时,车站分布越密,越有利于列车越行作业,线路通过能力越大;而运行同一等级高速列车时,车站分布越密,因部分列车停站,反而会影响线路通过能力。线路设计应在满足线路通过能力的基础上合理进行车站分布。

3. 运输组织模式

高速铁路运输组织模式是指在高速铁路线路上开行列车种类及其行车组织,分为不开行跨线列车(旅客换乘)或列车跨线运行、运行单一速度高速列车或不同速度等级旅客列车共线运行等模式。不同种类、不同速度等级的列车共线运行的高速铁路运输组织模式需要考虑部分车站办理越行作业,对车站分布带来影响。

4. 综合维修方式

综合维修方式包括维修天窗形式、天窗时间、维修设施配备等,决定着综合维修作业的服务范围。高速铁路综合维修设施一般位于车站,站间距离过大,将不能在天窗时间内完成维修作业,不能在规定时间内到达现场进行应急抢修和救援,不能满足维修作业要求。

5. 主要技术标准

设计速度对车站分布的影响主要反映在达速比,列车进出站需要减加速,减加速区段长度占全线比例不宜过高。一般设计速度越高,合理站间距离相应越大。

6. 路网规划

车站和枢纽是高速铁路网的重要节点,是实现路网联通的重要载体,车站的设置和分布应统筹考虑路网功能的实现。

7. 城市规划

高速铁路车站是铁路服务地方的窗口,车站选址与地方城市发展、人员出行关系密切。车站分布应与城市规划、交通规划等协调配合,以实现带动地方经济发展,满足人员便捷出行需求。

8. 综合交通需求

对于高速铁路运营而言,车站与其他交通方式协调发展、构建综合交通枢纽,可以提高基础设施利用率,吸引客流,进而提升客运收益;对于其他交通方式,通过高速铁路接驳可靠性高、到达时刻准确、运输速度及运量水平较高,可提升城市内如机场等设施的服务范围、提升城市整体的核心竞争力,因此客站分布应本着利于构建综合交通枢纽的原则进行布局。

9. 环保要求

环保要求包括生态环境影响、噪声辐射及干扰、大气污染、水源影响、对文化古迹及风景名胜影响、水土保持等。高速铁路车站的建设和运营应尽量减少对上述因素的影响。

10. 工程条件

高速铁路车站是高速铁路直接为旅客服务的窗口,保证行车安全、正常运营是设站最基本的条件。车站应设在地质条件良好、地形平坦、工程措施简单、排水良好的地段,避免重大拆迁,并具有进一步发展条件。

11. 工程经济性

工程经济性指标主要为工程费和运营费,是设计方案比选中最基本的数量指标,也是车站分布设计中要考虑的重要因素。

3.2.2 车站分布原则

车站分布与工程投资、运输能力密切相关,是铁路设计的一项主要技术指标,高速铁路车站分布一般应遵循以下原则:

1. 车站分布首先要满足沿线客流分布及旅客出行需要

高速铁路设计应有利于最大限度地吸引沿线客流,车站分布应结合沿线城镇、重要居民点分布,以满足旅客出行需要为首要任务,体现"以人为本"的建设理念,沿线客流分布集中的地点主要有以下几类:

(1)城镇。原则上在省会城市、地级市应设站,县级(市)城市根据站间距、工程地质条件等进行技术经济比较后确定,县级以下城镇一般不考虑设站。根据《新时代交通强国铁路先行规划纲要》,高速铁路车站将覆盖城区人口 50 万以上城市。县级以下城镇设站较少,主要分布在人口密度较小的西部地区,系综合考虑满足维修作业需求、方便地方群众出行、站间距不至于过大等原因而设。

(2)重要旅游胜地。当高速铁路沿线有重要旅游胜地分布时应考虑设站。例如黄山、张家界、五台山等景区均设有高速铁路车站。

(3)机场。线路途经机场时,宜在机场设站,实现空铁联运,最大程度方便旅客出行。目前,我国 83 个运营机场中设有高速铁路车站的共计 25 处。在建及规划的 19 个机场中设有高速铁路车站共计 11 处。

(4)规划新区。地方规划有新的区划时,虽然目前客流量较小,也可以设置车站。我国高速铁路规划建设正值城市化进程不断推进期间,高速铁路新建客运站选址在规划开发区较多,经过大量运营实践证明,随着城市化水平的提高,城市规模不断扩大,高速铁路客运站所在地区会逐渐发展成为新的城市中心之一。郑州东站、沈阳南站、宝鸡南站、雄安站等即为该种选址的典型。郑州东站选址时位于郑东新区,是郑州市的规划新区,郑州东站建成后,成为亚洲规模最大的高速铁路客站之一,优化了郑州的城市功能分区,提升了枢纽通过能力,极大地缓解了郑州站出行压力,高速铁路选址对站址周边的土地开发带来了极大促进作用。

2. 车站分布要满足国家规定的年输送能力及客车开行方案要求

高速铁路是国民经济的大动脉,满足国家对该线要求的输送能力和客车对数是铁路设计的首要任务,因而也是车站分布的重要任务和基本要求。我国高速铁路网络规模大,旅客出行距离跨度大,为了满足旅客的出行需求并保证较高的直达率,高速铁路运输组织大都采用了多种速度等级列车共线运行、大量开行跨线列车的运输组织模式。车站分布对能力的影响主要体现在不同速度等级列车、跨线列车、不同停站方案列车组合运行产生的能力损失,体现为能力计算中的"扣除系数"。

(1)当高速铁路采用"全高速"运输组织模式时,为保证中间站一定的服务频率和服务质量,区段内列车停站次数的增加导致停站扣除增大,区段内平均站间距越小,则相应区段通过能力也越小。

(2)当区段内存在多种速度等级列车时(如同时开行 350 km/h、250 km/h 两种速度等级列车),列车数量、停站次数及停车时间、运行图铺画方式、区间距离、与高速度等级列车的速差等因素影响区段通过能力。区段内高等级列车停站次数的增加导致停站扣除增大,相应区段通过能力减小。但车站的增加有利于运输组织的协调,增加低等级列车开行对数。

3. 车站分布要满足综合维修及救援需要

高速铁路维修工区(车间)一般毗邻车站设置,当站间距增加时,造成相邻维修工区(车间)之间间距加大,对于需要采用轨行式维修车辆出行(如大型养路机械、轨道车、接触网作业车等)的维修作业而言,其到达维修作业点的走行距离及走行时间势必加大,当"天窗"时长固定时,有效作业时间将缩短,造成维修作业效率下降,因此车站应结合合理的维修设施分布方案进行分布。

4. 车站分布要同主要技术标准相适应

相关研究表明,当平均旅行速度达到设计速度的 70％左右时,350 km/h 设计速度达速比例为 20％左右,站间距在 50 km 左右;300 km/h 设计速度达速比例为 25％左右,站间距在 30 km 左右;250 km/h 设计速度达速比例为 30％左右,站间距在 20 km 左右。

此外,车站分布要同城市规划相协调,便于高速铁路与其他运输方式的衔接;车站分布要充分考虑同线网规划的衔接,要贯彻近期使用与远期发展相结合的设计理念;车站分布要同工程条件、环保要求相适应,考虑工程经济性。

3.2.3 国内外高速铁路车站分布

1. 国外高速铁路车站分布

日本、法国、德国、意大利、西班牙和韩国等国家具有代表性的高速铁路线路,高速铁路车站分布情况见表 3-1。

表 3-1 国外高速铁路车站分布参数表

国名	线　名	总长度/km	车站数目/个	平均站间距/km	最大站间距/km	最小站间距/km
日本	东海道	515	15	36.8	68.1	15.9
	山阳	554	18	32.6	55.9	10.5
	东北	496.5	18	32.6	55.9	10.5
	上越	269.5	9	33.7	41.8	23.6
	北陆	117.4	6	23.5	33.2	17.6
法国	巴黎—里昂	417	4	104	305	50
	里昂—瓦朗斯	121	2	121	121	
	瓦朗斯—马赛	303	3	156		2.7
	大西洋	281	4	70	168	15
	北方线	333	3	111		
德国	汉诺威—维尔茨堡	327	5	82		
	曼海姆—斯图加特	105	2	105	105	
	法兰克福—科隆	219	5	55		
	汉诺威—柏林	264	5	66	130	10
西班牙	马德里—塞维利亚	471	4	157		
韩国	首尔—釜山	430	9	47.8	84.5	41.9

欧洲高速铁路站间距分布较离散,平均站间距较大(55～156 km),且在远郊城市间站间距较大,在特大城市或城市群的周边站间距又较小,如法国高速铁路东南线,线路全长417 km,只设有4个车站,最大站间距(巴黎里昂站—勒克佐站间)达305 km,最小站间距只有50 km;而巴黎—图尔高速铁路的圣皮耶尔代科尔站—图尔站间仅有2.7 km。欧洲高速铁路依据客流设站的特点比较明显,线路总体站间距不均衡。

日韩高速铁路站间距相对较小(平均站间距30～40 km),站间距分布相对均衡,如日本东海道新干线,线路长度493 km,设有15个车站,最大站间距68.1 km,最小站间距15.9 km。可以看出,日韩站间距分布相对均衡,与其城市和人口分布密切相关,其车站分布不仅仅考虑现状客流还考虑了为地方经济带动作用而设站的需求。

2. 我国高速铁路车站分布

我国高速铁路车站分布情况统计详见表3-2。

表 3-2 国内高速铁路车站分布参数

线　名	区　段	总长度/km	车站数目/座	平均站间距/km	最大站间距/km	最小站间距/km
京沪高速铁路	北京南—上海虹桥	1 318	23	59.91	103.8	26.8

续上表

线　　名	区　　段	总长度/ km	车站 数目/座	平均站 间距/km	最大站 间距/km	最小站 间距/km
京广高速铁路	北京—石家庄	281	7	46.83	62	21
	石家庄—武汉	948	15	67.71	103	23
	武汉—广州南	956	18	56.24	84.2	36.46
哈大高速铁路	哈尔滨西—沈阳北	545	11	54.50	84	28
	沈阳北—大连	383	12	34.82	71	29
大西高速铁路	太原南—西安北	579	19	32.17	54	16
太青高速铁路	太原南—石家庄	237	5	47.4	61	7.81
	石家庄—济南东	307	10	34.11	45	18
	济南东—青岛	305	10	33.89	63	6
徐兰高速铁路	徐州—郑州东	357	9	44.63	62	25
	郑州东—西安北	523	10	58.11	88	33
	西安北—兰州	568	12	51.64	67	35
宁汉蓉高速铁路	南京南—合肥南	157	6	31.40	47	22
	合肥南—汉口	359	8	51.29	56	27
	汉口—宜昌	292	8	41.71	70	20
	宜昌—重庆北	553	13	46.08	82	13
	重庆北—成都东	300	11	30.00	53	10
沪昆高速铁路	上海虹桥—杭州东	159	9	19.88	31	11
	杭州东—长沙南	924	20	48.63	80	29
	长沙南—贵阳北	706	16	47.07	79	19
	贵阳北—昆明南	463	9	57.88	76	31

我国《高速铁路设计规范》规定,合理的站间距应在 30～60 km 之间。从表 3-2 可以看出,从平均站间距来看,我国路网性干线平均站间距符合规范规定。从细分资料来看,约有 52% 的站间距分布于 30～60 km 之间,约 16% 的站间距位于 20～30 km 之间,约 14% 的站间距位于 60～80 km,仅有 7% 的站间距位于 10～20 km,3% 的站间距位于 80～90 km,5% 的站间距小于 10 km,3% 的站间距大于 90 km。

其中站间距最大为京沪高速铁路沧州西站与德州东之间,站间距达 103.8 km,京沪高速铁路作为我国高速路网中重要的核心线路,其设计功能主要承担路网客流,当时设站理念为"地级城市设站",沧州和德州之间没有其他的地级市,从大的线路走向上,线路顺直,区段内达速比高,提高了旅行速度。京沪高速德州东和济南间站间距 92.4 km,在京沪高速铁路运营过程中,因为两站站间距较大,线路经过的三个县级市旅客出行不方便;后期石济客专建设增设了三个车站,承担区域内旅客出行功能。

站间距小于 10 km 的情形大多位于铁路枢纽客站之间。此外为位于城际铁路上,如沪宁城际功能定位为城际铁路,线路所处区域经济发达,自苏州向上海方向,9 站中有 5 个站间距离小于 10 km。

由于我国各高速铁路的沿线人口和城镇分布情况、社会经济条件等均存在差异,在车站设置时也体现出其差异性,总体而言,我国高速铁路车站分布具有以下特点:

(1)线路的设计速度越高,平均站间距越大;设计速度 350 km/h 的线路站间距大于设计速度 250 km/h 线路。

(2)线路所处地形条件越困难站间距越大,如山区地形的站间距大于平原地区。

(3)线路所处区域的经济越发达站间距越小,东西部地区的分布不同,高速铁路站间距与沿线城市距离基本上呈正相关关系,即随着沿线城市间距离增大,站间距相应增大,设站覆盖率看,东部沿海经济发达地区高速铁路车站覆盖率明显高于中西部地区。

(4)高速铁路车站分布基本上遵循了所经区域省会和地级市均设站、县级市根据经济水平、地形及工程条件以及站间距情况比选设站的基本原则。

3.3 站 址 选 择

3.3.1 站址选择主要影响因素

站址选址是一项牵一发动全身的重要环节,车站选址不仅影响铁路线路引入和运输组织,更涉及城市规划协调、发展方向调整、交通配套整合、旅客出行便利、征地拆迁规模、生态环境影响等城市发展和民生福祉的重大问题,往往较为复杂和敏感,需要综合权衡。主要影响因素分析如下:

1. 客流性质

高速铁路车站选址应统筹通过客流快速通过和始发终到客流深入市区的不同需求,始发终到客流为主,车站应尽量深入城市内部,通过车流为主,车站设置应尽量保证线路顺直,车站可设于城市边缘。

2. 政策要求

政策要求包括国家政策、地方政策、行业政策等几个方面。高速铁路车站的建设应满足国家战略、区域经济发展、人口和产业布局、国防等政策要求。高速铁路车站建设应与地方经济特征、交通运输结构等相协调,更好地服务于地方发展。高速铁路车站建设应满足铁路行业发展、铁路网规划、枢纽总图规划、地区交通规划等行业规划要求。

3. 运营条件

运营条件主要包含运营安全、运营长度、技术标准、路网衔接、发展条件、既有设施影响等。高速铁路车站选址应确保工程建设可行且提供较好的运营条件,确保运营安全,有利于路网衔接,尽量使线路顺直、缩短运行长度、满足引入线路的高标准要求,充分利用既有铁路设施并减少对既有铁路运营的干扰,充分考虑车站未来发展条件,做好预留。

4. 城市规划

城市规划对于站址选择的影响主要体现在城市形态、城市功能、城市发展、城市交通的衔接等方面。车站选址要适应城市形态分布的特点,分布在城市客运功能集中地段,车站布局要与城市规模相适应,从有利于城镇化进程的角度布局车站。高速铁路引入城市应为旅客提供便捷服务,加强交通衔接,应当充分考虑与城市的一体化发展。

5. 工程条件

车站选址的工程条件,包括地形、地质、水文、工点类型、工程投资、建设难度等。是车站布局的基础条件。工程条件应满足车站安全运营,以及工程经济、合理、可行的要求。

6. 环境因素

环境因素包括是否有难以拆迁的建筑物、军事禁区、环境敏感点、文物等,上述因素往往决定着站址方案能否实施、是否可行,高速铁路车站建设应尽量减少对上述因素的影响。

3.3.2　站址选择原则

1. 要以人为本,方便旅客出行和换乘

站址选择要以人为本,以服务"旅客出行"为根本原则,充分考虑当地居民出行特点,充分考虑区域客流构成和特征,从方便旅客集散与换乘、缩短出行距离、节省出行时间与费用出发,实现车站的可达性与换乘条件的便捷性,方便旅客出行和换乘。因站址深入市区,拆迁征地等对城市规划影响较大,需处理好方便旅客出行与减少对城市规划影响的关系;同时,站址深入市区可能会引起干线线路展长、通过客流旅行时间增加、工程投资增加等问题,也需做好统筹协调。

2. 满足国家、行业规划要求

高速铁路车站选址要有利于国家战略、人口和产业布局以及相关政策要求的实现,要同行业发展、路网、枢纽总图等规划相协调。高速铁路引入铁路枢纽的站址方案应充分考虑枢纽在全国及区域铁路网中的地位和作用,做好同既有路网衔接和规划路网的衔接预留,从我国经济发展的长远战略发展视角出发,做好客运站规划预留。

3. 与城市总体规划协调,引领带动地方经济发展

高速铁路车站选址研究时,必须从全局出发,使高速铁路车站与城市总体规划、公共交通规划、土地规划、轨道交通线网规划协调统一。将高速铁路车站作为带动车站周边地区商业经济发展、促进城市长期发展的重要引擎,引领带动沿线地方经济发展。

4. 有利于构建综合交通枢纽

高速铁路车站是大量人口集聚的地方,是整个城市交通枢纽的核心组成,是城市对内、

对外交通的结合点。高速铁路车站选址应本着有利于构建综合交通枢纽的原则,与机场、地铁、公路、水路等其他运输方式充分整合、有效衔接,有机融合、互相促进,既有利于城市交通一体化发展,又有利于增强高速铁路自身的竞争性。

5. 与线路走向统筹考虑

站址选择应与线路走向统筹考虑。为缩短线路长度、节省工程投资、减少旅行时分,高速铁路正线线路应顺直;而为了便于始发终到旅客换乘,站址选择往往靠近城市,偏离了线路走向,上述因素需要统筹协调。高速铁路中间站在充分考虑高速铁路线路顺直、沿线地形地质、工程代价等的前提条件下,选址尽量靠近建成区、旅游景区或居民聚居点;高速铁路引入大型城市,设置始发站时,则应以车站选址为核心,在综合最优的站址方案基础上研究线路引入方案,同时使干线尽量顺直。

6. 综合考虑各项影响因素,经方案比选确定

高速铁路车站选址要因地制宜,综合考虑地形、地质、水文等工程条件,国家、地方、行业等政策要求,城市形态、城市交通、城市功能、城市发展等规划条件,重大拆迁、环境敏感点、军事禁区等环境因素,运营条件、旅客出行条件等影响因素,经技术经济比选后确定。

3.3.3 国内外车站选址

根据车站与城市功能区以及城市中心的相对位置关系,将车站类型分为建成区内设站、建成区边缘设站、建成区外设站三类。

1. 国外高速铁路车站选址概况

据日本、韩国、法国、德国、意大利等国家高速铁路车站位置与城市中心相对关系相关资料分析,国外高速铁路车站大部分位于建成区内或建成区边缘,位于建成区外城市远郊的较少,三类车站比例分别为70%、20%、10%。

从车站距离城市中心的距离来看,欧洲车站站址与城市中心距离平均值为2.3 km、最大值19.4 km,其中80%以上站址与城市中心距离小于2.3 km;日本、韩国车站站址与城市中心距离平均值为3.5 km、最大值17.8 km,其中80%以上站址与城市中心距离小于5.0 km。

2. 国内高速铁路车站选址概况

截至2022年,我国投入运营高速铁路车站超过1 000座。据相关样本统计资料,按照车站与城市的关系划分,三类车站比例分别为建成区内30.9%、建成区边缘42.6%、建成区外城市远郊26.5%。从车站类型的分布来看,始发站有86%处于建成区内、14%处于建成区边缘;兼办立折作业的中间站有57%处于城市建成区、36%处于建成区边缘、7%处于建成区外城市远郊;无立折作业的中间站有24%处于城市建成区、46%处于城市建成区边缘、30%处于城市建成区外城市远郊。

3. 高速铁路车站选址典型案例

(1)引入既有站——丰台站

丰台站是一座百年老站,车站位于北京市区西南的丰台组团,区域内配套有9、10、16号地铁以及众多的公交线路，城市配套完善。既有京沪线、京广线引入，设地面普速车场，规模为 11 台 20 线；京广高速铁路、京港（台）高速铁路引入设高架高速车场。该站办理全部京港（台）高速铁路及部分京广高速铁路始发终到作业，以及京九、丰沙、京原、京沪、京广线普速客车始发终到作业。丰台站建设成为北京铁路枢纽内重要的客站之一，是国内首座双层车场设计的大型车站，高速铁路引入后，丰台站构建综合交通枢纽，成为北京新的迎宾门和新地标，如图 3-1 和图 3-2 所示。

图 3-1　丰台站位置及鸟瞰

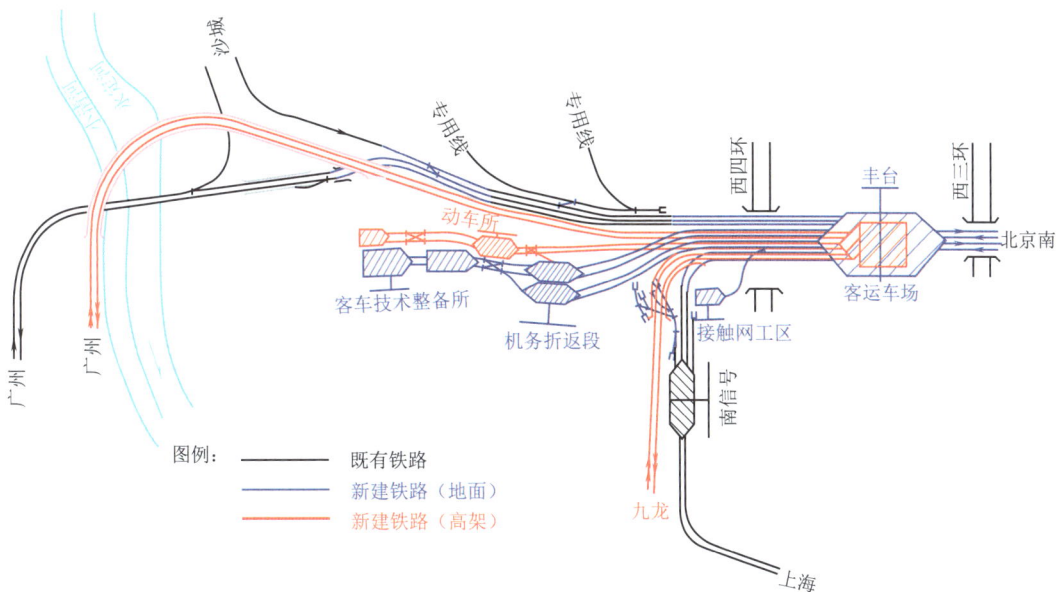

图 3-2　丰台站改建工程平面布置示意

（2）引入城市中心设站——石家庄站（既有普速编组站位置）

既有石家庄客站位于京广线上，与编组站为客货纵列式布置形式，城市沿既有京广线两侧发展，编组站已经在城市发展范围内；既有客站位于城市中心，周围建筑物密集，既有客站没有扩建条件。京广高速铁路、石太高速铁路沿既有京广线引入，客运站选址在既有编组站位置，货运系统外迁，在城市西南部永壁镇的南侧新建石家庄南编组站。城市内部既有京广线以及引入的高速铁路正线形成便捷的客运通道，客站设于城市中心，方便旅客出行，实现了枢纽"客内货外"布局，如图 3-3 所示。

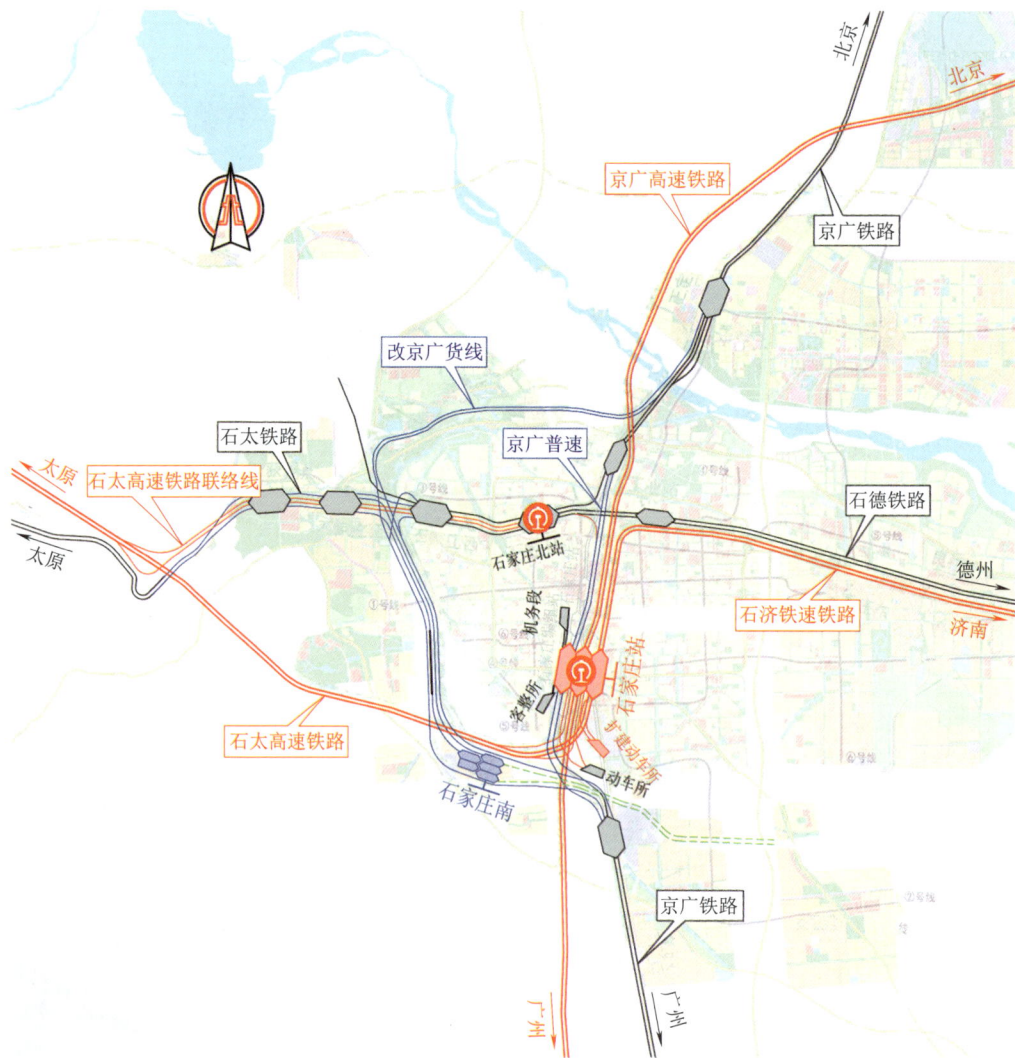

图 3-3　石家庄客站位置示意

（3）引入机场设站——青岛机场站

青岛机场站为济青高速铁路引入胶东国际机场而设的车站，站址位于青岛胶东国际机场下部,通过相应联络线联通青荣城际、青连铁路多条线路,同时还有地铁、市域等多条线路同时开通,高速铁路与地铁共同组成机场集疏运体系,实现多种交通快速衔接,形成集航空、铁路、公路、城市轨道交通于一体的立体交通中心,国家级关键交通节点。

在我国既有运营的民航机场中,已有 36 个机场设有机场站,如北京大兴机场站,深圳宝安机场,上海虹桥站等,一般而言,超大城市和特大城市在新规划机场时都应考虑铁路的引入,充分考虑空铁一体化,促进机场各种交通方式的融合发展,而大城市、中等城市及小城市是否设置机场站还需要结合线路走向、功能定位、运量等进一步研究确定。新建线路在机场设站如图 3-4 所示。

图 3-4 引入青岛机场站示意

(4)引入城市新的规划区设站

我国高速铁路建设时期,正处在城镇化快速发展过程中,高速铁路沿线城市处在快速扩张时期,城市结构在不断发生变化,这一时期引入枢纽的高速铁路车站多将新建站址选择在城市的偏离城市中心而具有发展潜力的区域,后期大部分站址已经成为新的城市中心,促进了城市发展。以大型枢纽为例,全国范围内如东北区域哈尔滨西站、长春西站、沈阳南站,京津冀区域济南西站、太原南站,中部区域郑州东站、武汉站;长三角区域南京南、杭州东、上海虹桥、徐州东站、南昌西站,西部地区西安北站、兰州西站,西南地区成都东、重庆北、重庆西、贵阳北、昆明南站等都属于这种情形。

以京沪高速铁路济南西站站址选择为例,配合济南市"东拓、西进"城市规划,济南西站选址于规划区域西部,站址距离济南中心城区约 15 km。济南西站从 2009 年开始建设到 2011 年建成运营,高速铁路对站址周边的土地开发带来了极大促进作用。从 2006 年与 2012 年的卫星地图对比来看,以济南西站为中心的核心区、影响区、外围辐射区等三圈层均获得了良好的开发机遇。高速铁路车站带动了站区周边的土地建设,优化了城市功能分区,提升了济南枢纽通过能力,极大地缓解了济南站交通压力。随着济南市地铁的建设,济南西与城市的可达性将进一步提升。

(5)位于景区设站

在景区设站,可极大地方便游客出行,也为高速铁路客运量带来了支撑。在充分考虑干线顺直、工程代价、铁路对景区的影响、景区游客疏散空间等的条件下,设站应尽量靠近旅游景区,如京张高速铁路八达岭长城站、成贵高速铁路峨眉山支线峨眉山站、杭黄铁路黄山、绩溪、千岛湖等车站设置均靠近或进入旅游景区。杭黄铁路千岛湖站开通第一年,累计发送旅客 147.2 万人次,日均发送旅客超过 4 000 人次;而黄山北站在"五一"假期期间,日均发送旅客更是达到 3.7 万人次。

(6)位于城市远郊设站

有的车站选址为了兼顾地方需求,选址在行政区划的中间位置,距离几个城市中心都较远;有的车站站址因工程条件限制距离城市中心较远;有的车站站址为满足区域内干线走向顺直,尽可能缩短旅客的旅行时间,车站选址距离所在市区较远。这样的选址因为位置偏远、城市化程度低,容易造成旅客出行不便,使得车站作用发挥受限。

3.4　车站布置图型

车站布置图型一般由引入线路、车场、引入线路与车场的连接组成。引入线路,包括引入正线、出段段线、出入工区走行线、多车场场间联络线、折返线等;车场,包括到发场、存车场、维修工区线路等;引入线路与车场的连接,主要指咽喉区布置,包括线路数量、平行进路设置和疏解设置等。

3.4.1 影响车站图型布置的主要因素

1. 客运量及客流特征

客运量及客流特征是车站布置的主要依据,运量的大小、客流的构成(按照作业分为始发终到和通过客流,按照运输距离分为中长途和城际客流,按照运行线路分为本线和跨线客流)影响着到发线数量、车场的数目、折返和疏解设施的配备。

2. 引入线路及其技术特征

引入线路的技术特征主要有正线及其他引入线路数目、设计速度、到发线有效长度、列车运行控制方式等。车站布置图型应满足线路引入条件,并符合其相应技术标准,保证车站作业安全,提高车站通过能力,使作业流程顺畅,减少进路交叉。

3. 车站性质

不同性质的车站其作业内容不同,设备配置也有较大差异,因而车站布置图型也有所不同。越行站、中间站作业相对简单,设备配备规模较小,图型相对简单。始发站客运量大、车流构成多样、站内作业多、流程复杂,图型也相对复杂。

4. 工程条件

受站址范围的地形、地质、水文、环保、拆迁等因素控制,线路的引入条件和车站布置受到限制,车站布置图型会因工程条件做出适应性调整,特别是对多线引入的车站布置图型产生更加直接的影响。

5. 建设和运营管理模式

随着铁路投融资体制的完善和推进,铁路项目投资、建设、运营主体越来越呈现多样性,不同的投资、建设、运营主体影响着相关线的管理界面和建设时序,也影响着车站布置图型的选择。

3.4.2 车站布置图型规划原则

车站布置图型涉及车站内各项设备的相互位置和相互联系,对于车站能否安全、高效、便捷运转具有重大影响,图型规划一般应遵循下列原则:

(1)满足客运量需求,合理确定到发线等各项设备规模和标准;

(2)有利于提高车站的通过能力,方便运输组织;

(3)保证车站作业安全和旅客列车有较好的运输服务质量,减少流线干扰,减少旅客进出站走行距离;

(4)满足列车技术作业的要求,作业流程便捷、顺畅;

(5)避免或减少主要车流作业进路交叉,咽喉区保证必要的平行作业数量、布置紧凑、进路机动灵活；

(6)满足通过车流快速通过,通过正线应直股贯通,两正线合并时,应以主干线贯通。

3.4.3 车站布置图型

3.4.3.1 越行站图型

越行站办理高等级的旅客列车越行低等级的旅客列车作业,不办理旅客乘降作业,在正线两侧分别设 1 条越行用到发线。相邻车站间距较大或设有维修工区时,可设置八字渡线,如图 3-5 所示。

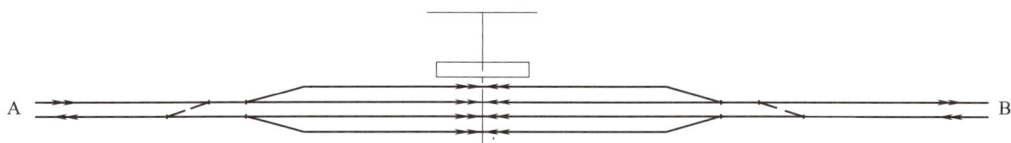

图 3-5 越行站布置图型

部分越行站为正线或动车走行线在区间接轨而设,如图 3-6 所示。

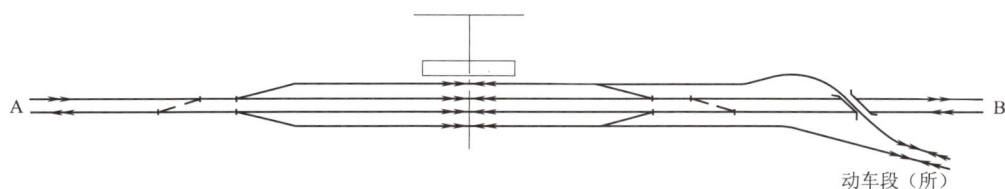

动车段(所)

图 3-6 越行站布置图型(为区间接轨而设)

3.4.3.2 中间站图型

1. 一般中间站

一般中间站以办理通过作业为主,到发线规模可设为 2～4 条。

设置 2 条到发线的中间站一般位于县城及以下城市或出行人数较少的地区。当车站与相邻车站距离较近时可以不设车站两侧的渡线,如图 3-7 所示。

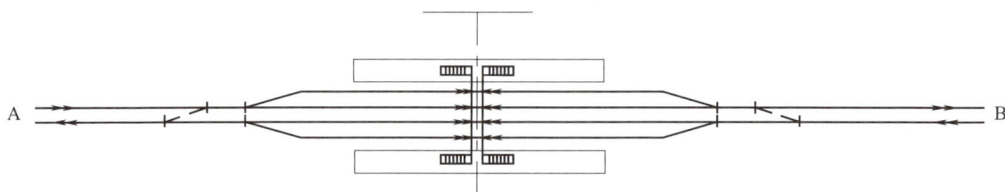

图 3-7 中间站布置图型(2 条到发线)

设置 4 条到发线的中间站一般位于地级市或出行人口较多地区,如图 3-8 所示。

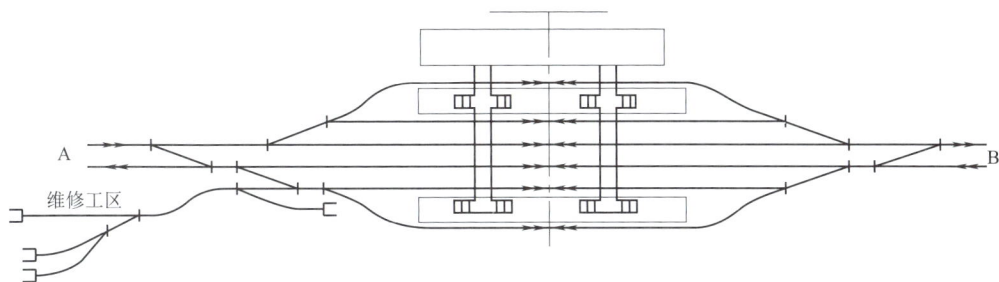

图 3-8　中间站布置图型（4 条到发线）

2. 办理折返作业中间站

该车站图型根据运量需要可增设供始发终到列车使用的到发线，一般位于正线的顺向到达一侧。折返列车到发端咽喉区可设置列车顺向到达和反向发车作业的平行进路，满足同时接发列车条件，如图 3-9 所示。该图型折返列车反向发车作业同正线通过列车存在交叉干扰，交叉干扰严重时可设置反向出发疏解线，提高通过能力，如图 3-10 所示。

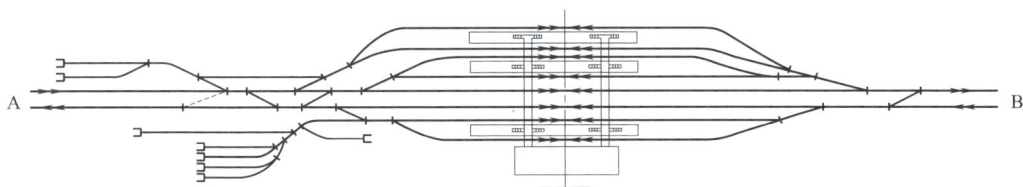

图 3-9　办理折返作业中间站布置图型（设置正接反发平行进路）

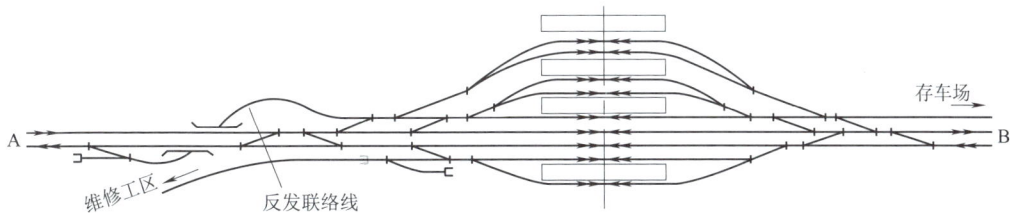

图 3-10　办理折返作业中间站布置图型（设置反向出发疏解线）

3. 多线引入中间站布置图型

有多条铁路引入的中间站，一般有合场布置和分场布置两种主要形式。合场布置是指两条及以上线路以方向别方式引入车站，共用一个车场。合场布置优点是到发线可共用、利用率高，跨线车流可通过咽喉区渡线实现转线，减少联络线设置，投资较省；缺点是咽喉区较长，不利于压缩追踪间隔，咽喉区跨线列车间存在部分顺向交叉，交叉严重时需要修建疏解线路。

分场布置是指两条及以上线路以线路别方式引入车站，分别设置车场。分场布置优点是多条线路主要车流通行顺畅，单个车场咽喉布置简单，车场间相互独立、运营干扰小、运营组织顺畅;缺点是车站综合规模较大,跨线车流存在敌对交叉,往往需要设置跨线列车联络线,一般投资较高。

(1)合场布置图型

①第三方向引入中间站合场布置图型。

为满足跨线列车快速通过要求,第三方向正线一般在站前以 42 号大号码道岔接轨,如图 3-11 所示。

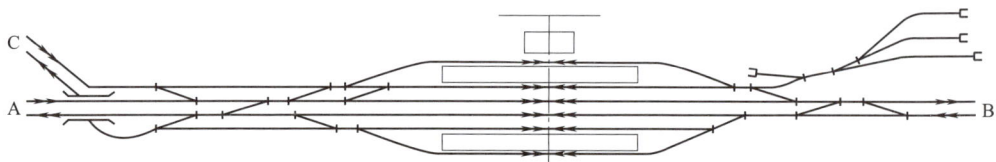

图 3-11　第三方向别引入中间站合场布置

②四线引入的中间站合场布置图型。

图 3-12 为无共用到发线的布置图型,正线间设置大号码道岔联通,满足跨线车流快速通过要求,本线车流停靠各自设置的到发线。图 3-13 为设共用到发线的布置图型,5 道、6 道为两正线共用到发线,正线间未设置大号码道岔联通,通过共用到发线实现跨线车流通过要求。图 3-14 为设置跨线列车联络线的布置图型,两正线间跨线车流较多,为减少跨线车流转线顺向交叉干扰,进行疏解,设置 C-D 间上下行联络线。

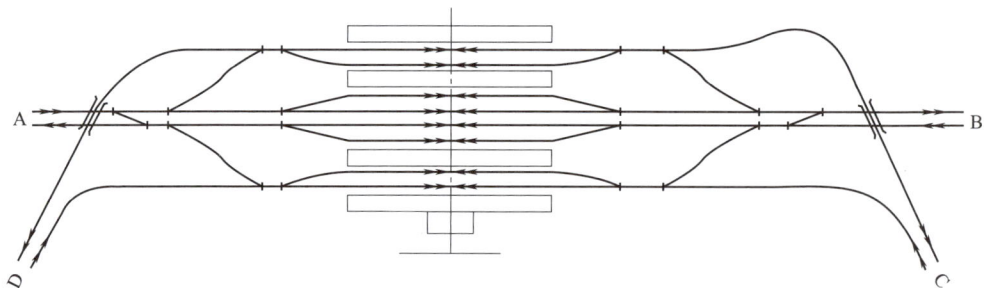

图 3-12　四线方向别引入中间站合场布置图型(无共用到发线)

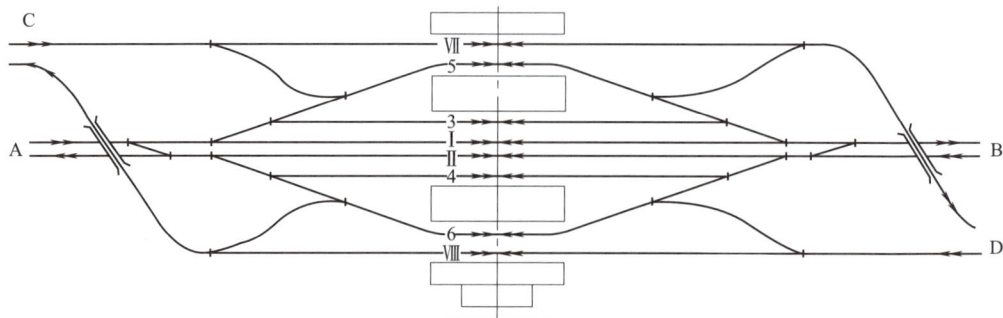

图 3-13　四线方向别引入中间站合场布置图型(设共用到发线)

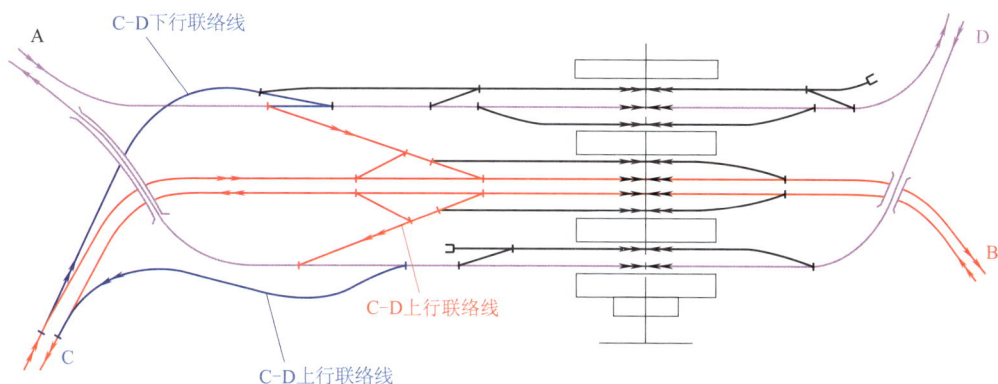

图 3-14　四线方向别引入中间站布置图型(设跨线列车联络线)

③六线引入的中间站合场布置图型。

图 3-15 为六线引入的中间站合场布置图型。线路 1、线路 2、线路 3 三条高速铁路按方向别引入车站,线路 1、线路 2 两正线通过共用的到发线实现跨线列车运行,线路 2、线路 3 两正线通过咽喉区设置的大号码渡线实现跨线列车运行。

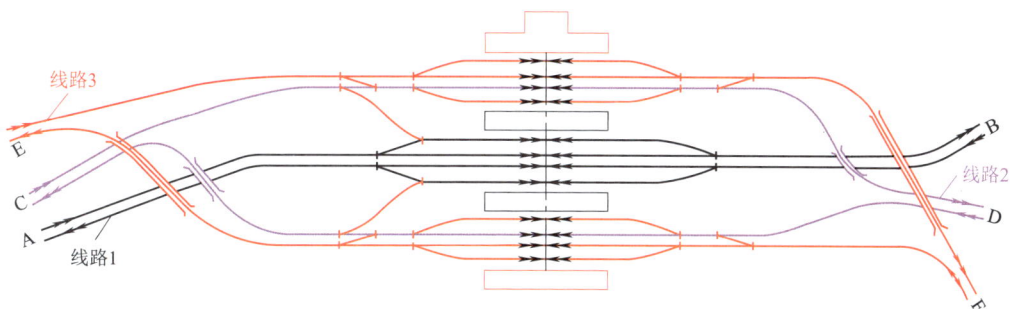

图 3-15　六线方向别引入中间站合场布置图型

(2)分场布置图型

①两场布置图型。

图 3-16 为场间完全独立布置图型,因无跨线列车,两车场相互独立,无联络通路。

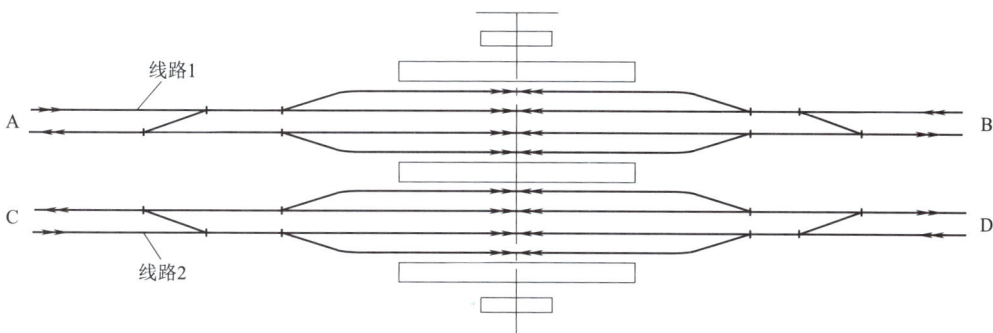

图 3-16　线路别引入分设两场中间站布置图型(场间完全独立)

图 3-17 为两场间共用到发线布置图型,两车场间设置共用到发线解决少量跨线列车转线作业。

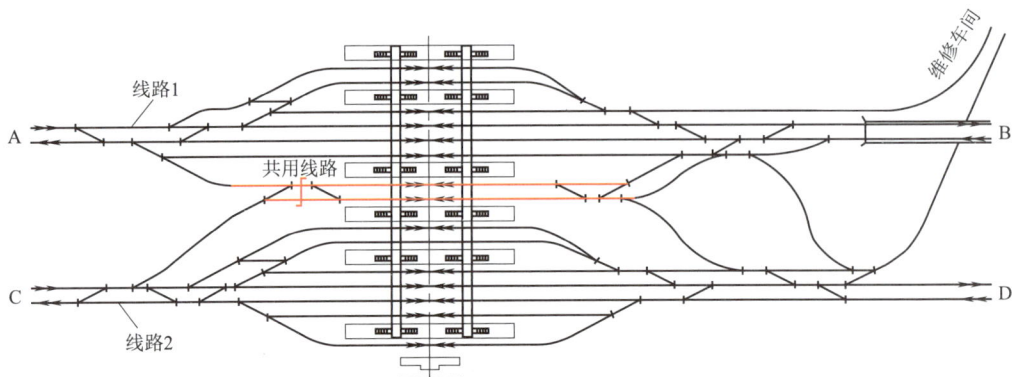

图 3-17 线路别引入分设两场中间站布置图型(场间共用到发线)

图 3-18 为设置跨线列车联络线的两场布置图型,两场独立横列布置,车站两端设置联络线,实现两线跨线列车运行。两车场咽喉布置简单,行车交叉干扰较小。

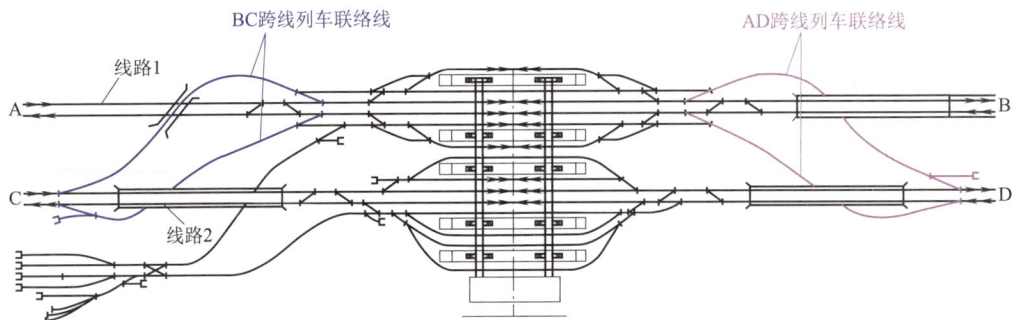

图 3-18 线路别引入分设两场中间站布置图型(设置跨线列车联络线)

图 3-19 为骑跨式两场布置图型,两条高速铁路线路正线顺直通过,分设车场,两个车场十字形立体交叉,成骑跨式布置,共用站房等客运设施。该图型适用于两正线十字交叉地区,为避免车站设置分散或者为避免因两高速铁路线路的车场平行布置而使正线过于绕行的情况。

当跨线车流较多时,可在站外设置跨线列车联络线,如图 3-21 所示,设置 CF、DF 方向联络线,办理 CF 间、DF 间列车通过作业。

②多场布置图型

三场布置图型如图 3-22 所示。高速铁路线路 1、线路 2、线路 3 引入车站,按照线路别分别设置车场。设置联络线 1、联络线 2、联络线 3、联络线 4 解决线路 1 和线路 2 跨线车流运行,设置联络线 5、联络线 6、联络线 7、联络线 8 解决线路 2 和线路 3 跨线车流运行。

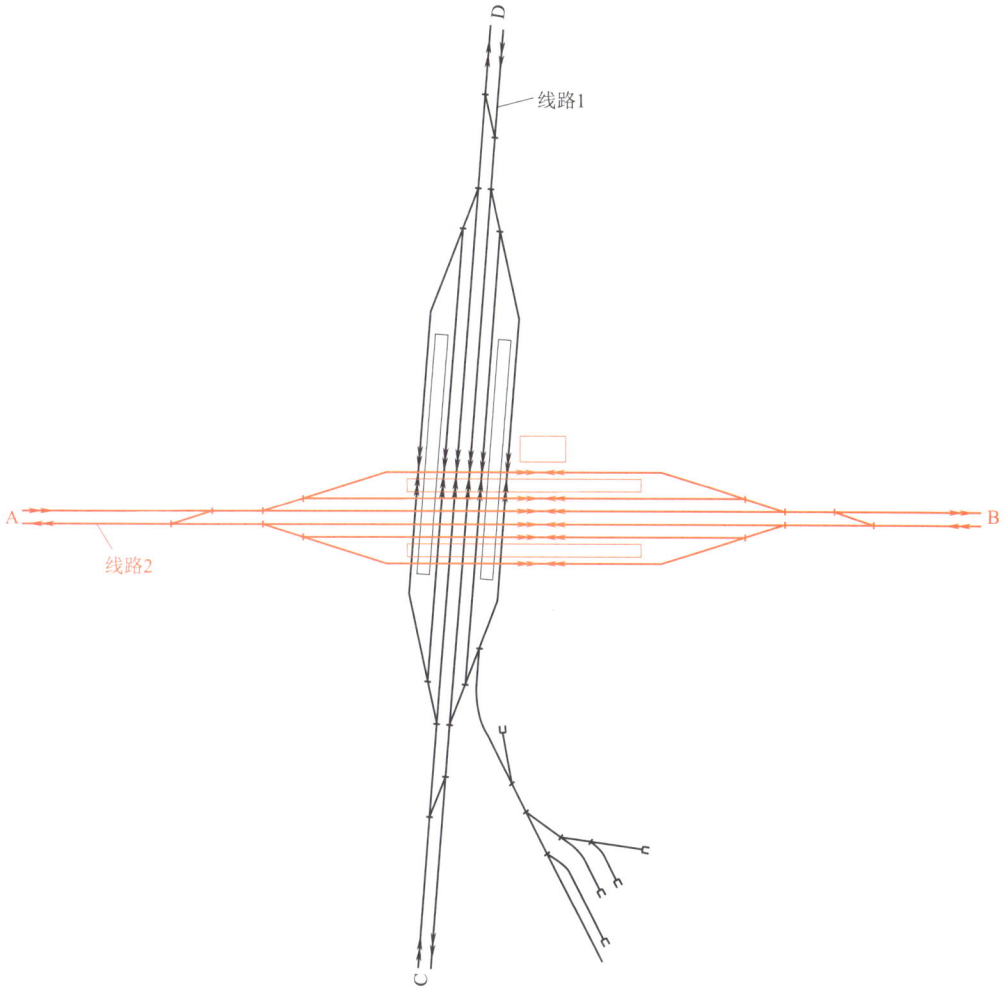

图 3-19 线路别引入分设两场骑跨式中间站布置图型

图 3-20 线路别引入分设两场骑跨式中间站布置图型效果

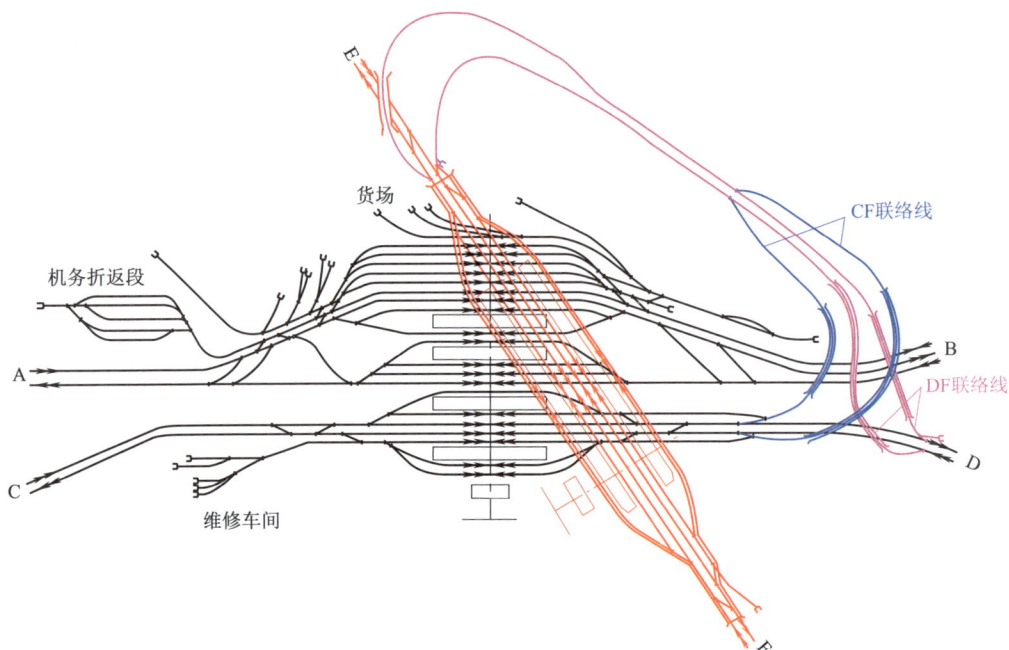

图 3-21　线路别引入分设两场骑跨式中间站布置图型（设干线间联络线）

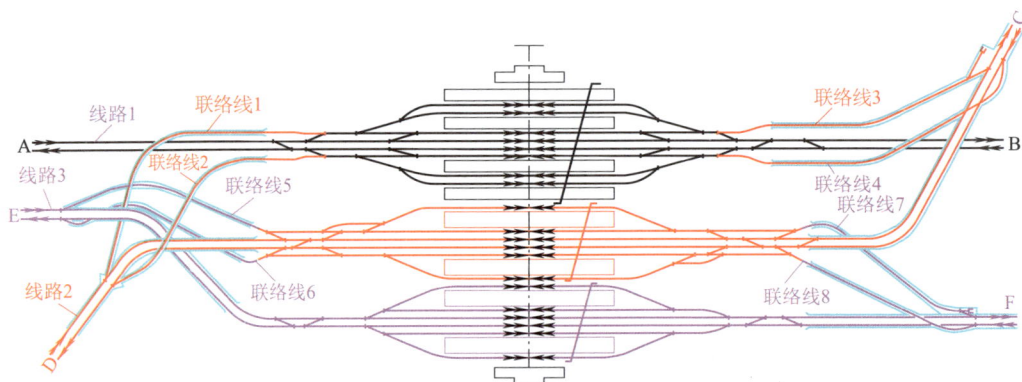

图 3-22　线路别引入分设三场中间站布置图型

3.4.3.3　始发站布置图型

1. 衔接一条高速铁路线路的始发站布置图型

（1）贯通式布置图型

贯通式布置图型是指正线贯穿车站且到发线为贯通线的车站。车站除办理始发终到列车外，一般还需要办理部分通过列车作业，考虑到高速铁路速度高、曲线半径大、通过正线应顺直等因素，高速铁路正线一般为中穿车站布置。出入段线一般布置在正线两侧，采用立交疏解形式。为了满足折返列车作业要求，该图型接车端咽喉需设置折返列车顺向接车和反向发车的平行进路,当折返列车较多时,为避免折返列车切割正线,可在接车端设置立体疏解的顺接反发折返联络线或在接车末端设置立交折返线(图 3-23 中虚线所示)。若车站无不停站通过列车时,正线可邻靠中间站台。

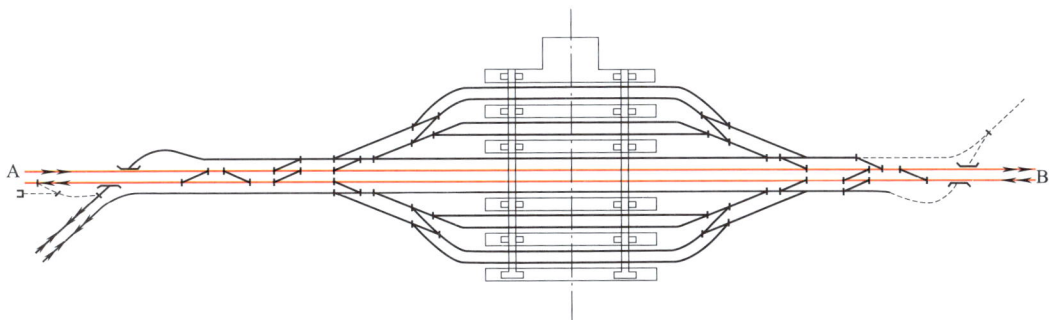

图 3-23　贯通式始发站布置图型(正线中穿)

当车站位于城区内,受征地拆迁等控制,正线采用较小的曲线半径时,也可采用正线外包的布置形式。如图 3-24 所示,正线外包办理立折作业的到发线和出入段线,办理通过作业的到发线位于正线外侧,减少出入段线作业与正线通过列车作业的进路交叉。

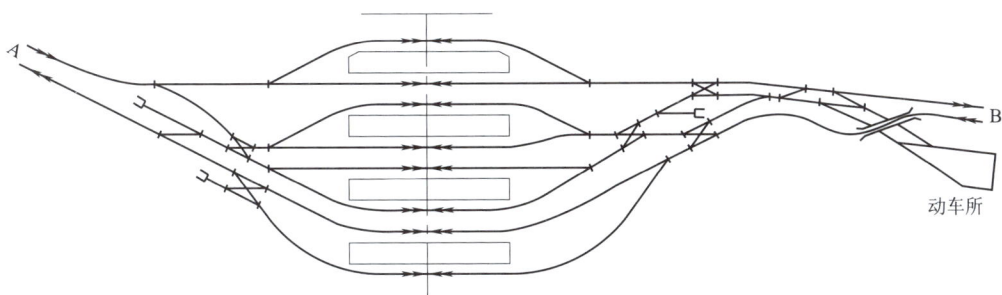

图 3-24　贯通式始发站布置图型(正线外包)

(2)尽端式布置图型

如图 3-25 所示,该图型一般设置于高速铁路的终端。列车接发、动车组出、入段等作业均位于车站一端,出入段线一般采用立交疏解形式。列车接车端交叉干扰严重,需要合理设置平行进路,必要时,可采取立体交叉疏解设置反向发车联络线(图中虚线所示)。无动车出入段线接轨的尽端式始发站布置图型如图 3-26 所示。

(3)混合式布置图型

该图型一般适用于车站两端始发终到列车对数不均衡的情况。始发终到列车较多一端衔接的部分到发线可采用尽端式布置,如图 3-27 所示。车站北侧 3 条专门办理立折车到发线采用尽头式布置,办理通过列车的到发线采用贯通式布置。

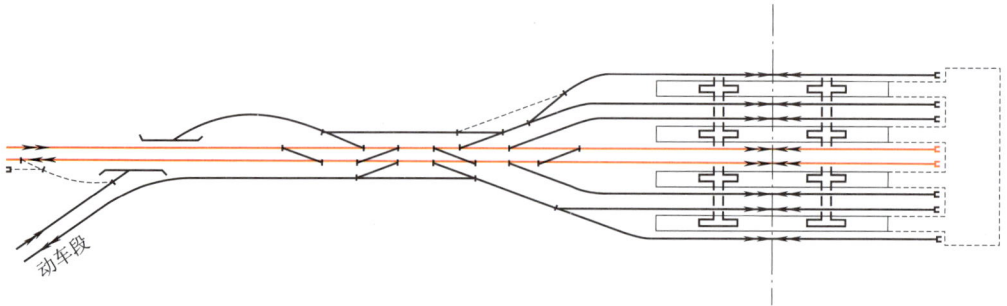

图 3-25　尽端式始发站布置图型

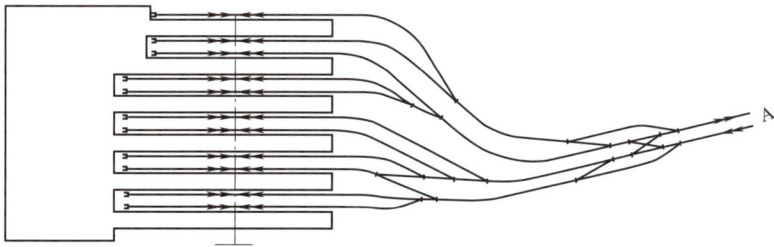

图 3-26　尽端式始发站布置图型（无动车出入段线接轨）

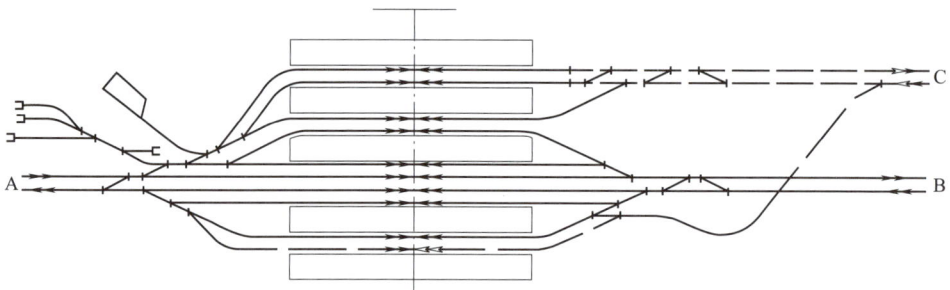

图 3-27　混合式布置图型

2. 衔接多条线路的始发站布置图型

有多条铁路引入的始发站，一般也有合场布置和分场布置两种主要形式，相较于中间站，始发站办理始发终到列车多，规模更大，需要配备动车出入段线、立折线等设施，布置图型更加复杂。

（1）合场布置图型

衔接多条线路的始发站采用合场布置时，因正线采用方向别布置，位于外侧线路的折返列车发车作业同位于内侧线路的列车接发作业存在交叉干扰，故一般将通过列车占比高的线路布置于外侧；同时，根据外侧线路折返列车数量和交叉干扰情况，设置反到或者反发联络线进行立交疏解。动车出入段线一般位于不同方向线路的中间，以减少不同方向线路列车出入段的交叉干扰。

图 3-28 为多条高速铁路交汇的始发站合场布置图型,高速铁路线路共 4 条,包括贯通线路 1、尽端引入线路 2、线路 3、线路 4,衔接 5 个方向,上行端咽喉线路 1、线路 2 以及动车组出入段线以方向别方式引入,另设置正接反发联络线 1 条,形成 7 线咽喉;下行端咽喉线路 1、线路 3、线路 4 以方向别方式引入,另设置正接反发联络线 1 条,形成 7 线咽喉。

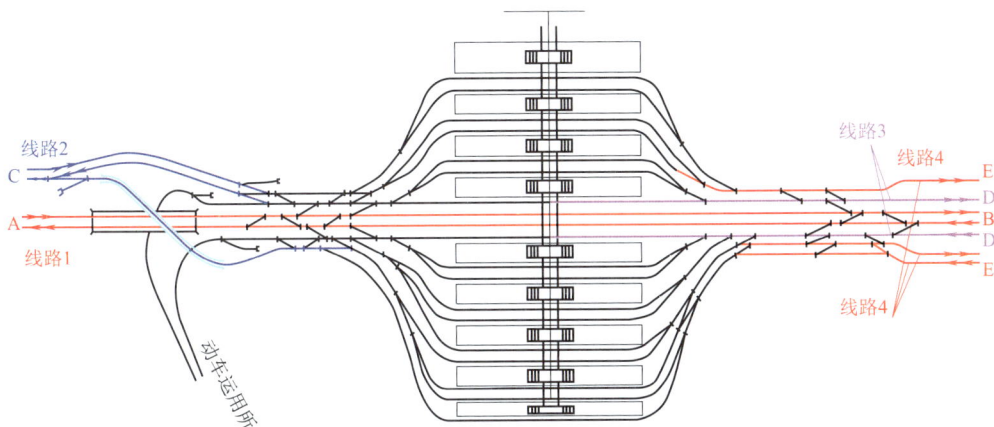

图 3-28　多线方向别引入始发站布置图型

多线引入始发站合场布置时,车站咽喉正线、动车出入段线、联络线等形成多线咽喉,为保证线路间的进路联系,咽喉区道岔较多,咽喉区较长,咽喉能力容易成为车站能力瓶颈。

(2)分场布置图型

分场布置图型到发线使用固定,线路顺直,车流顺畅,车场咽喉布置简单。

①两场分场布置图型

图 3-29 为两条高速铁路交汇的始发站分场布置图型,线路 1 和线路 2 线路别引入车站,两车场采用分场布置,两线间没有交换车,未设置相关跨线列车联络线,运输组织独立,两车场分别连通动车段(所),出入段线共 3 条,其中共用 1 条。

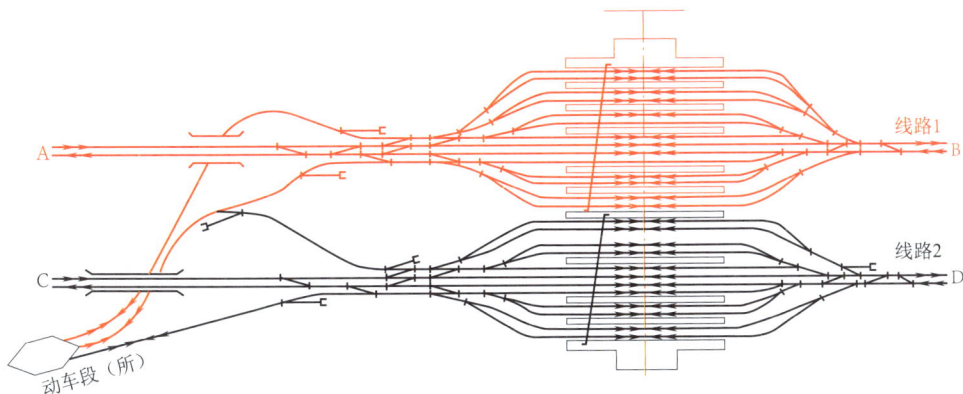

图 3-29　线路别引入两场布置始发站布置图型

图 3-30 为两条高速铁路交汇的始发站分场布置，并共用到发线的布置图型。线路 1(A 至 B 方向)和线路 2(C 至 D 方向)线路别引入车站，两车场分场布置，两场间共用到发线 2 条，可实现两高速铁路线路间少量折角车流作业。车站两端分别设置 A 至 D 方向上下行联络线、C 至 B 方向上下行联络线，满足线路间跨线列车运行。两车场分别联通动车段(所)，设置出入段线共 3 条，其中共用 1 条。

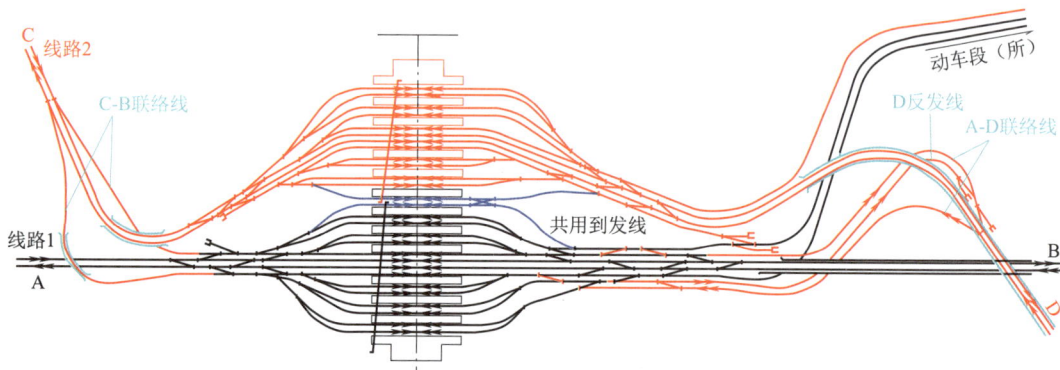

图 3-30　线路别引入两场布置始发站布置图型(共用到发线)

②三场分场布置图型

图 3-31 为三条高速铁路交汇的始发站分场布置图型。线路 1(A 至 B 方向)、线路 2(C 至 D 方向)和线路 3(E 至 F 方向)线路别引入车站，三个车场分场布置。部分场间共用到发线，可实现少量 CF 间跨线车流作业。车站两端分别设置 AD 方向上下行联络线、CB 方向上下行联络线，三个车场分别连通动车段(所)，设置出入段线共 4 条，其中共用 2 条。

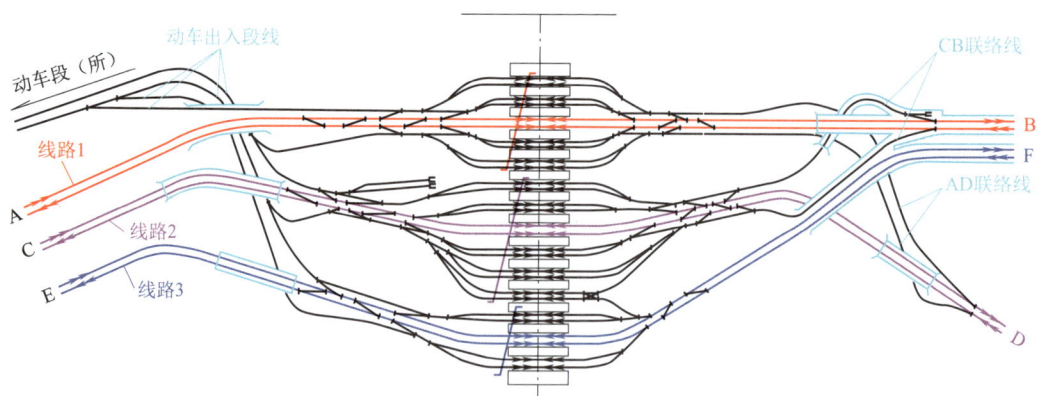

图 3-31　线路别引入三场布置始发站布置图型

③四场分场布置图型

图 3-32 为四条高速铁路交汇的始发站分场布置图型。线路 1(A 至 B 方向)、线路 2(C 至 D 方向)、线路 3(E 至 F 方向)和线路 4(G 至 H 方向)线路别引入车站，四个车场分场布

置,部分场间共用到发线,可实现少量跨线列车运行。车站两端分别设置 A 至 D、H 方向上下行联络线、C 至 B 方向上下行联络线、G 至 B 方向上下行联络线、B 至 J 方向上下行联络、C 至 J 方向上下行联络线,四个车场分别连通动车段(所),设置出入段线共 4 条,其中共用 3 条。

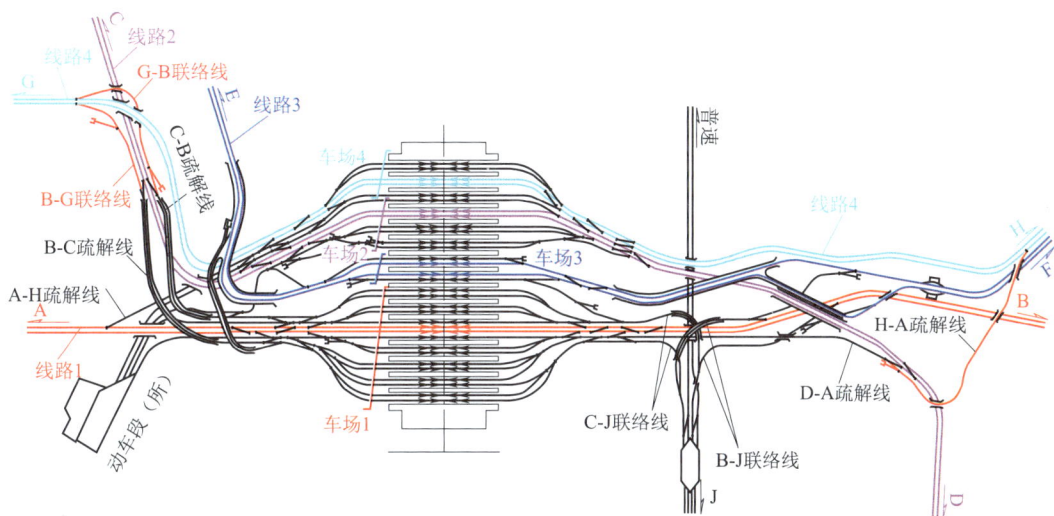

图 3-32　线路别引入四场布置始发站布置图型

(3)混合式布置图型

某些车站布置图型,因为建设时序、各方向跨线车流多少不一,以及工程条件等因素影响,车站内设有多个车场,部分车场为方向别布置,部分车场为线路别布置,也即构成了混合式布置图型。

①两场混合布置图型

图 3-33 为两高速场混合布置图型。贯通正线线路 1(A 至 B 方向)和线路 2(C 至 D 方向)线路别引入车站,分别设车场Ⅰ和车场Ⅱ;线路 3(E 方向)方向别引入车场Ⅱ,与线路 2 形成方向别合场布置,并设置 E 至 B 方向联络线方向别引入车场Ⅰ,与线路 1 形成方向别合场布置。全站形成两场混合式布置图型。

②多场混合布置图型

图 3-34 为多场混合布置图型。贯通线路 1(A 至 B 方向)、线路 2(C 至 D 方向)和线路 3(E 至 F 方向)线路别引入车站,分设车场Ⅰ、车场Ⅱ和车场Ⅲ;线路 4(G 方向)线路别引入车场Ⅰ,与线路 1 形成线路别合场布置;G 方向至 F 方向上下行联络线方向别引入车场Ⅲ,与线路 3 形成方向别合场布置。全站形成三个车场的分场与合场混合布置形式。

③多线引入尽端式车站布置图型

a. 尽头式布置图型

图 3-35 为设置 2 个车场的尽头式布置图型。线路 1、线路 2 线路别引入车站,正线均终止于车站,分设尽头式车场,共用动车出入段线,咽喉区设置渡线实现互通。

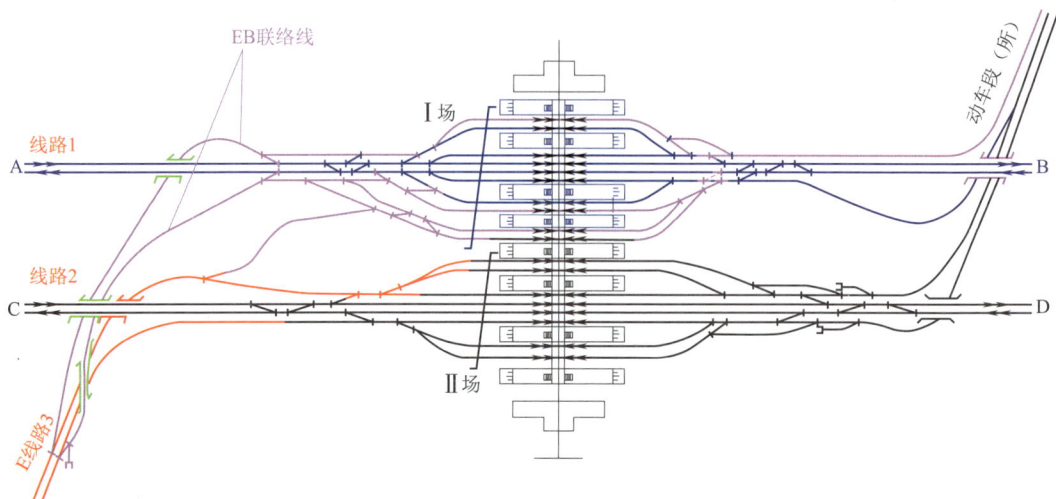

图 3-33　多线引入两场混合布置始发站布置图型

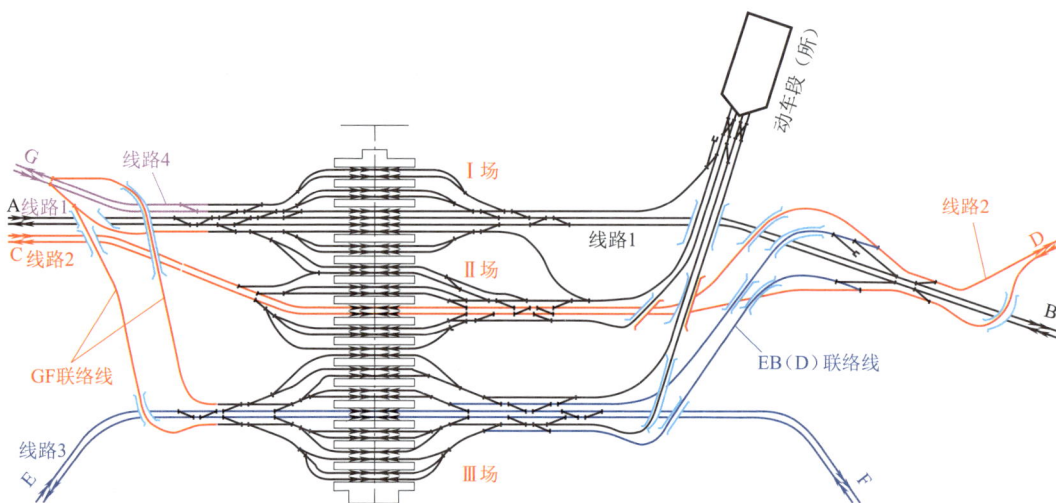

图 3-34　多线引入多场混合布置始发站布置图型

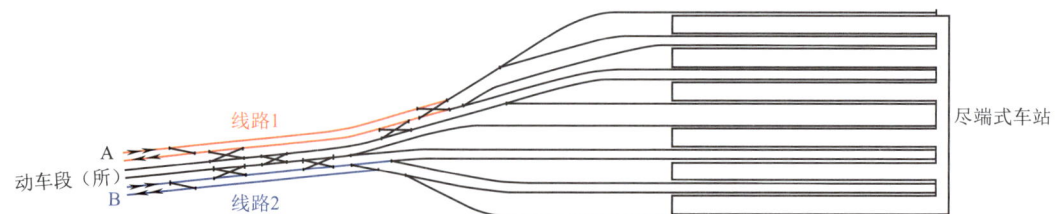

图 3-35　多线线路别引入尽端式始发站布置图型（尽头式布置）

b. 贯通式布置图型

图 3-36 为设置 2 个高速铁路车场的贯通式布置图型。高速铁路线路 1、线路 2 分别自车站两端线路别引入，正线均终止于车站，车场线路别分设布置，车场均为贯通式布置，线路

1 车场尾部设置折返线,线路 2 车场尾部设置存车线并连通动车段(所)。

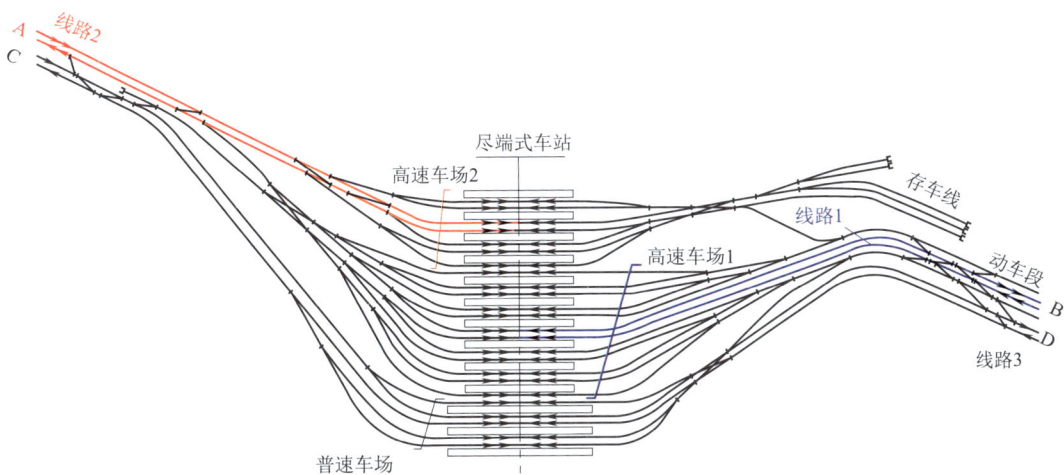

图 3-36 多线线路别引入尽端式始发站布置图型(贯通式布置)

④特殊布置图型

a. 同一车场双层布置图型

客站增建车场设于既有车站南侧,受车站南侧的绕城高速公路及规划地铁控制,场地狭窄,新增车场采用双层布置,高架层办理通过列车作业,地面层以始发终到作业为主。同一车场双层布置车站布置如图 3-37 所示。

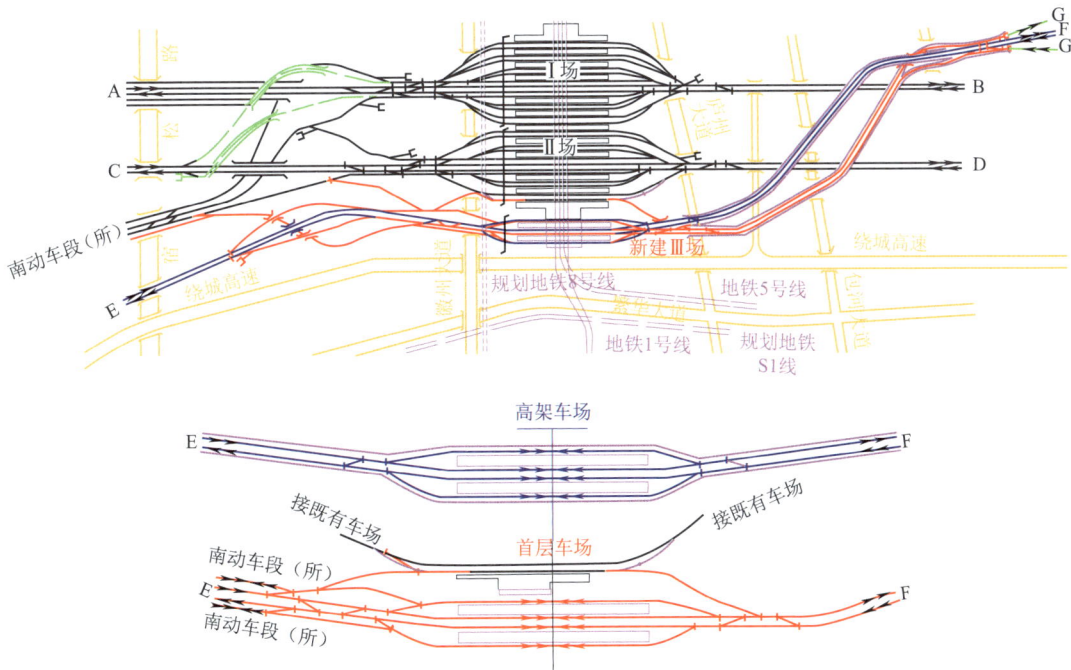

图 3-37 同一车场双层布置车站布置图型

b. 不同车场双层布置图型

新建车站按线路别分场布置，两个车场分层布置。上层为高架车场，下层车场设于地面上。不同车场双层布置车站布置如图 3-38 所示。

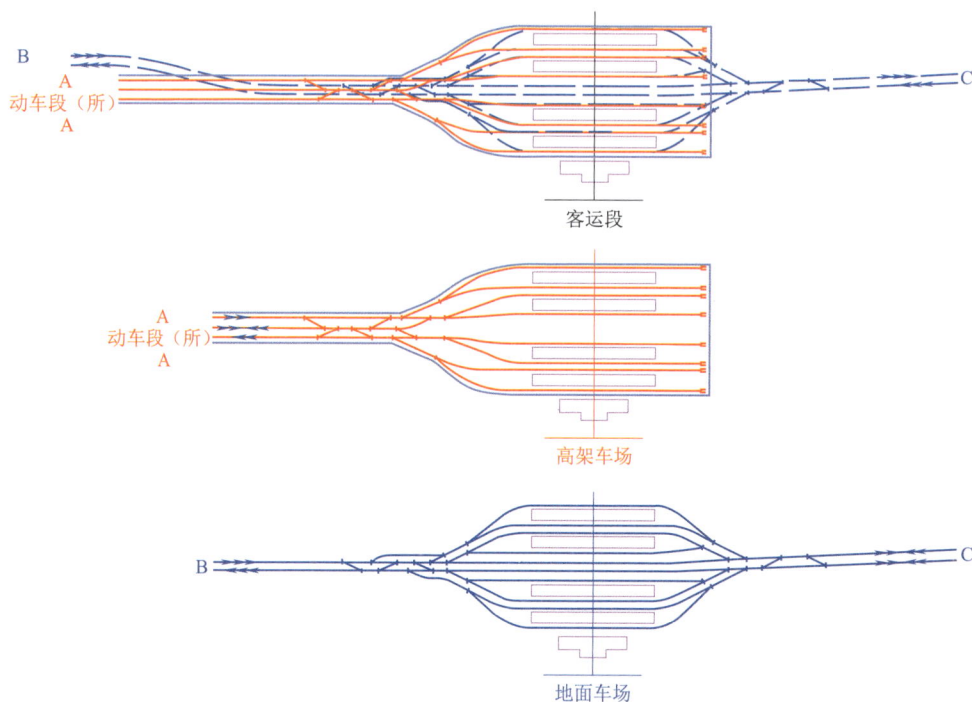

图 3-38 不同车场双层布置车站布置图型

3.5 站场咽喉区设计

站场咽喉区指车场或车站两端道岔汇集的区域，是各种作业的必经之地，其长度是自进站最外方道岔基本轨始端至最内方有效长度计算点间的距离。站场咽喉区是各项作业繁忙的区域，咽喉区设计是否合理，对于作业安全和效率以及工程费和运营费有较大影响。站场咽喉通过能力是车站能力的重要组成部分，高速铁路车站咽喉区衔接方向多、运输组织复杂，高峰时段列车密集到发、车流高度集中、交叉干扰多，高速铁路大型客运站复杂咽喉区布置形式往往制约着车站的通过能力。高速铁路站场咽喉区由引入线路（包括正线、动车走行线、出入工区走行线、联络线等）、道岔、站线（包括到发线、折返线、渡线、引入线路和到发线的连接线等）组成。

3.5.1　咽喉区布置主要影响因素

1. 引入线路性质和数目

引入线包括正线、动车组出入段线、工区走行线、联络线等。不同性质的引入线,其技术标准不同、连通的设施不同,运行的车辆种类和作业内容、占用时间也不同。引入线路性质和数目对咽喉区的平行线路数量,道岔配列等有较大影响。

2. 列车开行方案

列车开行方案指列车总对数、始发终到列车对数、出入段列车对数、跨线列车对数等。列车开行方案决定着通过咽喉区各引入线的列车数量,同时也是到发线规模和分工确定的基础,对于咽喉区平行作业进路设置数量有较大影响。

3. 线路追踪间隔

区间信号按照线路追踪间隔的要求设置闭塞分区等信号设施,在车站范围内,停站列车追踪间隔受咽喉区长度、咽喉区通过速度的影响,列车到发间隔往往会大于区间追踪间隔,需要采用大号码道岔以提高列车进出站速度、优化咽喉区布置以减少咽喉区长度,使车站到发间隔尽量同区间追踪间隔相协调。

4. 站房、维修工区等设置位置

为了便于综合维修车辆出入车站,以及能在站房侧基本站台接发列车,咽喉区渡线宜朝向维修工区和站房所在位置。始发站站房侧基本站台一般需要连通上下行正线。

5. 工程条件

咽喉区布置应结合地形、地质、水文、工点类型等工程条件进行设计,如咽喉区范围设置桥梁、涵洞时,高速铁路道岔应尽量避开路桥、路涵过渡段和梁缝,道岔设于桥梁上时道岔配列还需满足无缝线路技术要求。

3.5.2　咽喉区布置原则

1. 咽喉区的设计应保证必需的通过能力、作业安全和一定的作业效率。

2. 咽喉区布置宜减少敌对进路和作业的交叉干扰。其平行进路设置应满足列车到(发)、出(入)段、折返等作业需求,并考虑作业的灵活性。

3. 咽喉区布置应同车场布局、到发线使用分工相协调。

4. 咽喉区布置应紧凑、尽量缩短咽喉区长度。到发线有效长度起终点宜尽量对齐。

5. 咽喉区布置宜减少正线上的道岔数量。

6. 咽喉区渡线布置原则。

始发站两端咽喉区应各设两条单渡线组成八字渡线或交叉渡线。办理始发终到作业的

中间站,其发车作业端应设两条单渡线组成八字渡线或交叉渡线,无发车作业端宜设一条单渡线。其他车站两端宜各设一条单渡线组成八字渡线,八字渡线的朝向宜结合维修工区(车间)、站房的位置确定,以便于维修车辆出入和列车停靠基本站台。无维修车间(工区)的车站与两端车站均较近时可以不设渡线。

3.5.3　咽喉区布置图

1. 中间站咽喉区

(1)办理通过车作业的中间站咽喉区

车站两端宜各设一条单渡线组成八字渡线,渡线朝向维修工区(车间)的位置,以便于维修车辆出入。无平行进路,维修工区走行线连通到发线即可,如图 3-39 所示。

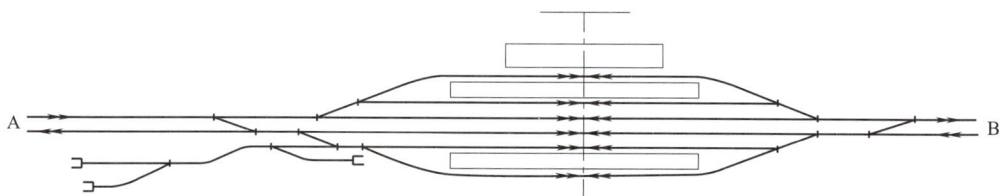

图 3-39　办理通过车作业的中间站咽喉区布置

(2)办理始发终到作业的中间站

办理少量始发终到作业的中间站,其发车作业端设两条单渡线组成八字渡线形式。一般无平行进路,如图 3-40 所示。

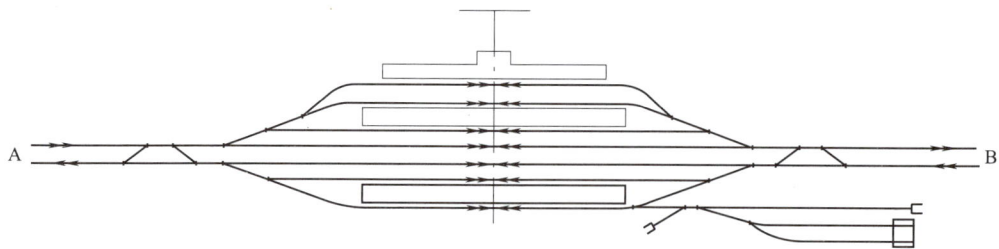

图 3-40　办理少量始发终到作业的中间站咽喉区布置

办理始发终到列车较多时,接车正线一侧到发线宜按照折返列车和通过列车使用功能分组布置,设置折返列车发车同接车的平行进路。办理较多始发终到列车作业中间站咽喉区布置见图 3-41,到发线 3、4、5 道固定为折返列车使用,1、2、8、9 道固定为方向别停站通过列车使用。车站 A 方向进站端设置平行进路 1 和 2,满足 3~5 道列车站前折返与 1、2 道列车停站通过平行作业要求。

由于折返客车发车切割正线,与不停站通过客车平面交叉干扰,当交叉干扰严重时,通过增加反向发车联络线解决交叉干扰,此时,调整 1、2 道为接发始发终到列车使用。反向发车联络线如图 3-42 所示。

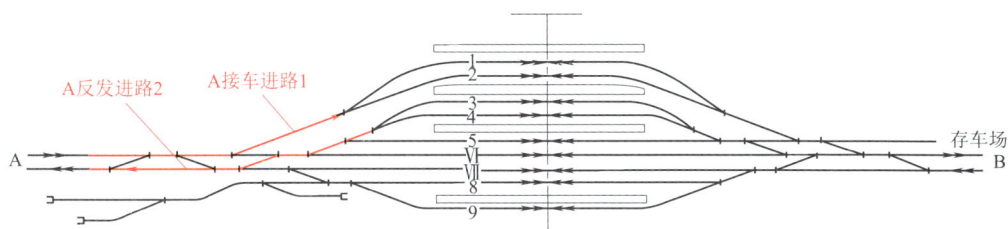

图 3-41 办理较多始发终到列车作业中间站咽喉区布置

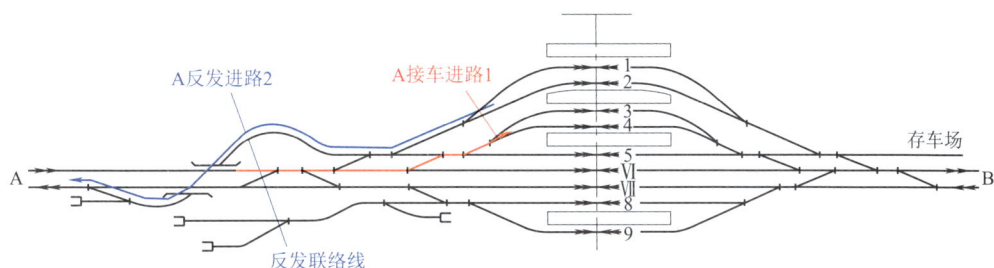

图 3-42 设反发联络线中间站咽喉区布置

设置反接联络线咽喉布置如图 3-43 所示,7、8 道为折返列车使用,设置反接联络线可以使 7、8 道折返作业与正线通过或停站通过列车作业平行进行。

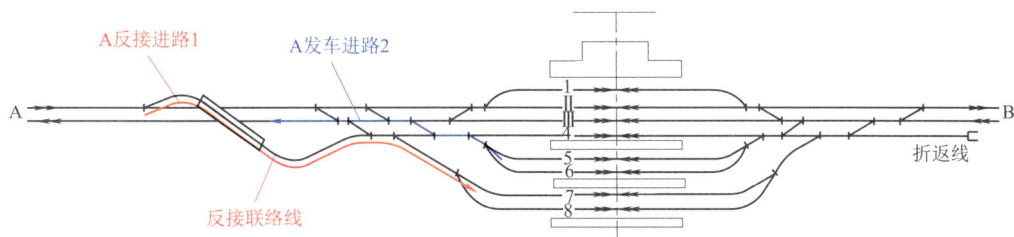

图 3-43 设反接联络线中间站咽喉区布置

(3)多线引入中间站咽喉区

中间站主要办理通过列车作业,一般情况下,多线引入中间站不同方向正线和各自到发线自成系统,咽喉区各线路分别连通各自到发线;同时,设置跨线车通路,跨线车较多时,设置相关联络线减少交叉干扰。

多线方向别引入中间站咽喉区布置如图 3-44 所示。图 3-44 为两条正线引入、干线间有少量交流的合场式中间站咽喉布置形式,因干线各自配备到发线,不同线路间接发列车无干扰,干线间不停站列车交流通过站外大号码渡线或联络线实现,停站列车交流通过共用到发线(3、8 道)实现进路连通。

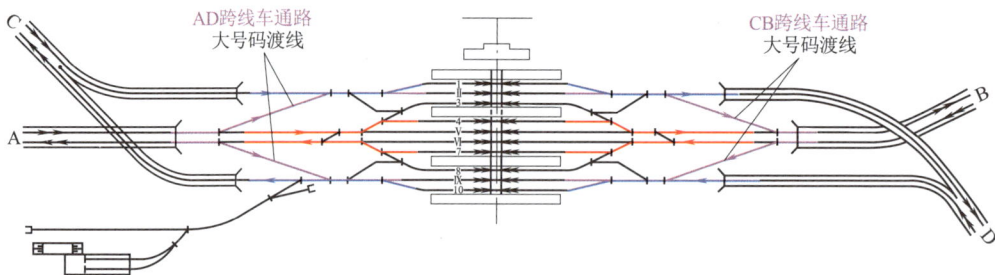

图 3-44 多线方向别引入中间站咽喉区布置

多线线路别引入中间站咽喉区布置见图 3-45,衔接 A、B、C、D、E 五个方向,AB、CD 干线在站内按照线路别分场布置。E 干线同 CD 干线方向别疏解后,方向别引入 AB 车场。设置 BC 上下行联络线实现 B、C 方向跨线车通路,EC 跨线车通路通过渡线实现。

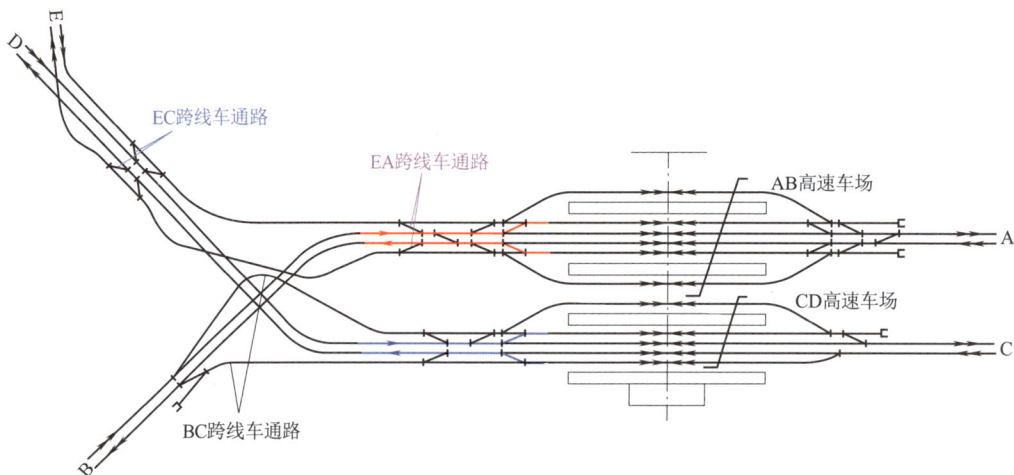

图 3-45 多线线路别引入中间站咽喉区布置

2. 始发站咽喉区

始发站办理列车对数多,到发线数量多;一般设有动车段(所),咽喉区设置动车出入段线;办理大量折返列车,需要考虑折返列车作业,咽喉区布置更为复杂。咽喉区平行进路需满足正线通过列车接发、动车组出入段、联络线列车接发、折返线折返等作业要求。到发线一般需要分组布置,组数应不少于咽喉区线路数目,保证平行作业能够实现并具有一定灵活性;同组到发线可接入咽喉区不同线路,相邻组到发线可共用以增加灵活性、提高到发线利用效率,每组到发线一般不超过 4 条。始发站一般需设置正线至站房侧基本站台到发线的进路。

(1)衔接 1 条正线的始发站咽喉区布置

①动车组出入段端咽喉

图 3-46 为衔接 1 条高速铁路线路的始发站动车组出入段端咽喉区布置图。咽喉区设

正线 2 条,动车出入段线 2 条,形成 4 线咽喉。到发线分为 4 组,每组 2~3 条到发线,同 4 线咽喉相对应,部分股道可组间共用(3、5 股道可为 1、2 组共用,4、6 股道可为 3、4 组共用)。平行进路数量满足列车接、发以及动车组出、入段四项,或者列车正接、折返列车反发以及动车组出(入)段三项平行作业。设置渡线,满足正线连通基本站台到发线条件。平行进路详如图 3-47 和图 3-48 所示。连通基本站台如图 3-49 所示。

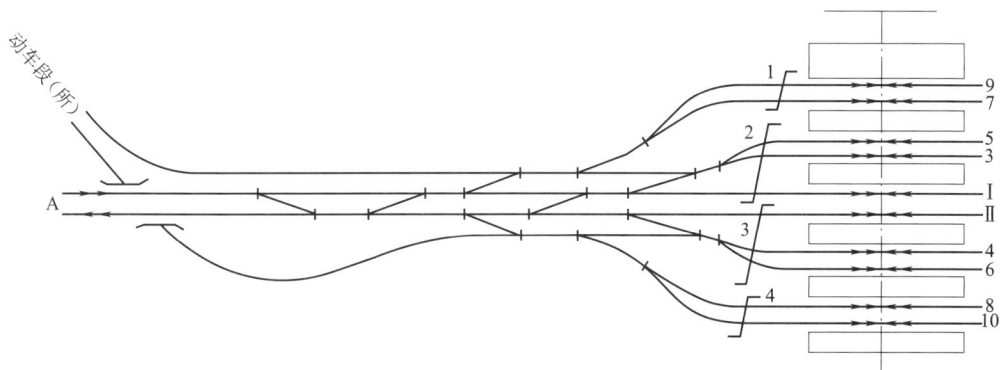

图 3-46　始发站动车组出入段端咽喉区布置

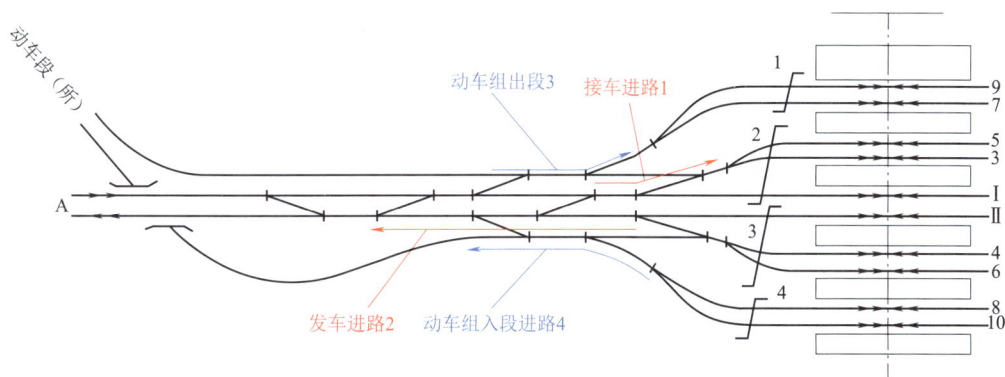

图 3-47　平行进路图一

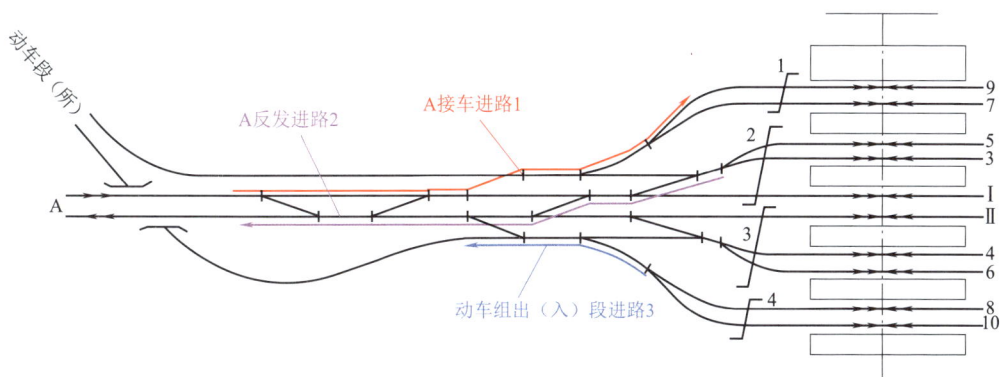

图 3-48　平行进路图二

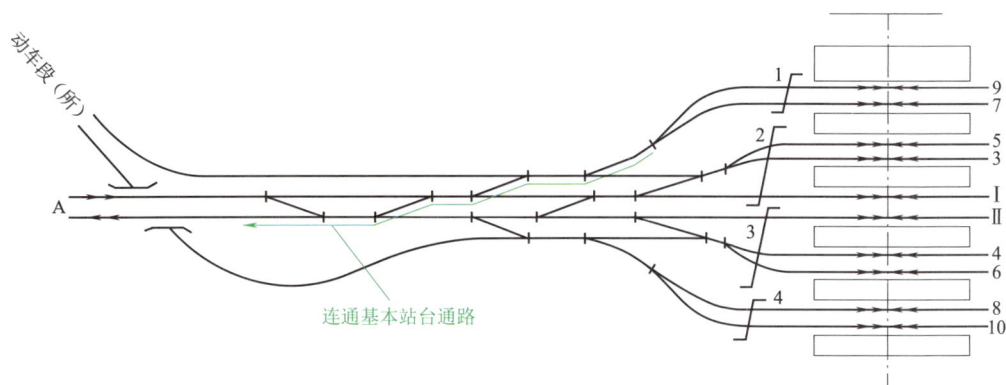

图 3-49　连通基本站台进路

②非动车组出入段端咽喉

图 3-50 为衔接 1 条高速铁路的始发站非出入段端咽喉区布置图。咽喉区设正线 2 条。到发线分为 4 组，每组 3~4 条到发线。平行进路数量满足列车同时接、发，或接车、折返列车反发两项平行作业。设置渡线满足正线连通基本站台到发线条件。平行进路如图 3-51 和图 3-52 所示，连通基本站台进路如图 3-53 所示。

（2）多线引入始发站咽喉

多线引入始发站咽喉区布置在分场方案时相对简单，合场方案时最为复杂，故本节主要说明合场方案时的咽喉区布置。

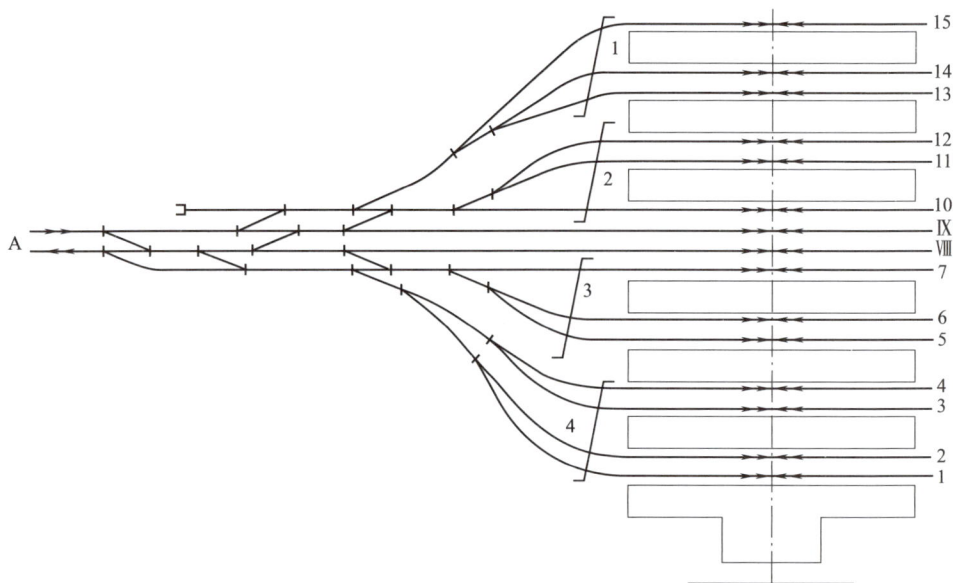

图 3-50　始发站非动车出入段端咽喉区布置

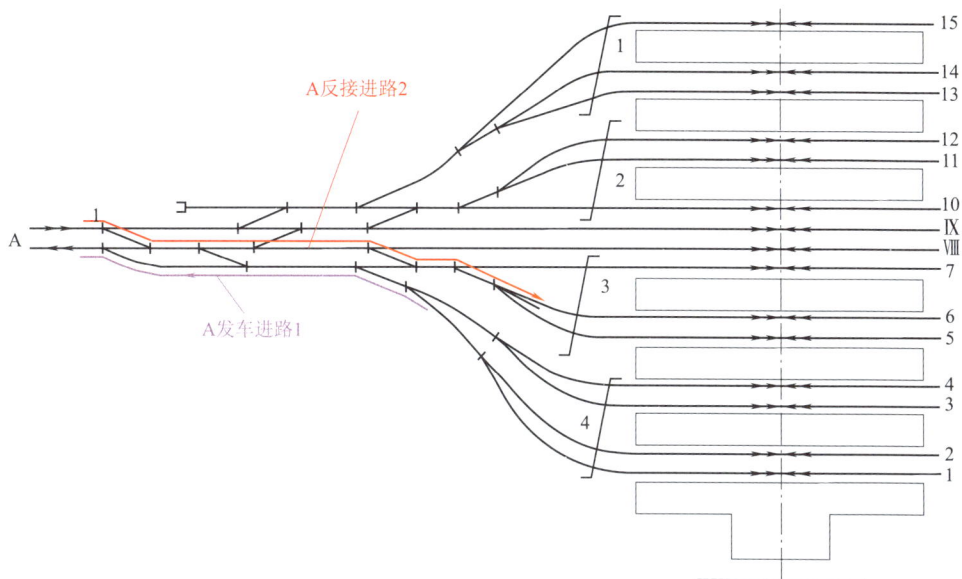

图 3-51 平行进路图一

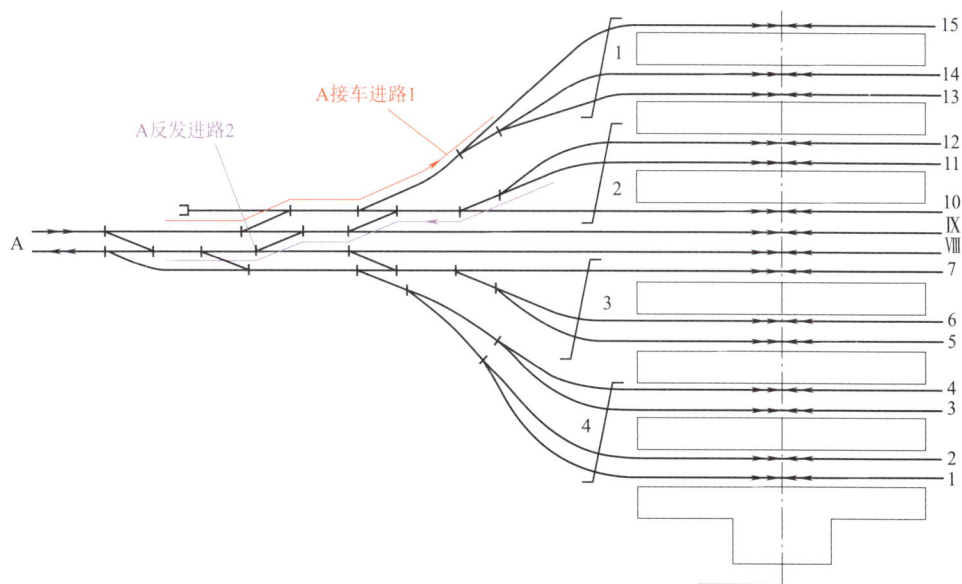

图 3-52 平行进路图二

①动车组出入段端咽喉

图 3-54 为衔接 2 条高速铁路线路的始发站动车组出入段端咽喉布置,动车出入段线设在两正线间。咽喉区设正线 5 条(其中一条为反发联络线)、动车出入段线 2 条,共 7 条线路,反发联络线分别接入邻近的到达正线和动车出入段线,形成 6 线咽喉。到发线分为 7 组,每组 1~3 条到发线,部分组别线路接入多个咽喉线路。平行进路数量满足 AB 方向列

车接、发以及动车组出、入段六项平行作业，或者 B 方向折返列车反发、B 方向接车、动车组出（入）段以及 A 方向接、发五项平行作业，或者 A 方向折返列车反发、A 方向接车、动车组出（入）段以及 B 方向接、发车五项平行作业。渡线设置满足正线连通基本站台到发线条件。平行进路如图 3-55～图 3-58 所示。

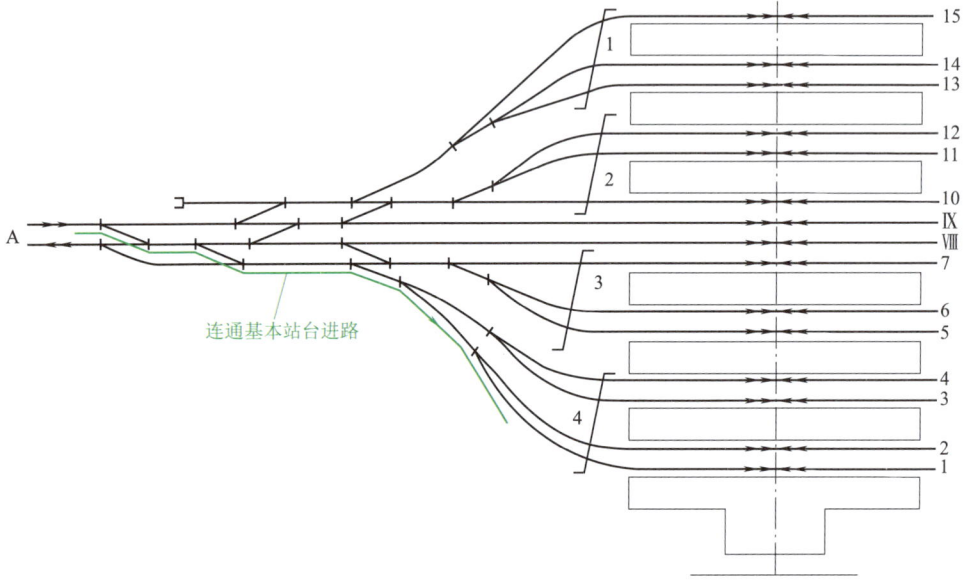

图 3-53　连通基本站台进路

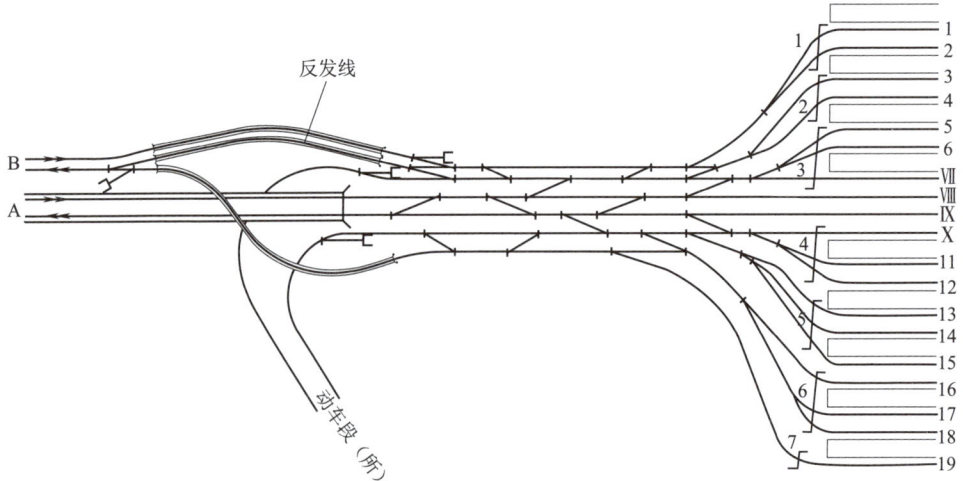

图 3-54　两条高速铁路方向别引入始发站咽喉区布置（动车组出入段端）

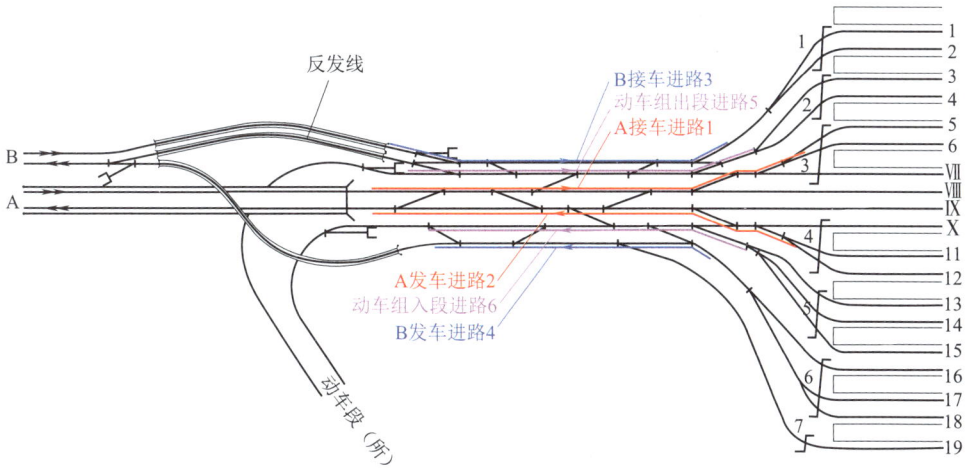

图 3-55　平行进路图一

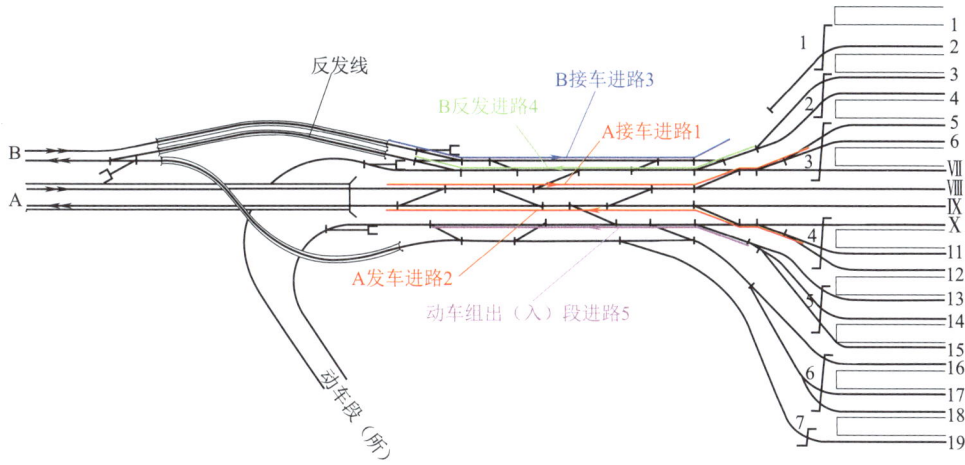

图 3-56　平行进路图二

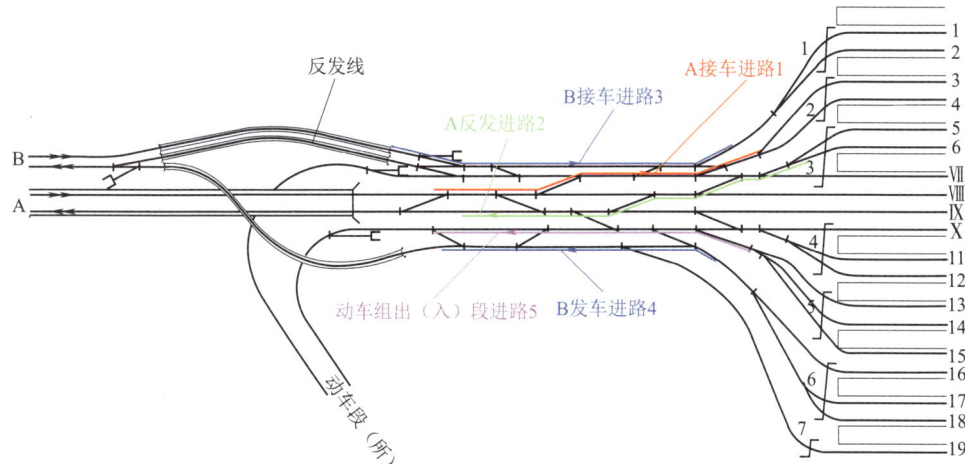

图 3-57　平行进路图三

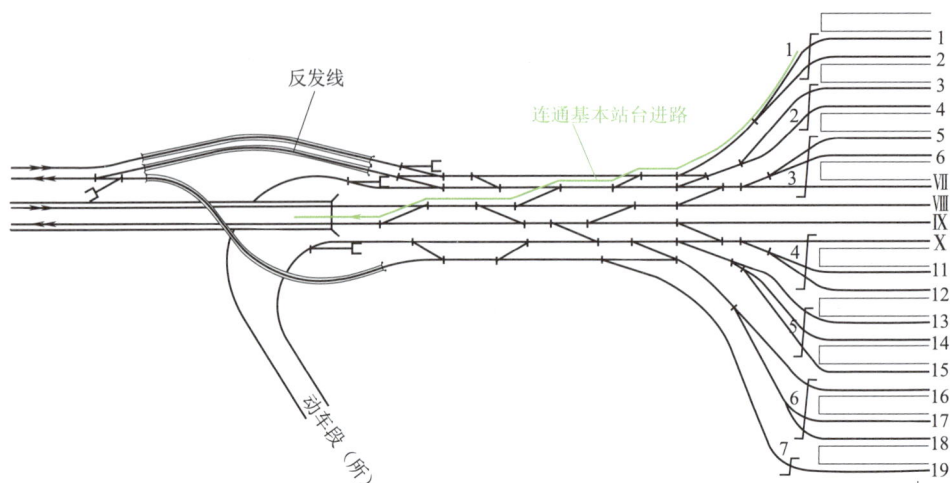

图 3-58　连通基本站台进路

　　图 3-59 为衔接 2 条高速铁路线路的始发站动车组出入段端咽喉布置,动车出入段线外包布置。咽喉区设正线 4 条,动车出入段线 2 条,形成 6 线咽喉。到发线分为6组,每组 1～3 条到发线。平行进路数量满足 AB 方向列车接、发以及动车组出、入段六项平行作业,或者 A 方向折返列车反发、B 方向发车、A(B)方向接车、动车组出、入段五项平行作业。渡线设置满足正线接通基本站台到发线条件。平行进路如图 3-60～图 3-62 所示。

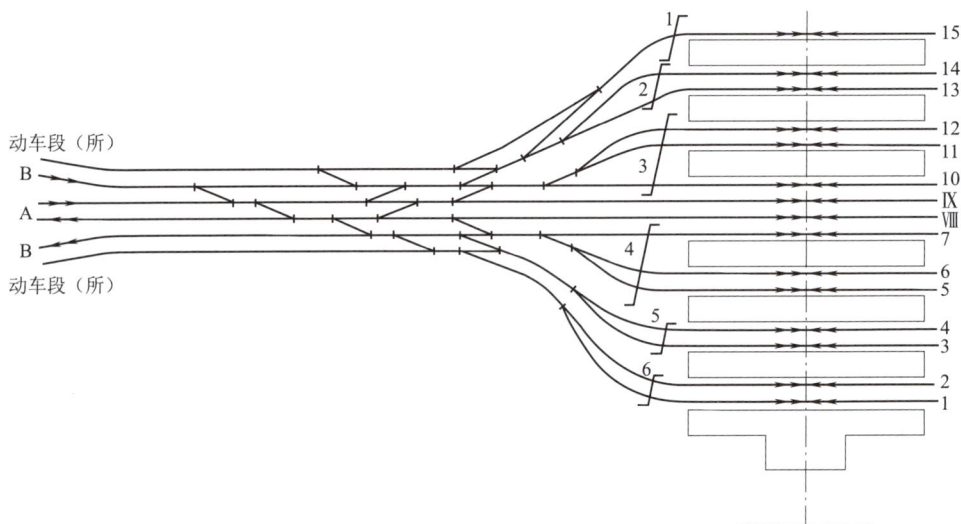

图 3-59　两条高速铁路方向别引入始发站咽喉区布置图(动车组出入段端)

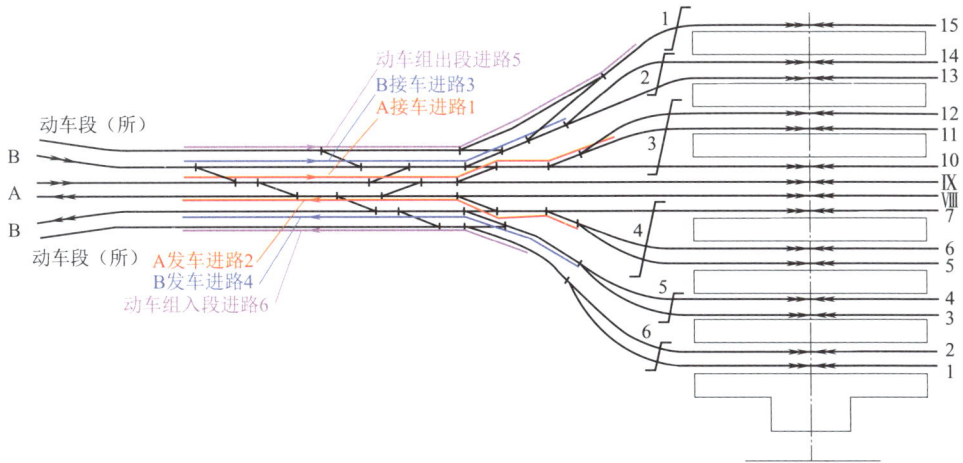

图 3-60 平行进路图一

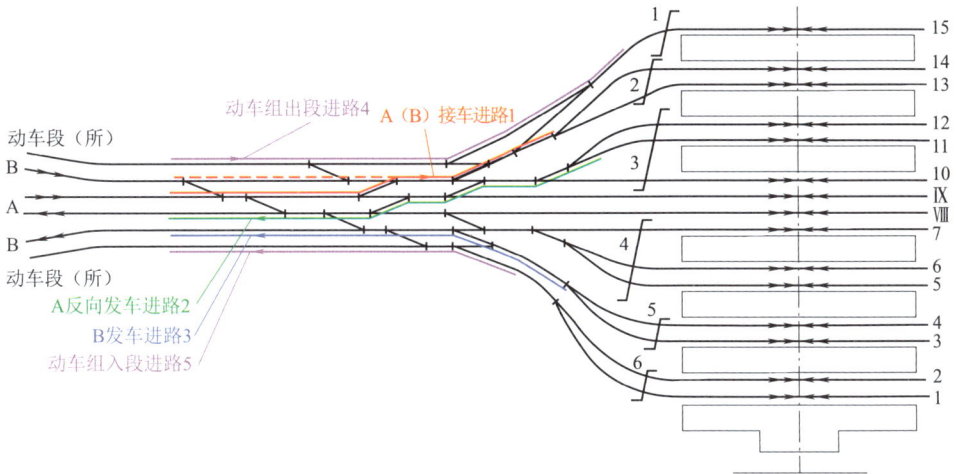

图 3-61 平行进路图二

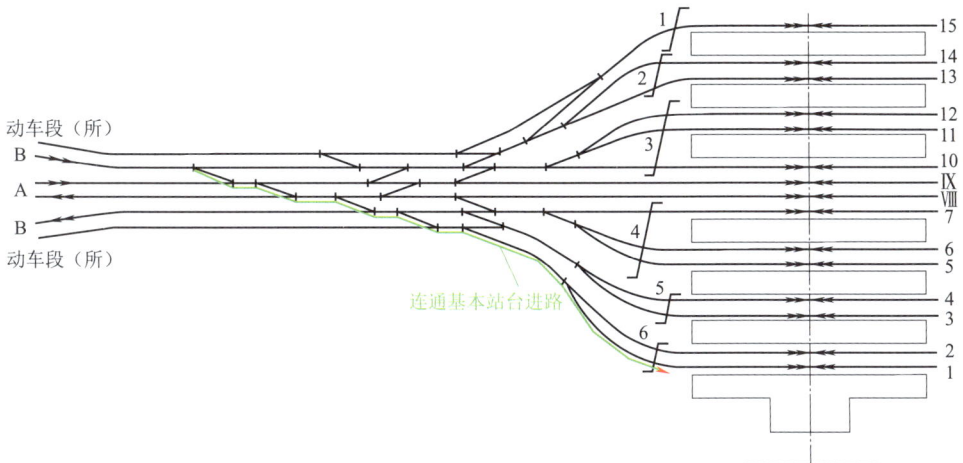

图 3-62 连通基本站台进路

②非动车组出入段端咽喉

图 3-63 为衔接 2 条高速铁路线路、非动车组出入段端始发站咽喉区布置图。咽喉区设正线 4 条。到发线分为 4 组，每组 3～4 条到发线。平行进路数量满足 AB 方向列车同时接、发四项平行作业，或者 A 方向反发、B 方向发车、A 方向接车(或 B 方向接车)三项平行作业。设置渡线满足正线接通基本站台到发线条件。平行进路如图 3-64～图 3-66 所示。

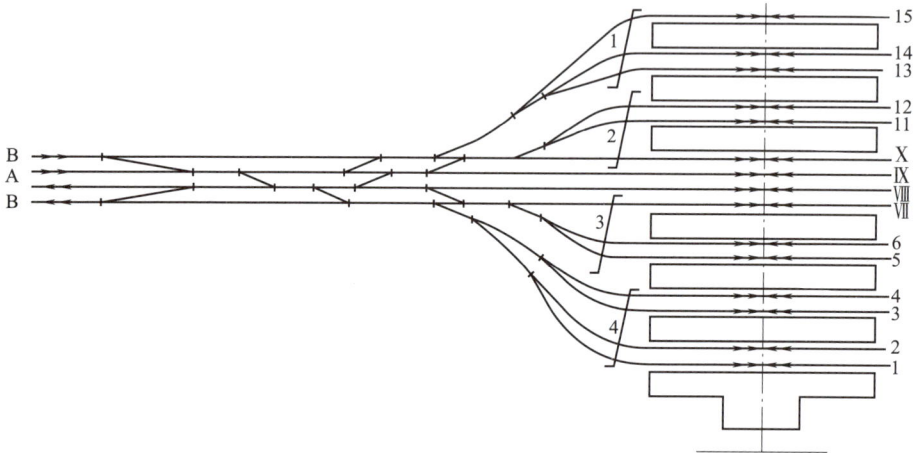

图 3-63　两条高速铁路方向别引入始发站咽喉区布置图(非动车组出入段端)

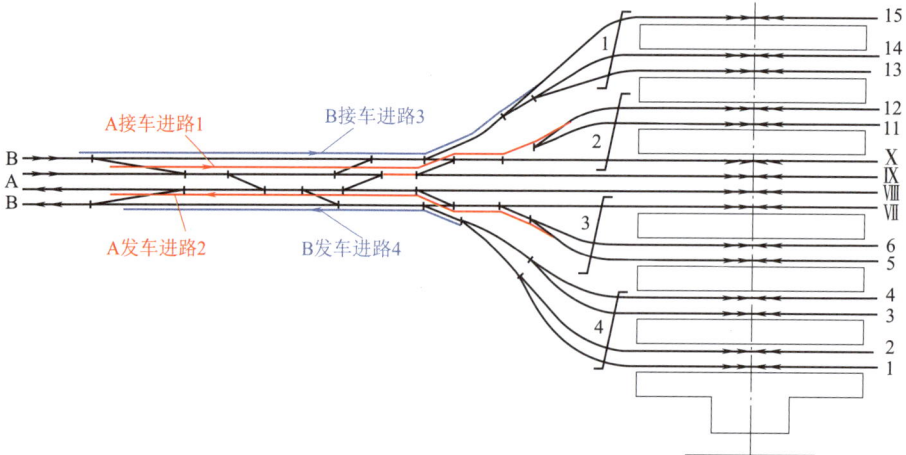

图 3-64　平行进路图一

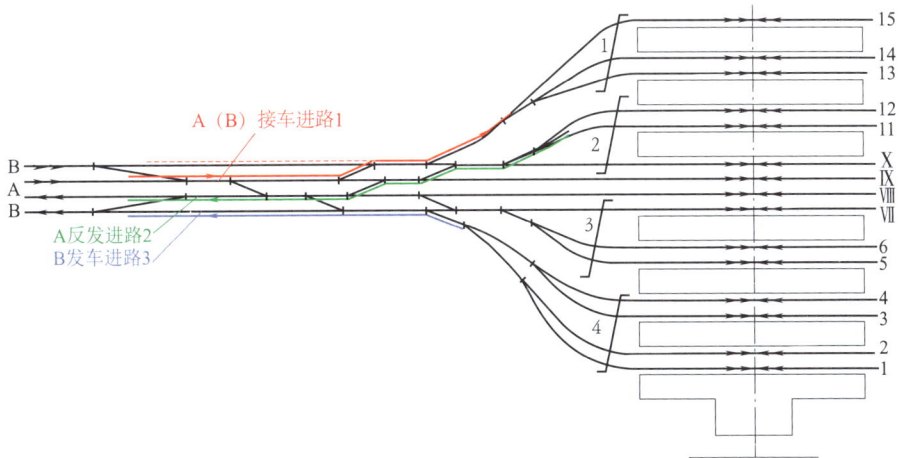

图 3-65 平行进路图二

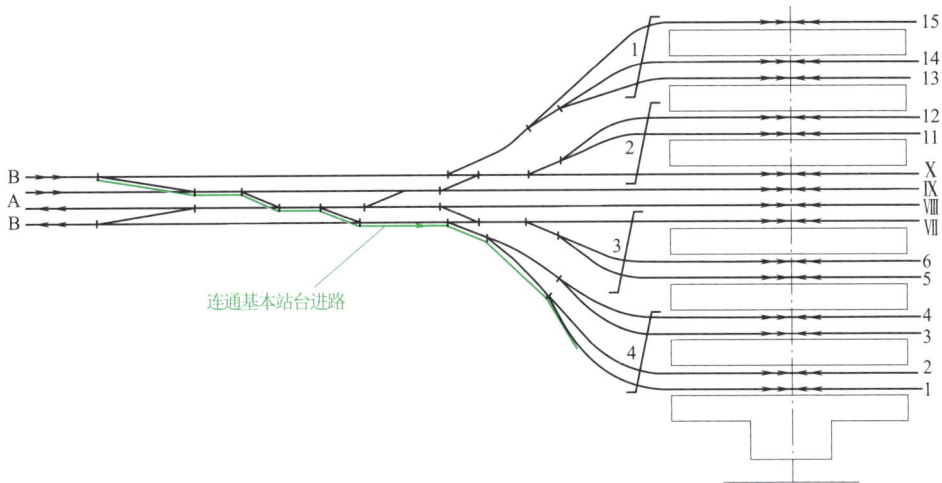

图 3-66 连通基本站台进路

图 3-67 为衔接 3 条高速铁路线路、合场布置非动车出入段端始发站咽喉区布置图。咽喉区设正线 7 条。到发线分为 7 组,每组 1～2 条到发线,为了提高到发线使用效率和灵活性,部分到发线为相邻组共用,部分线束接入多个咽喉线路。平行进路数量满足 ABC 方向列车接、发以及 B 方向折返列车反接七项平行作业,或者 A 方向列车反发、A 方向列车接车(C 方向列车接车)、C 方向列车发车、B 方向折返列车反接以及 B 方向列车接、发六项平行作业。设置渡线满足中穿正线接通基本站台到发线条件。平行进路如图 3-68～图 3-70 所示。

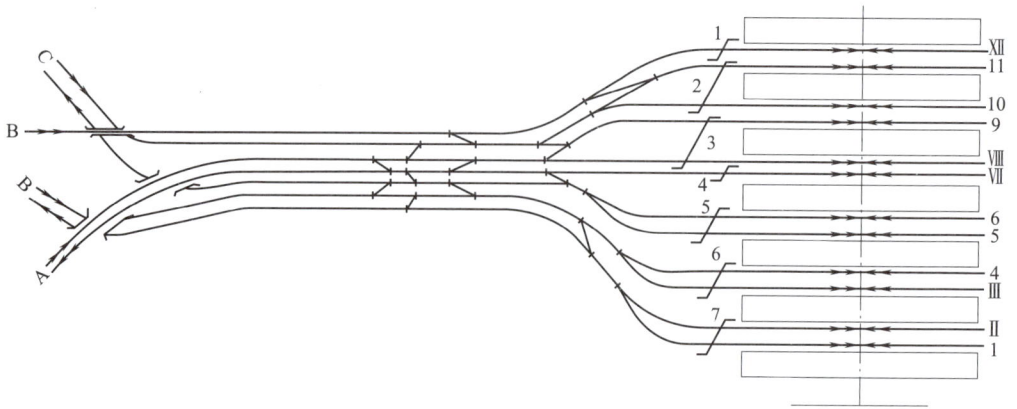

图 3-67　三条高速铁路方向别引入始发站咽喉区布置（非动车组出入段端）

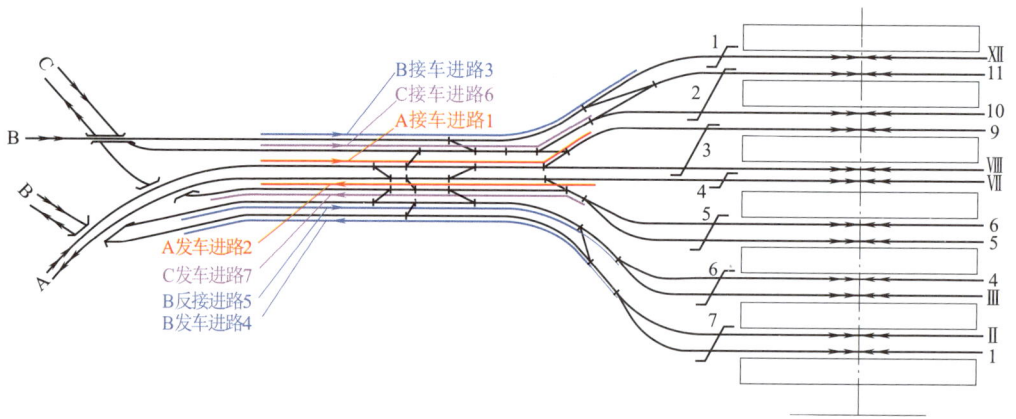

图 3-68　平行进路图一

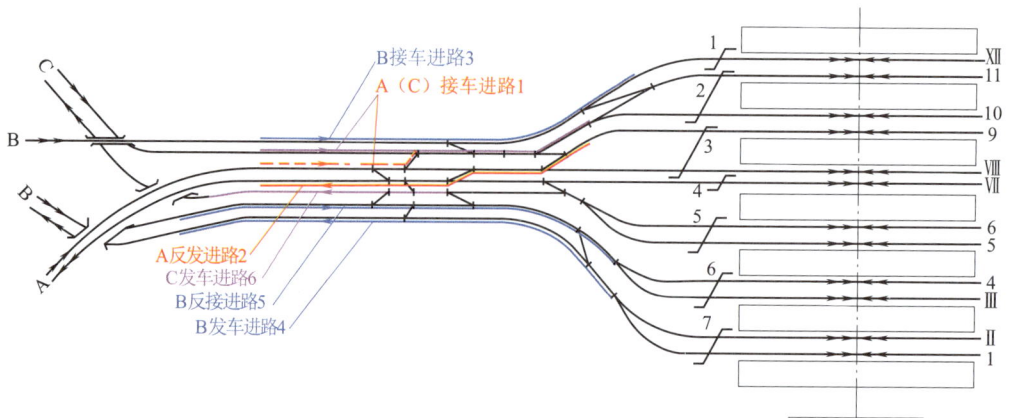

图 3-69　平行进路图二

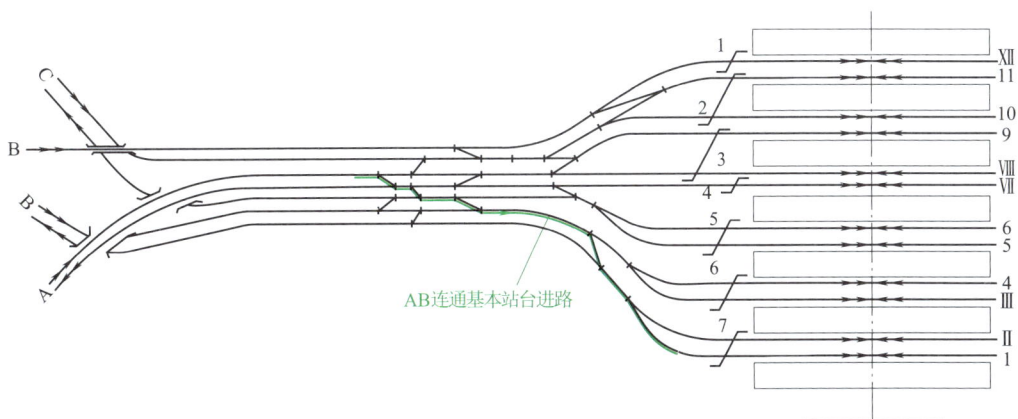

图 3-70　连通基本站台进路

3.6　车站通过能力

3.6.1　高速铁路车站通过能力构成

车站通过能力是指车站在现有设备条件下,采用合理的技术作业过程,一昼夜能够接、发各个方向的旅客列车数。车站通过能力包含咽喉能力、到发线能力。

咽喉通过能力为咽喉区各进路咽喉道岔组通过能力之和,咽喉道岔组通过能力是指某方向接、发进路上最繁忙的道岔组一昼夜能够接、发该方向的旅客列车数。

到发线通过能力是指办理列车到发作业的线路,一昼夜能够接、发各个方向的旅客列车数。

3.6.2　车站通过能力计算方法

高速铁路车站通过能力计算应遵循两条原则:一是车站通过能力应根据车站设备配置和作业组织方案,按照最大限度利用平行进路和均衡、合理使用股道的原则,计算全日及高峰时段到发线通过能力、咽喉通过能力;二是各项作业占用车站设备的时间标准应根据车站布置形式、列车运行控制方式、道岔型号等分步骤详细计算确定。列车占用车站咽喉道岔时间一般可按表 3-3 和表 3-4 标准采用。

表 3-3　列车占用车站咽喉道岔时间　　　　　　　　　　　　　min

接车占用	4
发车占用	3
车底转入	3
车底转出	3

表 3-4　列车占用到发线时间　　　　　　　　　　　　　　　　　　min

项目	列车进站时间	车底转入时间	列车在站停车时间	列车出站时间	车底转出时间	占用到发线总时间
停站列车	4		3	3		10
始发列车		3	15	3		21
终到列车	4		12		3	19
立折列车	4		20	3		27

注：当高速列车通过客运站需要停站时，在有大量旅客乘降的客运站，车站时分一般采用 3 min，其他站 1～2 min，上表中取值均采用 3 min，实际的设计工作中可根据设计速度、开行方案等因素浮动取值。

我国目前高速铁路车站通过能力的计算方法主要有公式计算法（综合分析法）、图解法、计算机仿真模拟法。

3.6.2.1　公式计算法

1. 咽喉通过能力的计算

目前，利用率法仍然是高速铁路车站判定咽喉能力的主要方法。利用率法是以车站咽喉实际占用统计时间为基础，推算咽喉道岔最大利用程度下的接发车数量，其思想是假定咽喉道岔最大能力与现阶段利用情况存在线性增长关系。高速铁路车站全日和高峰时段咽喉通过能力的计算，其基本思路主要为"确定咽喉道岔—计算能力利用率—计算通过能力"。

（1）道岔分组，确定咽喉道岔（组）

确定咽喉道岔的主要步骤：道岔分组—拟定到发线固定使用方案—选定咽喉道岔。

道岔分组的原则：不能被两条进路同时分别占用的道岔，应合并为一组；可以被两条进路同时分别占用的道岔不能并入一组。一般情况下，辙叉尾部相对且分别布置在线路两侧的相邻道岔不能并入一组，渡线两端的道岔不能并入一组，交叉渡线中各平行线上的道岔不能分为两组。

拟定到发线固定使用方案的原则，尽量做到到发线均衡使用，合理利用到发线能力，使各到发线总占用时分大致相近；合理利用咽喉区的平行进路，使作业量不过分集中个别道岔，尽量减少进路交叉，使有关方向列车能够同时到发；尽量均衡利用两端咽喉。

选定咽喉道岔：咽喉道岔通过能力是受咽喉区内工作量最大的道岔组一昼夜能够办理的到发列车数决定的，因此需选出咽喉区最繁忙的道岔组。

（2）咽喉通过能力利用率

①全日咽喉道岔组通过能力利用率 k 按式（3-1）计算。

$$k = \frac{T - \sum t_{固}}{(1\,440 - T_{停} - \sum t_{固})(1 - \gamma_{空})} \tag{3-1}$$

式中　T——咽喉道岔组总占用时间，min；

$T_停$——车站一昼夜内停止接发客车的时间，min；

$\gamma_空$——考虑咽喉道岔(组)的空费时间和间接妨碍时间扣除的系数，即咽喉道岔组的空费系数，取 $0.2\sim0.3$；

$\sum t_固$——固定作业占用咽喉道岔组的总时间，min。

②高峰时段咽喉道岔组通过能力利用率 k 为

$$k=\frac{T-\sum t_固}{(T_{高峰}-\sum t_固)(1-\gamma_空)} \tag{3-2}$$

式中 $T_{高峰}$——高峰时段持续时间，min，可根据设计或实际运行图确定；

$\gamma_空$——咽喉道岔组的空费系数，可取 0.1。

(3)咽喉通过能力计算式为

$$N_接^i=\frac{n_接^i}{k} \tag{3-3}$$

$$N_发^i=\frac{n_发^i}{k} \tag{3-4}$$

式中 $N_接^i,N_发^i$——i 方向接车及发车通过能力，列；

$n_接^i,n_发^i$——i 方向列入计算中接入或出发的客车数，列。

2. 到发线能力计算

目前我国高速铁路车站到发线通过能力计算方法主要是直接计算法。

(1)全日到发线通过能力

$$N_客=\frac{M_客(1\,440-T_停)(1-\gamma_空)}{t_{占均}}\times k' \tag{3-5}$$

式中 $N_客$——到发线通过能力，列；

$M_客$——用于接发客车的到发线数，条；

$T_停$——车站一昼夜内停止接发客车的时间，min；

$\gamma_空$——客车到发线空费系数，可采用 $0.15\sim0.25$；

$t_{占均}$——平均一列客车占用到发线时间，min；

k'——到发线利用率，取 $0.90\sim0.95$。

$$t_{占均}=\alpha_通\ t_{占通}+\alpha_折\ t_{占折}+\alpha_始\ t_{占始}+\alpha_终\ t_{占终} \tag{3-6}$$

式中 $\alpha_通,\alpha_折,\alpha_始,\alpha_终$——通过、立折、始发、终到客车所占旅客列车总数的比例，%；

$t_{占通},t_{占折},t_{占始},t_{占终}$——通过、立折、始发、终到客车所占到发线的时间，min。

(2)高峰期到发线需要量

$$M'_客=\frac{t_{占折}(1+\gamma_空)}{I\varepsilon'_高} \tag{3-7}$$

或

$$M'_\text{客} = M'_\text{客到} + M'_\text{客发} = \frac{t_\text{占终}(1+\gamma_\text{空})}{I\varepsilon'_\text{高}} + \frac{t_\text{占发}(1+\gamma_\text{空})}{I\varepsilon'_\text{高}}$$ (3-8)

式中　$\varepsilon'_\text{高}$——计算时间内高速列车扣除系数，一般取值为 $1\sim\varepsilon_\text{高}$；

　　　$\varepsilon_\text{高}$——高速列车扣除系数，一般取值 $1\sim1.4$；

　　$M'_\text{客}$——高峰期到发线需要量，条，按照以上两式取其大者；

　　　I——追踪列车间隔时间，min。

目前，公式法仍然是高速铁路车站确定通过能力的主要方法。在具体作业过程、到发线使用方案及诸多时间参数的确定上，需要用经验性的估算或大量的人工查定统计。对于布置复杂、作业动态性和时段性强、种类多、密度大、交叉干扰严重的复杂咽喉具有一定的局限性。

3.6.2.2　图解法

图解法也叫排图法，根据车站相邻区段的列车运行图、车站各项技术作业过程和作业时间标准、技术设备的固定使用方案等有关资料，绘制车站技术作业的图表，将列车到发等技术作业占用的咽喉道岔、到发线及相关设备的顺序和时间表示出来，以求得车站各项设备的能力。

图解法一般简化为仅铺画高峰时段内的通过能力来计算能力最紧张时段的通过能力，是基于"固定时段内，在理想的最小间距及时间标准基础上，以最优股道运用方案、进路安排方案接发车，车流均匀无中断"的原则上进行高峰小时咽喉区及到发线能力检算。

该类方法可为高峰时段提供可行开行方案，通过设计各种优化策略接发最多的列车，使咽喉、到发线达到最优满能力。

以下为某车站图解法应用实例。车站衔接 A、B、C 三个方向，到发线 9 条，B、C 方向考虑疏解条件，咽喉区考虑必要的平行进路布置，按照满足车站开行方案进行高峰时段图解法排图检算，车站作业量见表 3-5，车站示意及能力图解如图 3-71 所示。

表 3-5　车站作业量

方向	全天合计		高峰小时	
	通过车/对	立折车/对	通过车/列	立折车/对
B 方向	97	32	16	2
A 方向		35		3
C 方向	15	39	2	2
合计	112	106	18	8

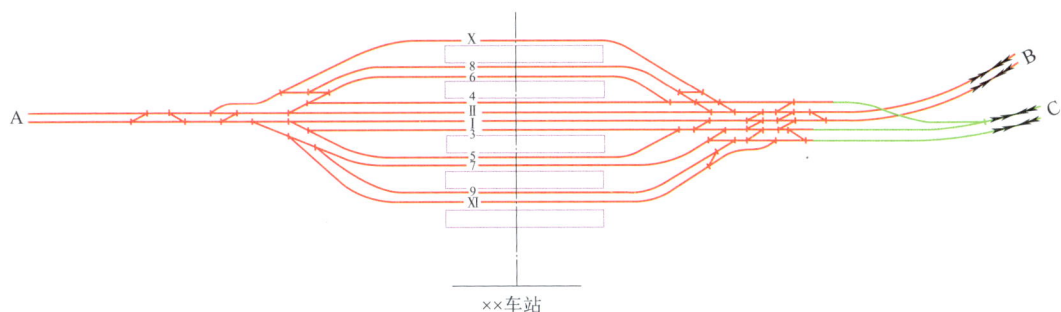

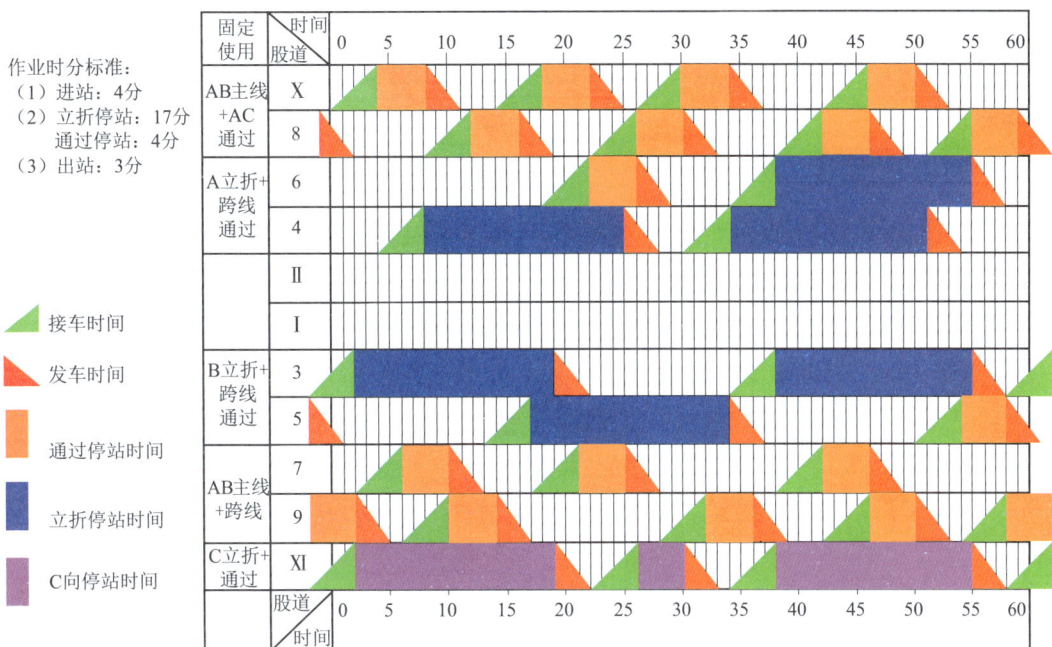

图 3-71 图解法示意

经图解法检算,按照追踪间隔 4 min,车站平面布置(咽喉区及车场)满足高峰时段各方向 8 对立折车、18 列通过车作业需求,到发线规模满足车站高峰小时旅客列车到发要求。

3.6.2.3 仿真模拟法

仿真模拟法是借助于计算机模拟仿真的方法来计算车站能力,其核心工作是建立一个能真实反映车站咽喉和到发线接发车作业的数学模型,仿真系统数学模型不但能表示出车站内各组成元素的物理状态信息,还能体现出与车站实际运营作业相关的各种信息;在此基础上准确、充分地运用数学理论和计算机技术,模拟车站咽喉和到发线接发作业,再现车站能力的实现过程,以得到一个能动态反映高速铁路车站各设备协调以及设备变化下车站相应的接发列车能力。

仿真模拟法一般通过仿真模型构建、仿真参数设定、能力仿真、仿真分析等几个步骤进行。内容包括：

(1)车站相关技术作业设备的模型构建,包括正线、到发线、其他站线、道岔、咽喉区、站台、信号设备、房屋建筑等。

(2)车站相关技术作业模拟,包括列车到发、停站、转线、动车组出入段、列车运行控制等。

(3)车站运营方案模拟,包括设备使用方案、列车接续方案等。

(4)车站相关运营能力计算及评价,包括到发线能力、咽喉区能力以及车站设备对作业量的适应性分析。

目前国外较为成熟的是 OpenTrack 和 SIMONE 仿真软件。其中,OpenTrack 在信号系统和运行图的约束条件下推算列车的运行情况,它还模拟处理由随机生成器产生的不同初始延误和车站延误。SIMONE 是一个铁路网络仿真模型,它可以分析出现延迟时的因果关系。

计算机模拟仿真技术仍然在不断发展中,大型客运站所涉及到发线设置、咽喉区布置、列车牵引过程等方面的数据量大、逻辑性复杂,要完全搭建模拟真实的环境,难度较大,而且也容易出现模型在某些方面失真而使得计算结果不精确的可能。因此,仿真法需要在模型构建和算法优化上确保质量和效率。此外,由于大型车站作业的复杂性和在路网中的重要性,如何统筹考虑技术设备有机配置,各种资源有效运用,运输生产环节协调,实现一体化模拟仿真车站及线路的能力、动车组供应及检修能力,以及客运专线点、线、网能力,需深入研究。

3.6.3 高速铁路车站和区间正线能力协调

高速铁路车站和区间正线能力协调是指车站咽喉能力、到发能力与衔接的线路区间通过能力的协调性。高速铁路车站和区间能力协调情况,以高峰时段的能力协调性最为突出,所以可通过研究分析高峰时段车站系统满能力负荷下各设备的使用情况来确定其协调性。可运用图解法、仿真模拟法来进行校验。

由于车站作业的复杂性,车站通过能力往往成为全线通过能力的限制因素,到发线能力决定着列车开行总数量,咽喉区能力决定着列车开行密度。随着我国高速铁路网的进一步完善,车站衔接方向多、多线咽喉布置复杂,咽喉区通过能力会成为车站通过能力的限制因素。高速铁路车站咽喉区设计如何满足列车追踪间隔、和到发线能力匹配、与区间能力匹配将成为需要重点研究的内容。

提高车站通过能力可从以下方面优化:合理设置到发线数量,满足运输需求,并留有余量;紧凑布置,缩短咽喉区长度;合理采用道岔型号,提高咽喉区列车运行速度;合理设置平行进路数量,满足列车同时接发需求;设置折返线、反到线、反发线等,减少列车敌对交叉;优化车站布置,采用分场分线布置,缩短咽喉区长度,减少各项作业交叉。

第4章 动车段（所）

动车段（所）是动车组养护维修的设施，承担着动车组的日常保养、检查、测试、维修等作业，其目的是恢复动车组性能，保证动车组各项参数正常，为动车组的安全、稳定运营提供保障。

4.1 动车段（所）分类

动车组的检修修程分为一、二、三、四、五级。其中，一、二级修为运用维修，以检查、功能测试为主；三、四、五级修为高级检修，包括动车组拆解、检查、检修、组装、调试等作业。针对不同检修内容，设置了不同的维修设施，包括动车段、动车运用所、动车存车场。其中动车段属于动车组维修设施，动车运用所、动车存车场属于动车组运用设施。

动车段：动车段配属动车组，承担动车组的各级修程、临修作业以及整备（含客运整备）和存放任务。

动车运用所：承担所在客运站始发、终到动车组的客运整备、一二级修、临修和存放作业。

动车存车场：承担动车组的存放和必需的整备（含客运整备）。

4.2 动车段（所）作业内容、周期和流程

4.2.1 作业内容

动车段（所）作为动车组的养护维修机构，其承担的具体作业内容可分为存车、客运整备、维修。

1. 存车

动车组一般为白天运营，夜间停放维护。动车组的存车作业可在动车存车场、动车运用所或动车段完成。对于寒冷地区，动车组夜间停放期间为防止车内水箱等部件冻结，还会进行打温作业。

2. 客运整备

动车组的客运整备作业内容包括动车组内外部的清扫、清洁,动车组的上水、卸污,座椅套的整理、更换等作业。客运整备作业可在动车段、动车运用所或具备配套条件的动车存车场进行。

3. 动车组维修

动车组的维修方式分为定期维修、临时维修,其中以定期维修为主。将动车组的检修按照其运行时间或里程分为五个级别,其中,一、二级维修属于运用检修,三、四、五级维修属于定期检修。各级别检修作业内容如下:

(1)一级检修

更换、调整和补充消耗部件,检查各部分的状态和性能,特别是车下悬吊件的安装情况。一级检修主要利用动车夜间库停时间,在动车运用所或动车段进行。主要作业内容如下:

①走行部检查,含制动器、制动盘等;

②车顶设备检查;

③内部清扫、集便处理及垃圾排除;

④上水、上砂及餐饮备料;

⑤根据需要进行车体外部清洗;

⑥根据故障预报,对电气控制设备、自动门锁闭设备、空调装置及旅客信息系统进行必要检查及元件更换。

(2)二级检修

动车组二级检修是一个大检修工作包的概念,其中镶嵌了许多小的检修工作包,每个小工作包的检修周期、内容各不相同,从而将二级维修内容化整为零,以便动车组在库停期间分散而均衡地完成维修任务。

按照规定要求进行动车组性能试验和安全性检测,大部分项目可结合一级检修在夜间库停期间完成;少部分维修复杂、耗时长的项目,采用日间扣车集中修方式完成。主要内容包括:空心车轴探伤、踏面修形、齿轮箱换油、轴承润滑、重要系统和部件的功能测试等内容。

(3)三级检修

动车组三级检修主要对转向架、牵引电机、制动系统、空调、通风机等主要零部件进行分解检修,以及对各重要系统进行状态检查和功能测试。动车组三级检修可在列车不解编条件下,在动车段(基地)内完成。

(4)四级检修

四级检修主要针对动车组各系统、子系统的全面分解检修,包括转向架、受电弓、制动系统的分解检修,电机、电器的性能测试及更换,车体油漆及修复,车内设施的检修和装修等。

(5)五级检修

对全车进行分解检修,较大范围地更新零部件,并进行车体的涂漆,以及对列车进行现代化升级和改造。包括列车分解、检查、修复、全面清洗,压力密封检验,车体重新油漆。

4.2.2　作业周期

结合运营和维修经验,制定了与动车组技术性能和线路条件相适应的维修周期。现行的 TB 10621—2014《高速铁路设计规范》、TB 10028—2016《铁路动车组设备设计规范》对动车组的检修周期见表 4-1。

表 4-1　中国高速铁路主型动车组检修周期

检修等级	检修周期			
	CRH1/380D	CRH2/380A	CRH3/380B	CRH5/380C
一级检修	≤(4 000+400)km 或运用 48 h	≤(4 000+400)km 或运用 48 h	≤(4 000+400)km 或运用 48 h	≤(5 000+500)km 或运用 48 h
二级检修	15 d	3 万 km 或 30 d	2 万 km	6 万 km
三级检修	(120±10)万 km 或 3 年	60^{+5}_{-3}万 km 或 1.5 年	(120±12)万 km 或 3 年	(120±12)万 km 或 3 年
四级检修	(240±10)万 km 或 6 年	120^{+2}_{-5}万 km 或 3 年	(240±12)万 km 或 6 年	(240±12)万 km 或 6 年
五级检修	(480±10)万 km 或 12 年	(240±10)万 km 或 6 年	(480±12)万 km 或 12 年	(480±12)万 km 或 12 年

4.2.3　作业流程

动车组在动车段(所)内的作业流程分为运用流程、检修流程。

1. 运用维修作业

动车组的运用维修(存车、整备、一二级修)作业流程主要分为以下几种:

(1)作业流程:动车组入段→存车场→动车组出段。

不需要清洗作业及日常整备等作业或者在车站停留较长时间的动车组直接进入存车场存放,等待出段投入运用。

(2)作业流程:动车组入段→轮对踏面、受电弓检测→(外皮洗刷)→存车场→动车组出段。

不需要整备、一级修等作业的动车组入段后完成轮对踏面诊断,视动车组情况选择是否进行外皮洗刷后进入存车场存放,等待出段投入运营。

(3)作业流程:动车组入段→轮对踏面、受电弓检测→外皮洗刷→检查库→存车场→动车组出段。

　　入库进行一、二级修的动车组一般需要在入库前完成清洗作业,动车组入段后先完成轮对踏面诊断、外皮洗刷,然后进入检查库,完成卸污、整备、一级修或二级修后,进入存车场存放,等待出段投入运营。

　　(4)作业流程:动车组入段→轮对踏面、受电弓检测→(存车、洗车)→临修库→检查库→存车场→动车组出段。

　　根据车载故障诊断系统、踏面诊断的结果分析,需要临修或者旋轮作业的动车组,完成动车组临修或旋轮作业后,根据需要完成卸污、整备、一级修作业,然后进入存车场存放,等待出段投入运营。

　　对以上各种作业流程,可统一用图 4-1 表示。

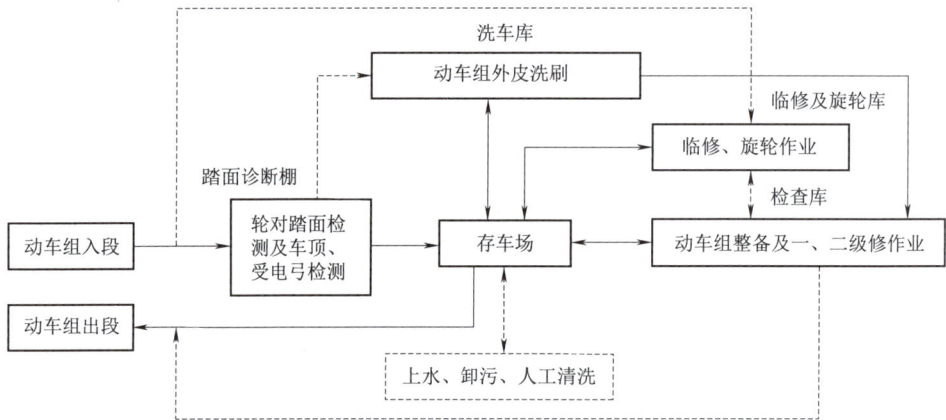

图 4-1　动车组运用工艺流程

2. 检修作业

　　动车组检修作业包括三、四、五级修。三级修主要对动车组转向架进行分解检修,对车上部件进行功能测试和检查。四、五级修和三级修相比,除完成三级修所有作业内容外,增加了车上部件、车体部件的深层次检修作业。

　　主要检修工艺流程为:待修动车组清洗后,整列自行或解编后单辆动车组由牵车设备牵引至检修台位,架车机将动车组架起,转向架与车体分解后由转向架牵引装置(或专用小车)运送至转向架检修间。其他需要进行更换的电器等部件从动车上分解,由蓄电池运输车运送至相应检修车间。车体如需要喷漆或补漆,清洁、检查后由工艺转向架(带动力)牵引至喷漆库,车体重新油漆后返回检修库。转向架及相关电器等部件检修后重新组装到车体上。组装好的动车组进行静调、动调试验。满足技术要求后即可投入运营。

　　(1)三级修作业流程。

　　三级修作业流程如图 4-2 所示。

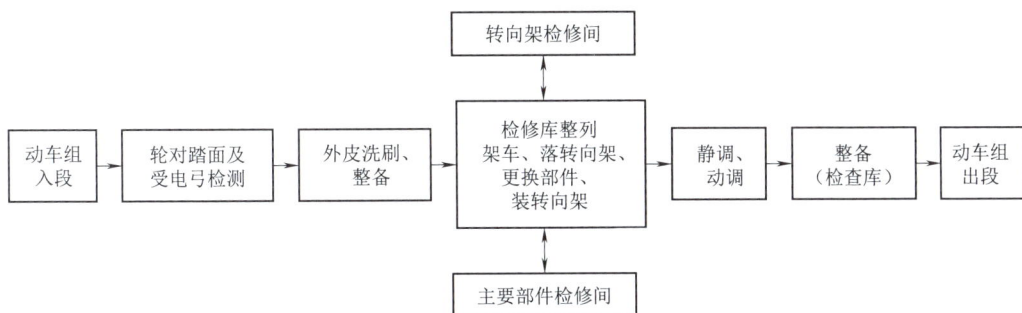

图 4-2　动车组三级修工艺流程

（2）四、五级修作业流程。

四、五级修作业流程如图 4-3 所示。

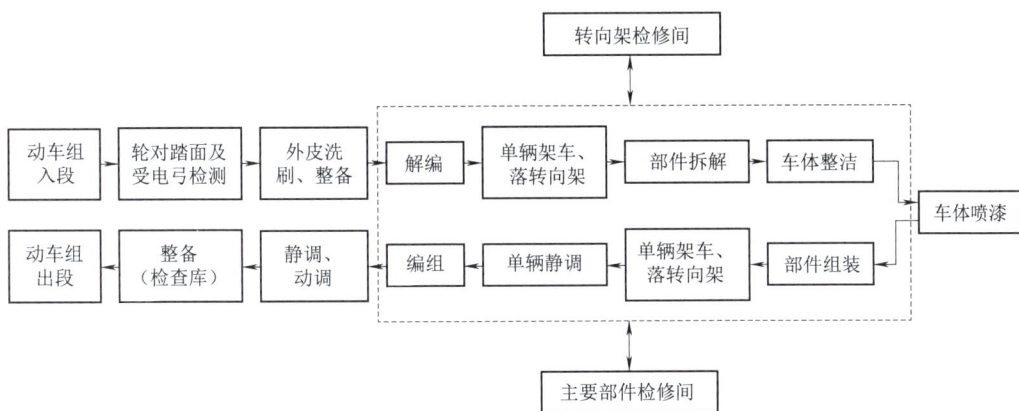

图 4-3　动车组四、五级修工艺流程

4.3　设 备 配 置

4.3.1　线路

1. 线路组成

动车段(所)设置的股道包括出入段线、走行线、牵出线、存车线、车体外皮清洗线、轮对踏面诊断线、检查库线、检修库线、不落轮镟轮线、临修线、静态调试线、动态试验线,根据需要可设置材料运输线、卸污线、解编线、人工清洗线等。

2. 有效长度

（1）存车线

存车线有效长应根据动车组长度、安全距离和信号设置要求确定。确定存车线长度的

各要素及距离为

信号机—警冲标:5 m;

有源应答器—信号机:20 m;

无源应答器—有源应答器:5 m;

动车组长度:8 辆编组最长 215.3 m;16 辆编组最长 430.6 m;

动车组以列控模式进入存车线,动车组停车位距进场信号机距离为 70 m,该长度组成为信号防护距离 60 m 加上 10 m 安全距离,60 m 为列控系统要求;

动车组以调车模式进入存车线,动车组停车位距进场信号机距离为 10 m,该长度为安全距离。

长度类型主要分为以下几种:

①满足停放两列 8 编组动车组,动车组以行车模式进入存车线,如图 4-4 所示。

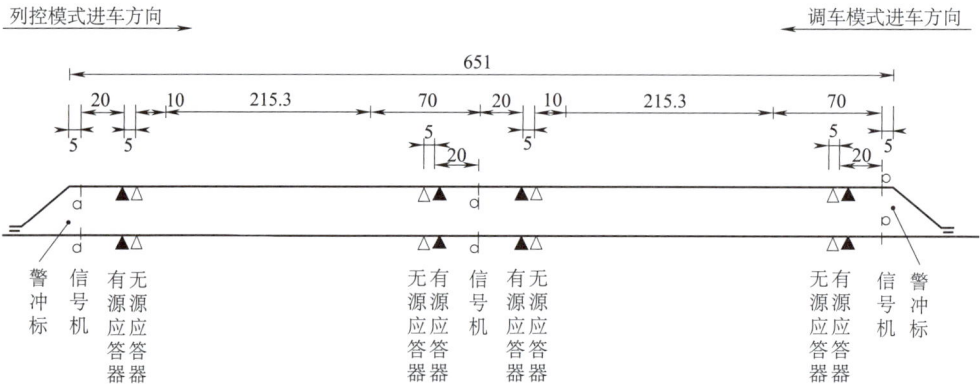

图 4-4　存车线有效长度一(单位:m)

②满足停放两列 8 编组动车组,动车组以调车模式进入存车线,如图 4-5 所示。

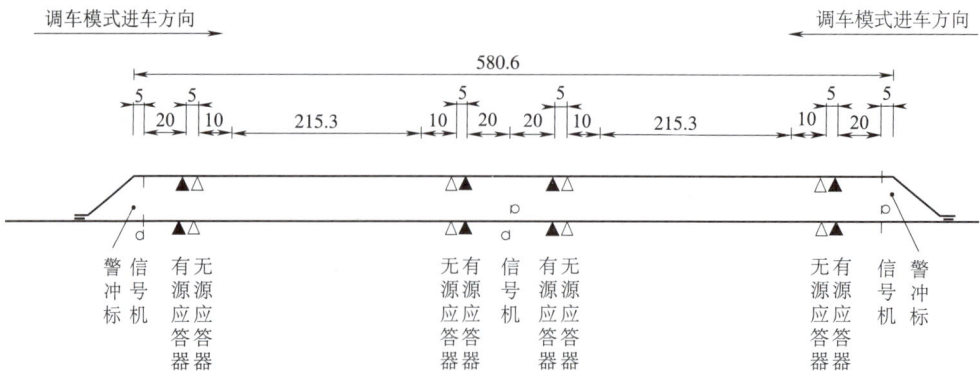

图 4-5　存车线有效长度二(单位:m)

③满足停放一列 16 编组动车组,动车组以行车模式进入存车线,如图 4-6 所示。

列控模式进车方向　　　　　　　　　　　　　　　　　　　　　　　调车模式进车方向

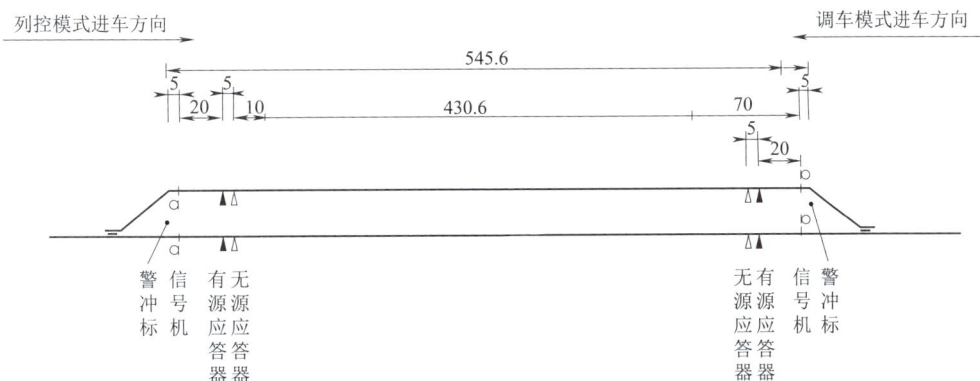

图 4-6　存车线有效长度三(单位:m)

④满足停放一列 16 编组动车组,动车组以调车模式进入存车线,如图 4-7 所示。

调车模式进车方向　　　　　　　　　　　　　　　　　　　　　　　调车模式进车方向

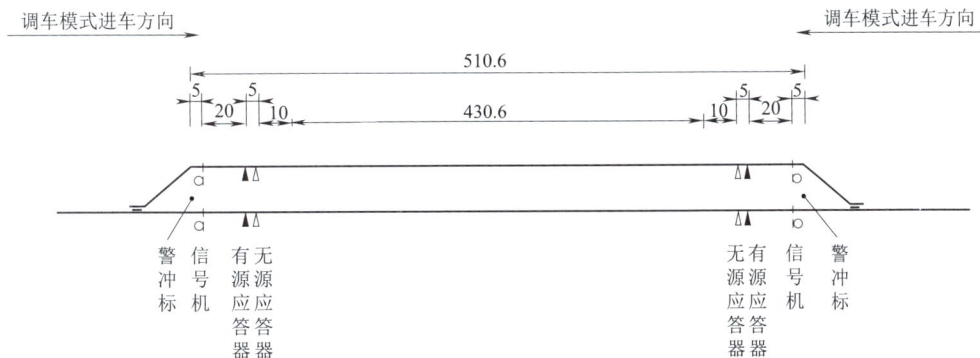

图 4-7　存车线有效长度四(单位:m)

(2)车体外皮清洗线

车体外皮清洗线一般采用贯通式布置。布置位置一般有三种。

①在存车场与存车线并列布置

车体外皮清洗线与存车线并列布置时,两端与其余存车线相连,接入存车场两端咽喉区。为不影响动车组进出存车场作业,要求车体外皮清洗线长度满足清洗装置两端各能够停放一列动车组,并要求洗车设施两端有一节车长的直线段,以保证进行清洗的单节车辆能够以直线方式进入设备区,避免设备和车体的损伤。

②在存车场与检查库间咽喉区布置

车体外皮清洗线位于存车场与检查库间咽喉区时,采用动车组自走行通过式洗车机,实现动车组从存车场进入检查库的过程中同时完成洗车作业。该种布置形式要求洗车设施两端有一节车长的直线段。

③在检查库前布置

这种布置方式与在存车场、检查库间咽喉区布置方式类似,都是实现动车组从存车场进入检查库的过程中同时完成洗车作业。不同的是库前布置洗车能够避免洗车作业长时间占压咽喉区,充分释放咽喉区能力。但需要库前长度满足洗车设施加一列动车组长度。

（3）轮对踏面诊断线

轮对踏面诊断装置一般布置在动车组入段线上,要求轮对踏面诊断装置两端股道设置一节车长的直线段。

（4）临修库线、不落轮镟轮修库线

临修库线、不落轮镟轮修库线可采用贯通式或尽头式布置。无论哪种形式,都要求有效长度按两列车长加库长来设置。

（5）检查库线

检查库线结合检查库形式统一设置。检查库长度根据动车组长度、检修工艺流程、运输通道宽度等因素确定。1线2列位短编组动车组和1线1列位长编组检查库长度宜为468 m,1线1列位短编组动车组检查库长度宜为246 m。

（6）检修库线

检修库线结合检修库形式统一设置。检修库长度无统一规定,根据动车组长度、检修工艺流程、运输通道宽度等因素确定。

（7）静态调试线

静态调试线长度满足整列车静止调试停放需要。

（8）动态调试线

动态调试线长度根据动车组性能、加速及制动距离、技术参数以及试验要求综合确定。一般考虑动车组试验速度不超过80 km/h,试验线长度约2 km。

3. 平面、纵断面

动车段总平面布置应符合下列规定:

（1）总平面布置应按远期规模规划,检修库、厂房建筑物和其他设备等可按近期规模实施。

（2）应根据生产工艺、环保、防火、卫生、通风、采光等方面的要求,结合地形、地质、水文、气象等自然条件,布置建筑物、线群、道路、管线及绿化设施。

（3）检查库线与存车场宜采用纵列式布置,存车场宜设置在靠近车站的一端,检查库宜采用贯通式设计。

（4）动车组检修、检查作业宜分线。检查应采用定位作业,检修可采用定位或流水作业。

（5）卸污线应根据作业需要设置,也可与检查库线或整备线合设。

（6）动车段(所、场)内道路应连接城市道路,段(所)内应有汽车回转条件。

（7）咽喉区布置:包括出入段咽喉区、存车场与检查库间咽喉区。出入段线目前均按双方向进路设计,咽喉区一般布置有车轮踏面及受电弓检测棚。出入段咽喉区和存车场与检查库间咽喉区的布置需要充分考虑动车组作业的灵活性。出入段咽喉区应能使动车组入段后进入任意一条存车线和临修、镟轮线。存车场与检查库间咽喉区布置应尽量增加每条检查库线衔接的存车线数量。动车段(所)规模较大时,还可将存车场与检查库进行分束分场布置,即设置多个并列的咽喉。

(8)临修线、镟轮线可结合地形布置在存车场旁、存车场与检查库咽喉区旁,或检查库旁。

(9)动车段(所)内的辅助生产生活房屋需结合主生产区位置来布置,以更好地配合完成生产作业。生产、生活区尽量相互独立。

(10)动车段(所)内线路宜设在平道上,最小曲线半径不应小于 250 m,困难条件下不应小于 200 m。长时间停放动车组的线路,曲线半径不应小于 400 m。轮对踏面诊断线、洗车库线、临修线、镟轮线、检查库线、检修库线、静调库线等各类库(棚)线、整备线应设在平直道上。除此之外,露天布置的线路如存车线、室外通过式洗车线、动态调试线等,基于其使用条件,平、纵断面要求如下:

①存车线

应设在平道上,困难条件下,咽喉区线路可设在不大于 6‰的坡道上。存车线线间距,有作业时不应小于 4.6 m,无作业且符合信号机设置要求时不应小于 4.2 m,设有接触网支柱或灯桥柱的存车线线间距不应小于 6.5 m。

②室外通过式洗车线

对于室外通过式洗车线,现行相关规范上未对其纵断面做严格规定。但为便于洗车机排水设计,一般考虑洗车机范围内股道为平坡。

③动态调试线

动调调试线为模拟正线条件对高级修后的动车组进行动态试验。故其平、纵断面需满足正线标准要求。

4. 通过速度要求

动车段(所)内各类型股道按照其作业内容的不同,动车组的通过速度也不尽相同。动车组在动车段(所)内的作业分为列控运行和调车运行两种。

列控运行:对于距离相邻车站距离较远的动车段(所),为提高动车组回段(所)速度,动车组从车站回到动车段(所)时可选择列控模式。其列控限速由列车调度员进行设置。

调车运行:调车运行主要为动车组在动车段(所)内的维护调车作业。按照《铁路技术管理规程》,调车作业要准确掌握速度及安全距离,并遵守下列规定:

(1)空线上牵引运行时,不准超过 40 km/h;推进运行时,不准超过 30 km/h;动车组后端操作时,不准超过 15 km/h。

(2)接近被连挂的车辆时,不准超过 5 km/h。

除此之外,部分动车组在线检测维护设备也有着各自的通过速度要求,主要为轮对及受电弓动态检测系统、动车组外皮清洗机。

轮对及受电弓动态检测系统:设备配套建设动态检测棚,在检测棚上部安装受电弓在线检测系统,在棚内股道上安装轮对故障在线检测系统。设备通过图像识别、超声波探伤等原理实现动车组轮对、受电弓的在线检测。检测时动车组从接触网受电自走行通过设备,为确保检测精度,设备检测作业的动车组通行速度要求为 8~12 km/h。

动车组外皮清洗机:动车组外皮清洗机分为两大类,一类为刷组固定,动车组走行的同时完成清洗作业;另一类是动车组固定,刷组移动完成清洗作业。对于第一类洗车设备,为保证动车组洗刷效果,洗车作业时动车组的走行速度一般为 3~5 km/h。

5. 各类动车组设施中的线路配置

动车段、动车运用所、动车存车场承担的作业范围和功能不同,其各自的股道组成也有所区别。

(1)动车段

动车段承担动车组的各级检修作业,配置的股道种类齐全,涵盖了上述各类型股道。

(2)动车运用所

动车运用所承担动车组的一、二级修、临修及存车作业。设置的股道有出入段线、走行线、存车线、车体外皮清洗线、轮对踏面诊断线、检查库线、不落轮镟轮线、临修线。根据需要可设置卸污线、客运整备线等。其中卸污线一般与检查库线或整备线合设。

(3)动车存车场

存车场配置的股道包括出入段线、走行线、存车线,根据需要可设置卸污线、客运整备线,卸污线一般与客运整备线合设。

4.3.2 运用、检修设备

1. 动车运用设备

动车段(所)运用设备主要包括车轮故障在线检测棚、洗车设施、检查库、临修及不落轮镟库。各设施功能即彼此独立又相互配合,共同完成动车组的运用维护。

(1)车轮故障在线检测棚

一般布置在出入段线上。动车组在入段走行的同时,棚内设备可完成动车组轮对、受电弓的动态检测,为维修作业提供数据基础。

(2)洗车设施

洗车设施清洗的是动车组的外表面,目前主要分为两种:一种为动车组固定、洗车机刷组移动洗车,一种为洗车机刷组固定、动车组走行的同时完成洗车。

(3)检查库

检查库是动车组完成一、二级修的主要场所。动车组入库并停放好后,由作业人员对动车组功能进行测试,并对车体外观进行检查、对磨耗件进行更换等。

(4)临修库及不落轮镟库

临修库、不落轮镟修库因工作条件要求基本一致,故一般合并设置。临修库主要完成动车组的临时修理作业,一般包括转向架、轮对的更换、车顶受电弓、空调的检查、更换等。不落轮镟修库完成动车组轮对踏面的镟修作业。

2. 动车组检修设备

动车组检修设备主要包括检修库、转向架检修库、车体检修库、车体油漆库、部件检修库、调试(整备库)等。

(1)检修库

检修库是动车组进行高级检修的重要生产房屋。动车组在检修库内进行解编、架车、车体部件拆卸、组装、落车、编组等作业。是各高级检修作业的起点。

(2)转向架检修库

转向架检修库一般设置转向架检修流水线,包括转向架的清洗、拆解、构架检修、轮轴检修、电机检修、空气弹簧检修、组装台、试验台等。

(3)车体检修库

车体检修库对车体的裂纹、变形等事项进行维修。

(4)车体油漆库

车体油漆库主要对车体油漆涂层进行维修,主要包括腻子刮涂和打磨、油漆喷涂和干燥等。

(5)部件检修库

部件检修库的作业内容包括动车组车上、车下、车内各部件的下车检修作业。

(6)调试(整备库)

动车组在高级检修组装后,需进行动车组的静态调试,测试动车组的各项功能、尺寸是否满足运营需求。

3. 各类动车组设施中的运用、检修设备

动车段、动车运用所、动车存车场承担的作业范围和功能不同,各自的设备组成也有所区别。

(1)动车段

动车段承担动车组的各级检修作业,配置的设备设施齐全,涵盖了上述各类型设备。

(2)动车运用所

动车运用所承担动车组的一、二级修、临修及存车作业。设置的设备有车轮故障在线检测棚、洗车设施、检查库、临修及不落轮镟修库等运用维修设备。

(3)动车存车场

存车场主要考虑动车组的停放作业,一般只设置小规模的工具、备品仓库和适当的人员办公休息房屋。

4.3.3　设备规模

1. 设置原则

（1）动车段（所）设计应符合以下规定：

①符合铁路网规划，贯彻集中检修、分散存放的原则，满足动车组快速检修、安全可靠、高效运营的需求，布局合理。

②应根据服务范围、铁路运输组织方案以及配置动车组的车型和配属数量进行设计。

③应满足动车段（所）配属的动车组各级检修、整备作业需求，实现对动车组的快速检查，提高动车组周转和使用效率。动车组检修采用定期修与状态修、换件修相结合的模式。

以北京动车段为例，北京动车段作为全路主要的动车组检修基地之一，主要覆盖范围包括华北及东北地区。本着"辐射周边，服务全路"的设计原则，北京动车段既可以满足设计近远期北京枢纽内京沪、京哈方向本线、跨线动车组以及京津城际动车组高级修程的检修需求，还承担着派驻天津、济南动车组的三级修以上的检修任务。同时还包括京广客运专线、京沪高速铁路及京津城际相当部分的动车组运用、整备、存放任务。周边配套建有北京西、济南、沈阳、大连等多个动车运用所，承担动车组的检查、整备及一、二级检修任务。

2. 动车组检修任务量分配原则

动车组采用整列运用，整列维修的运行检修模式。当始发、终到站均设有运用检修设施时，动车组的存车线及检修工作量由双方共同承担；当始发、终到站只有一方设有运用检修设施时，动车组检修工作量全部由有检修设施的一方承担，存车线依据运行特点和列车种类双方各按对半的原则考虑。

3. 动车段（所）规模的确定

（1）存车线规模的确定

动车段（所、场）的存车线数量应根据动车组周转图确定的动车组最大停留数量和备用动车组数量确定。其中动车组周转图是根据动车组运行图及动车组修程修制编排的动车组运用计划，据此可以确定运用动车组的数量、存放地点，它是合理安排动车组整备、维修工作的重要依据。动车组运用采用循环运转制，可以安排不同区间的动车组套跑，可提高动车组使用效率，节省动车组购置费；不同区间的动车组套跑，需要通过周转图来实现；根据周转图安排动车组入段检查、检修，可合理配置动车段（所、场）规模。

在项目设计前期，由于客运量及动车组运行图不稳定、很难铺画动车组周转图。一般依据设计年度近远期动车组开行方案、动车组检修周期和检修停时、运行交路，按任务量进行分配，采用计算分析法确定动车段（所）规模。存车线数量按照运用车＋备用车计算，外段来本段过夜车及本段在外段过夜车按持平考虑。全路新建动车组设施的任务量分配采取以下原则：

动车组运行起讫点两端都有动车段或运用所的，配属按各 1/2 分别配属，存车线也按各 1/2 考虑。

只有一端有动车段或运用所的，动车组配属在有动车段或运用所的一端，存车线以动车段或动车所为主。始发终到区间过长，且对方有一定规模早发车需求的，可按动车段（所）与对方各设置 1/2 存车线考虑。

按此统一原则，全路动车段（所、场）可以得到较为合理的布局，与发车需求相匹配。

（2）检修规模的确定

动车段（所）的检修设施规模应根据其所承担的动车组对数、动车组编组、管辖范围内配属（运用）动车组数量、检修周期和检修时间等因素，经计算确定。动车段（所）的检修列位数量应根据各自年检修工作量、年工作天数、作业时间、不均衡系数分别计算，并预留发展条件。

检修列位数应按式（4-1）计算。

$$H = S \cdot T \cdot \beta / D \tag{4-1}$$

式中　H——检修库列位数，列位；

　　　S——年检修工作量，列；

　　　T——库停（作业）时间，d，按检修车型不同分别取值；

　　　β——不均衡系数，取值范围为 1.1～1.4；

　　　D——年工作天数，d，一二级检修为 365 d，三、四、五级修为 250 d。

（3）其他

①出入段线

动车段出入段线不应少于 2 条。衔接多个车站时，需分别检算通往各车站的出入段线数量。动车运用所、存车场宜设 2 条出入段线。目前，全路绝大部分动车运用所都设置 2 条出入段线，动车段的出入段线略多，如上海动车段 3 条、北京动车段 5 条、武汉动车段 4 条。

②轮对踏面诊断线

轮对踏面诊断线一般未单独设置，国内动车段（所）目前多设在出入段线处，个别设在存车场与检查库咽喉处。

③洗车线

洗车线分为机械洗车线和人工清洗线两类。目前对洗车周期尚没有严格规定，一般动车组入库作业前洗车。对于机械洗车线，可单独设于存车场旁，也可设在存车场与检查库间咽喉区的走行线上。一般四线检查库以下设置 1 条机械洗车线，规模增大时结合动车组配属情况酌情增加。人工清洗线可设于存车场或检查库旁兼做牵出线，一般每 3 条检查库线设 1 条人工清洗线。

④临修线

临修线用于处理动车运用所内动车组的临时修理作业，一般动车运用所设置 1 条临修线。

⑤镟轮修库线

动车组镟轮作业是周期性作业,可计算其需求数量。

$$H_x = S_x \times T_x \times \beta \times F_x / (C_x \times D_x \times 8)$$ (4-2)

式中　H_x——不落轮镟轮修库线数量,条;

　　　S_x——配属动车组的年总走行公里,km;

　　　T_x——1列动车组镟轮作业时间,h;

　　　β——不均衡系数,取值范围为 1.0~1.2;

　　　C_x——镟轮周期,公里,按检修车型不同分别取值;

　　　D_x——年工作天数,250 d;

　　　F_x——班制系数,单班制取 1,两班制取 2。

4.4　图　型　布　置

4.4.1　图型布置原则

动车段(所)是动车组维护维修的重要场所,配置了大量的多种类的设施、设备。其维护维修工艺是动车段(所)设计的核心内容,从根本上决定了动车段(所)的可用性、作业流畅性和作业效率,也代表着动车段(所)的设计水平。动车组的维护维修工艺通过各类设施、设备之间的逻辑关系、排布方式以动车段(所)的总平面布置得以体现。动车(段)的总平面布置是一项系统工程,需多个专业共同参与。在工程项目中需要工艺、站场、建筑、四电等专业协同完成。地形条件限制着动车段(所)的图型布置,在一定的地形条件下,工艺主导着图型布置,但在一定程度上也受配套设施的影响。因此,动车段(所)的图型布置需要将多方因素统筹起来,充分协调主要因素、次要因素,合理应用规程规范,大胆创新,以满足最大化的工艺需求为第一目标,兼顾投资节约化,实现动车段布局的科学性、先进性、合理性。具体布置原则可总结为以下几点:

(1)工艺流程是总平面布局考虑的首要因素,应优先选择作业流程顺畅的场段布局,尽量减少折角及往返作业;总平面布置理念还应紧跟设备设施的科技发展,选择与之相适应的工艺方案;

(2)应结合站型、地形地貌、合理布置段内线群、建筑物、道路、各种管线、环保等设施,力求紧凑、整齐;

(3)动车段(所)图型布置应符合动车组运用维修需求和发展。在工程项目中做到近远期有机结合,既要保证近期工程建设的经济性,也要兼顾远期工程实施的便捷性,尽量避免远期工程实施时对既有工程的影响。

4.4.2　动车段(所)布置图型

截至 2022 年,全国既有、在建及规划共 107 处动车运用所。其中已具备高级修检修能力的动车段有北京动车段、上海动车段、沈阳动车段、广州动车段、西安动车段、武汉动车段、成都动车段。各动车段(所)的图型布置基于统一的维修理念指导,但也有各自的特点。本节内容通过梳理、对比各动车段(所)的整体布置形式分析其各自的特点。

1. 动车运用所

为满足动车运用所的最佳作业流程,总平面布置应该从能力规模、检修工艺流程、功能分区、咽喉布置等方面进行综合考虑。力求所内检修流程顺畅,功能分区明晰,物流组织合理,近远结合,预留发展条件。当前,从布置形式上主要有纵列式布置和横列式布置两种形式,如图 4-8 和图 4-9 所示。由图 4-8 和图 4-9 可知,纵列式布置图型是将检修线与存车线纵向布置,多呈二级场布置形式。两束线至少有一束是贯通线,也可都贯通。在占地条件不受限制的情况下应优先采用这种形式,它调车作业少,有利于缩短段内停时,提高动车组使用效率,在管理上也比较方便。在二级场纵列式布置基础上,又发展出在检查库前设置缓存线的布置形式,如广州南动车所,见图 4-10 和图 4-11。检查库前布置存车线,待修和修竣动车组可快速进出检查库,提高了检查库利用效率,在库前考虑额外的走行线,会增加额外的占地面积。

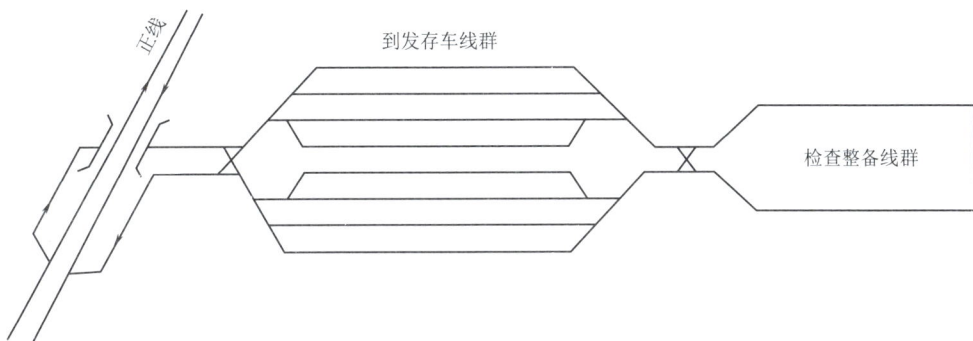

图 4-8　纵列式布置示意

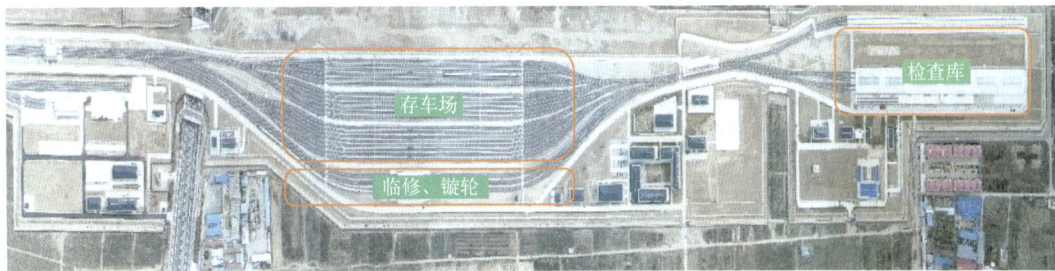

图 4-9　纵列式布置实例——雄安动车运用所

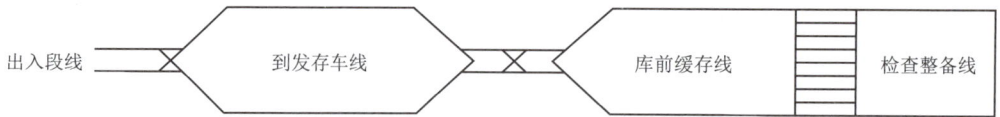

图 4-10 库前布置缓存线示意

图 4-11 库前布置缓存线实例——广州南动车所

如图 4-12 和图 4-13 所示,横列式布置图型主要优点是检修厂房布置较紧凑,便于集中管理,占地少。但动车组段内调车作业多,折角走行距离长,且在咽喉区干扰较大,使用效率相对较低。在用地条件受限,股道数量少、动车运用所规模较小时可考虑采用。

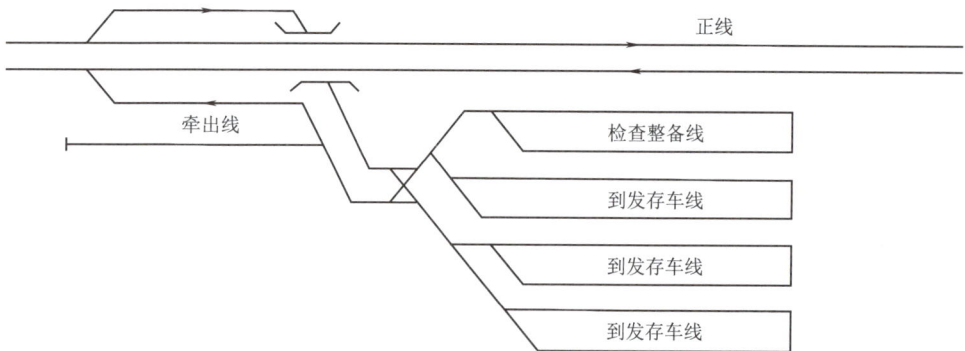

图 4-12 横列式布置示意

采用纵列式还是横列式布置图型,需要根据动车运用所远期规模及动车组检修作业流程,结合具体地形条件确定。当近远期规模相差较大时,还要考虑工程分期实施的可行性,留出施工空间以减少后期施工对运营的干扰。国内已建成的动车运用所多为纵列式布置,只有极少数的动车运用所(如上海南、北京北),由于受既有铁路用地限制,不得已采用了横列式布置。

图 4-13　横列式布置实例——上海南动车运用所

2. 动车段

动车段除了具备动车运用所的所有功能外,在其基础上增加了动车组高级修设施。动车段内的作业更加复杂,对工艺流畅性的要求更高,国内动车段目前均采用了作业灵活性好的纵列式布置。按照高级修设施位置的不同及与运用检修设施衔接方式的区别又可分为二级场、三级场、环形场布置图型。

(1)纵列式二级场布置图型

在纵列式二级场动车运用所布置的基础上,在存车场旁或检查库旁设置动车组高级修设施。整体布置形式仍为纵列式二级场,如图 4-14 和图 4-15 所示。

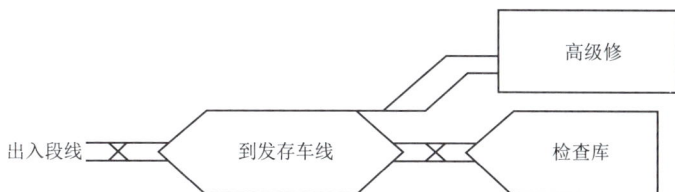

图 4-14　二级场布置一

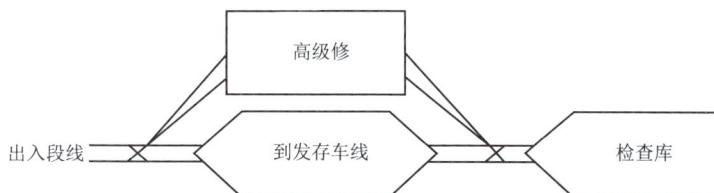

图 4-15　二级场布置二

这种布置形式布局上结构简单、较为紧凑,占地少。

国内动车段采用此种布置形式的有沈阳动车段、广州动车段、武汉动车段、成都动车段、西安动车段,如图 4-16～图 4-20 所示。

图 4-16　沈阳动车段布局

图 4-17　广州动车段布局

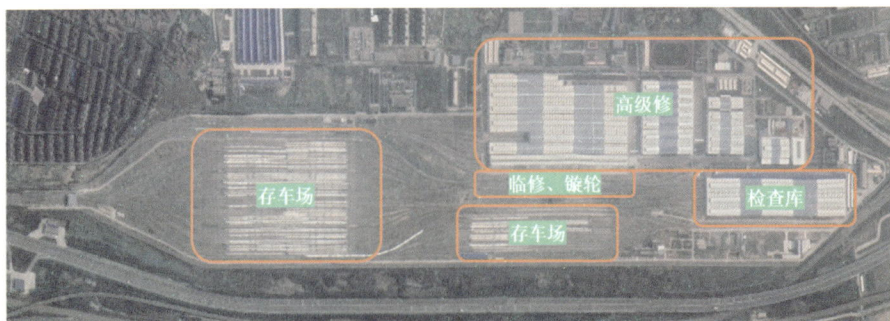

图 4-18　武汉动车段布局

图 4-19　成都动车段布局

图 4-20　西安动车段布局

(2)纵列式三级场布置图型

在纵列式二级场动车运用所的基础上,将检查库设为贯通式,动车组高级修设施设在检查库后方。存车场、检查库、高级修设施构成纵列式三级场布置。同时设置旁通线将存车场与高级修连通,如图 4-21 所示。

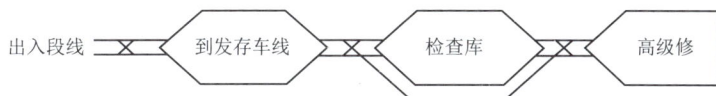

图 4-21　三级场布置

这种布置形式较二级场布置增加了检查库与高级修之间的联系,检查库为贯通式,作业更加灵活,但占地更加狭长。

国内动车段采用此种布置形式的为上海动车段。动车段的平面布置如图 4-22 所示。

(3)纵列式环形布置图型

除上述动车段布置形式外,结合地形条件,北京动车段采用了纵列式环形布置形式,如图 4-23 所示。

图 4-22　上海动车段布局

图 4-23　北京动车段布局

北京动车段的环形布置形式可理解为在纵列式二级场动车段的基础上，采用检查库贯通式布置，检查库两端分别与存车场连通。检查库采用贯通式布置减少了台位换班的等待时间，增加了检查库的有效利用率；检查库两边分别设置存车场，解决了单一咽喉的能力紧张问题；高级修利用环形布置围起来的空地，布局紧凑而节省。

从国内现有动车段布局来看，其总平面布置整体均选择纵列式，以提高段内作业效率。高级修设施与运用设施的布局情况结合各自的地形条件有所不同。在用地条件允许的条件下，宜尽量采用贯通式检查库，加强高级修设施与运用设施的联络通道，提升段内作业灵活性。

4.5　动车段（所）商业开发

2014 年 8 月，国务院办公厅发布了《关于支持铁路建设实施土地综合开发的意见》（国办发〔2014〕37 号），鼓励在"多式衔接、立体开发、功能融合、节约集约"的原则下，对铁路站场及毗邻地区特定范围内的土地实施综合开发利用。2016 年，中国铁路总公司公布《中国铁路总公司关于进一步明确土地综合开发有关事项的通知》，为铁路场站综合开发提供了政策层面的渠道。

　　铁路上盖综合开发既可盘活铁路用地资源,又有助于铁路地块融入城市,提升城市空间品质,实现铁路与城市协调发展。近年来,动车段(所)的上盖开发研究在铁路项目中逐步被重视,充分利用动车段(所)土地,在空间上提升土地利用效率是铁路项目中研究的一项重要课题。

　　动车段(所)上盖开发首先需要选择开发区域。动车段(所)平面布置主要分为存车场、检查库、检修库、生产生活辅助房屋区。其中存车场、检查库、检修库区域平面形状规整,具备上盖开发条件。生产、生活辅助区域房屋零散,标准不一,不利于上盖开发。

　　确定开发区域后的具体工作就是研究上盖形态、确定上盖支撑柱的尺寸及排布方式。动车段(所)上盖开发的前提是保障动车段(所)的能力、工艺作业的安全、顺畅,存车场、检查库、检修库上盖开发支撑柱排布需结合各区域具体工艺需求来设计。

　　存车场:存车场由多条存车线组成,且一般按6~8条分束布置。同一束线内股道间距为4.2 m(无作业)或4.6 m(有作业),支撑柱排布时需在此间距基础上结合支撑柱尺寸确定股道间距。

　　检查库:检查库内配有多项移动设备,且各股道需共用设备,因此上盖开发需保证各股道之间的联系。一般考虑每两条检查库线立一排支撑柱。

　　检修库:检修库承担动车组高级修作业,对作业空间的面积、完整性需求更大,作业空间的切割会对检修作业产生较大影响,因此对上盖开发的限制也更多。

　　无论是存车场、检查库还是检修库,都属于生产厂房(区),存在夜间作业、噪声大、夜间光照强等特点。上盖开发形态的选择和结构设计需充分考虑下方的作业特点,做到"上""下"的有机结合,在空间的利用上做到高效、合理。

　　国内目前尚没有建设完成的动车段(所)上盖开发工程。典型的大范围上盖开发的段(所)为杭州动车运用所,目前正处于设计阶段,其占地面积约1 277亩(约85万 m²),其中首层平台高度9.8 m,盖板面积约49万 m²。存车场及检查库均采用2线一跨布置上盖结构立柱。

第5章　高速铁路枢纽

在铁路干线、支线的交汇点或终端地区，由各种铁路线路、专业车站以及其他为专业运输服务的相关设备组成的综合体系称为铁路枢纽。铁路枢纽是连接铁路干、支线的中枢，枢纽客站是多种交通运输方式融合的综合交通枢纽的主要组成部分，也是融合多种功能服务于城市的中心。伴随着经济社会的快速发展和技术水平的不断提升，我国轨道交通呈多层次、多制式、网络化发展趋势，铁路枢纽内客运系统一般由高速系统、普速系统、城际系统、市域系统共同构成，枢纽内各客运系统既相对独立、又紧密联系。

1. 高速系统

高速系统指枢纽内拥有的客运专线骨架干线以及联络线、相关客运站、动车段(所)等设备组成的综合体系。客运专线骨架干线是指我国的中长期铁路网规划中为了满足快速增长的旅客运输需求，统筹考虑覆盖目标、客运需求、通道在路网中的作用，并结合既有路网情况等因素，规划提出的以"八纵八横"为主骨架的客运专线线路。

2. 普速系统

普速系统是指枢纽内拥有的普速干线、支线以及联络线、相关车站、客车整备所、车辆段、机务段等设备组成的综合体系。普速干线是全国铁路网的重要组成部分，是铁路货运网络和普速客运网络的骨干，承担着服务保障国家战略、支撑引领经济社会发展、满足人民基本出行需要、促进国土开发和巩固国防安全等重要任务。

3. 城际系统

城际系统是指枢纽内拥有的城际铁路线路以及联络线、相关客运站、动车段(所)等设备组成的综合体系。城际铁路是指专门服务于相邻城市间或城市群的快速、便捷、高密度客运专线铁路。由于城际铁路能够适应城际客流分布特征，为旅客提供公交化的运输服务，保证高峰时段和非高峰时段的旅客出行需要，并具有强大的运输能力，所以此种交通方式是对干线铁路网的重要补充和完善，是铁路网的重要组成部分。

4. 市域系统

市域系统是指枢纽内拥有的市域铁路线路以及联络线、相关客运站、动车段(所)或机辆设施等设备组成的综合体系。市域(郊)铁路作为新兴铁路的一种，是铁路在城市范围内的客运服务的延伸，随着新型城镇化战略的实施，大型城市中心城以外地区要求线网延伸、拓展服务面,城市空间拓展、长距离出行需求增加,有些枢纽内就有了市域铁路。

随着高速铁路的引入,绝大多数铁路枢纽总图布局、客货运输结构发生了根本性改变,枢纽内高速铁路的规划方案对城市发展和人们生活具有深远影响。

5.1　高速铁路枢纽规划的影响因素和规划原则

5.1.1　铁路枢纽高速系统的组成

高速铁路引入铁路枢纽,需要实现路网跨线运行,办理车站客运作业、以及动车组的停放和检修,一般需要配备以下设备。

(1)高速铁路线路。包括引入正线、联络线、动车出入段走行线。

(2)高速铁路车站。包括始发站、中间站等。

(3)动车段(所)。包括动车段、动车所、存车场等。

5.1.2　规划影响因素

铁路枢纽是路网的关键节点,线路通过枢纽组成路网,枢纽与路网是紧密结合的点与线的关系。高速铁路引入铁路枢纽的规划要在国家政治、经济大政方针和铁路行业发展建设目标指引下进行,同时又要与城市的总体规划相互融合。高速系统规划的影响因素主要有以下几个方面:

1. 路网规划

路网规划包括全国铁路网规划、区域铁路网规划、城际铁路网规划、市域(郊)铁路网规划等。高速铁路客运系统布局,要与各项路网规划紧密结合;应承接高速铁路网规划,贯彻国家方针政策和行业总体发展目标;应综合考虑点线能力协调,枢纽能力和站点能力与路网线路能力协调匹配。

2. 城市规划

城市规划包括城市总体规划、综合交通枢纽规划、城市轨道交通规划等。高速铁路引入枢纽,尤其是高速铁路车站建设必然对区域内政治、经济、文化、交通等方面产生重大影响,高速铁路线路走向和站点设置需要与城市规划相协调,以更好地服务地方,支撑引领城市规划发展。

3. 普速系统规划

普速铁路系统作为枢纽内的主要设施设备应得到充分的利用及统筹,高速铁路枢纽规划方案需对普速系统(客运、货运)总体布局、既有客运系统能力进行研究,统筹线路通道、设施共用等方面,既不对普速铁路设施产生较大影响,又能协调统筹相关资源。

4. 引入线路技术特征

引入线路的技术特征主要有铁路等级、正线数目、设计速度、最小曲线半径、最大坡度、到发线有效长度等。枢纽内高速铁路线路和车站设置需要满足引入线路技术特征的要求。

5. 引入线路客流特征

客流特征包括客运量、流向和客流性质。客流性质根据旅行距离划分为长途客流、城际客流，根据运行线路划分为本线客流、跨线客流，根据作业方式划分为始发终到、通过客流。长途客流需求为减少停站和快速到达，城际客流需求为增加停站频次和便于乘车；通过客流需求为快速通过，始发终到客流需求为深入城市中心。引入线路的客流特征决定着高速铁路运输服务的需求，是高速铁路线路引入、客站布局需要统筹考虑的重要因素。

6. 工程条件

工程条件主要包括地形、地质、气象、水文等自然条件，以及山川湖海分布、城市道路、厂矿企业等控制点。工程条件对规划线路引入、客运站点布置有较大影响，从而影响枢纽整体布局。高速铁路引入枢纽规划方案应结合工程条件，进行多方案经济技术比选后确定。

7. 环境因素

环境因素包括环境敏感点、文物、土地、资源、人文等。近年来，国家对于生态环境保护等的政策要求越来越高，其已成为线路走向选择、客站设置、配套设施选址等必须考虑的因素。

5.1.3 规划主要原则

枢纽内高速系统布局，应根据路网规划和城市总体规划要求，按照统筹规划、立足长远、近远结合、分期实施，并贯彻系统性、前瞻性、经济性原则，着重在点线协调、多网融合、客内货外、充分利用既有设施等方面统筹研究，实现枢纽布局优化和功能完善。主要遵循以下原则：

1. 高速系统规划应同路网规划相协调

高速铁路线路和车站是铁路枢纽的重要组成部分，枢纽内引入线路数量、引入方式、技术标准以及客站布局和规模应能满足路网规划及其发展需要。枢纽布局应满足路网各方向线路合理衔接，枢纽运输能力应同路网干线能力相协调。

2. 高速系统规划应同城市规划相协调

高速铁路引入枢纽、引入城市必须从全局出发，综合考虑高速铁路线路及车站与城市总体规划之间的协调统一关系，尤其是高速铁路车站，设置高速铁路车站的城市，都将高速铁路车站作为带动车站周边地区经济发展、促进城市发展的重要引擎，高速系统规划要同城市规划布局相协调，与城市其他交通方式有机融合、互相促进，发挥对城市经济社会带动作用，服务于城市的规划及发展。

3. 高速系统规划应同普速、城际、市域系统规划相协调

高速铁路的引入应以不影响既有货运系统的总体布局为宜,可根据枢纽内普速客运系统规划布局,尽量利用既有客运通道和设施。且需与城际、市域系统规划统筹考虑,融合、协调发展。

4. 高速系统规划应构建客货分线、客内货外、多点发车、车流顺畅的枢纽格局

实现客货列车分线运行,不仅可以释放既有铁路货运能力,还可以提高客运服务质量,便于运营管理、养护维修以及保障高速铁路运营安全,因此高速铁路引入枢纽应遵循铁路客货分线、高速铁路相对独立运营原则。

为了实现以人为本、坚持服务旅客出行的核心理念,提升枢纽客运服务水平,高速铁路引入枢纽应秉持"客内货外"原则,客运站应充分考虑城市的空间结构、发展规划、TOD 等因素设置在城市的中心,货线设于城市外围,减少对城市的干扰。

枢纽内一般有多个客运站,为方便城市不同区域旅客出行需要,可设置必要的联系通路,实现多个客运站发车功能。

枢纽内线路走向、客站布置应尽量满足通过车流顺畅快速通过,始发终到车流深入城市中心。主要车流应径路便捷,避免过多折角运行。

5.2　铁路枢纽高速系统布置图型

铁路枢纽包含客运、货运系统,客运系统又可分为普速、高速、城际、市域等系统,综合各系统后的铁路枢纽总布置图统一划分图型类型非常困难。高速铁路一般自成系统,为便于归类和研究,本节重点研究高速系统布置图型。受路网规划等影响图型布置的因素影响,高速铁路线路、车站、动车段(所)等设施数量、规模和分布各不相同,形成了各有特色的高速系统布置图型。

5.2.1　一站式图型

一站式图型是枢纽高速系统较为简单的布置图型,其主要特征为:枢纽内仅有一个高速铁路客站,各衔接线路的客运作业均集中在客站办理。该图型铁路及城市配套设施集中、运营效率高、旅客乘车便利,因高速列车全部集中在一站作业,部分跨线车流存在折角运行。该图型通常适应于衔接方向较少或者枢纽高速铁路系统建设初期时采用。

衔接两个方向的图型如图 5-1 所示。枢纽内仅有 1 条高速铁路线路通过,设有 1 座铁路客站,衔接 A、B 两个方向。

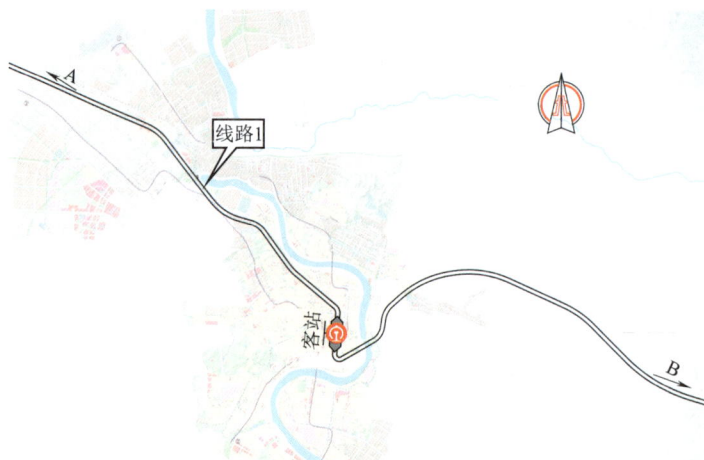

图 5-1　衔接两个方向的一站式图型

衔接三个方向的图型如图 5-2 所示。枢纽内有 2 条高速铁路线路引入 1 座铁路客站，其中干线 2 为第三方向按照方向别引入，车站衔接 A、B、C 三个方向。

图 5-2　衔接三个方向的一站式图型

衔接四个方向的图型如图 5-3 所示。枢纽内有 2 条高速铁路线路按照线路别引入 1 座客站，车站衔接 A、B、C、D 四个方向，南端设有 A 至 C 方向的西北联络线，BC 间跨线车流在客站折角运行，动车段（所）设置在客站南侧，分别与客站两车场连通。

衔接五个方向的图型如图 5-4 所示。枢纽内有 3 条高速铁路线路按照线路别方式引入

1 座铁路客站,其中两条线路为贯通式,衔接 A、B、C、D、E 五个方向。枢纽南端设有 B 至
D、E 方向联络线,C 至 E 方向联络线以及 E 方向的立折线。动车段(所)设置在客站北侧,
分别与客站三个车场连通。

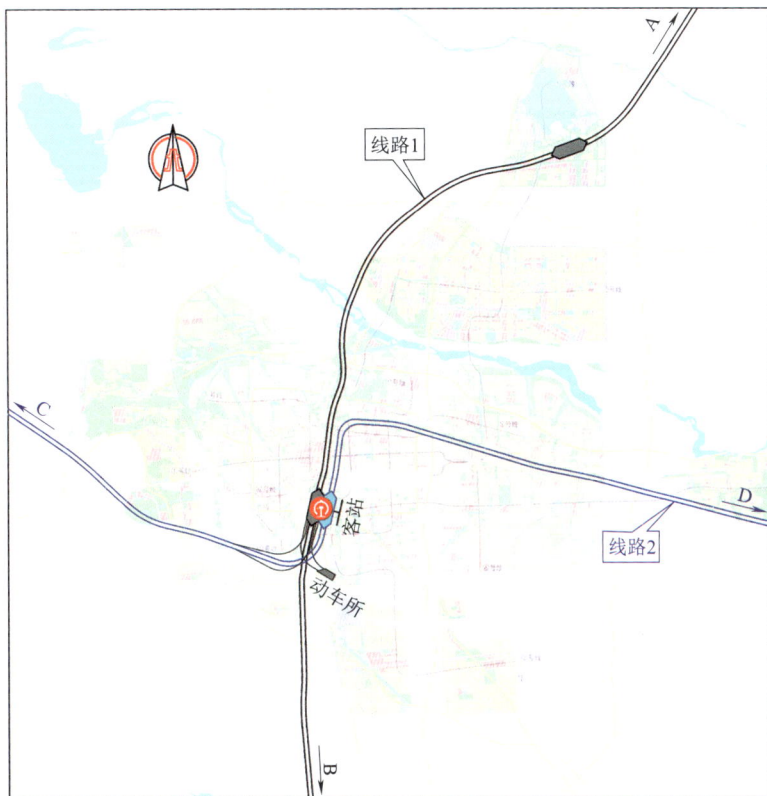

图 5-3　衔接四个方向的一站式图型

　　衔接六个方向的图型如图 5-5 所示。枢纽内有 3 条高速铁路线路按照线路别方式引入
1 座铁路客站,车站衔接 A、B、C、D、E、F 六个方向,北端设有 A 至 F 方向的下行联络线,
B 至 C 方向的上行联络线,E 至 B 方向的上下行联络线(东南联络线),南端设有 F 至 A 方
向的上行联络线。动车段(所)设置在客站北侧,四条动车走行线分别与客站三个车场连通。

5.2.2　T 形图型

　　T 形图型主要特征为:枢纽有第三方向线路接轨,且设两个客站;枢纽衔接三个方向,线
路呈 T 字形布置,两个客站根据城市的发展要求选址,可位于同一干线上,也可分散布置在
不同干线上。

　　两个客站位于同一干线上的枢纽图型如图 5-6 所示。枢纽有 2 条高速铁路线路引入,
衔接 A、B、C 三个方向,其中线路 2 为第三方向引入。设有 2 座客站,客站选址根据城市布
局均位于线路 1 上。

图 5-4　衔接五个方向的一站式图型

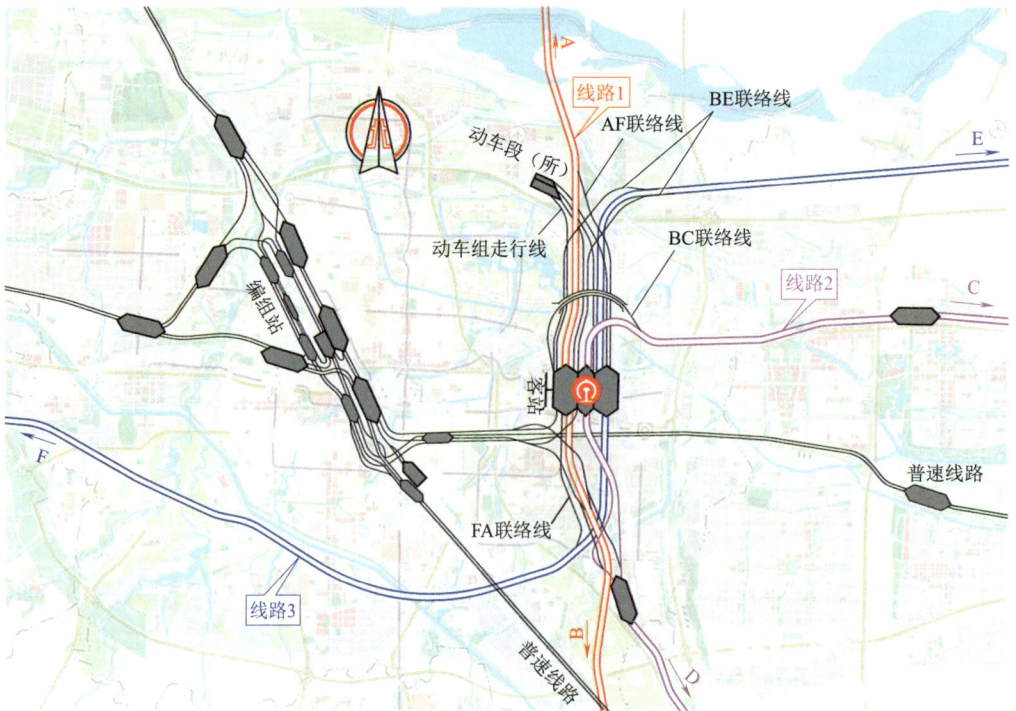

图 5-5　衔接六个方向的一站式图型

图 5-6　两客站位于同一干线上的 T 形图型

客站位于不同干线上的枢纽图型如图 5-7 所示。枢纽有 2 条高速铁路线路引入,其中线路 2 为第三方向引入,衔接 A、B、C 三个方向,设 AC 及 BC 方向联络线。设有 2 座客站,两客站根据城市布局分别位于线路 1 及线路 2 上。

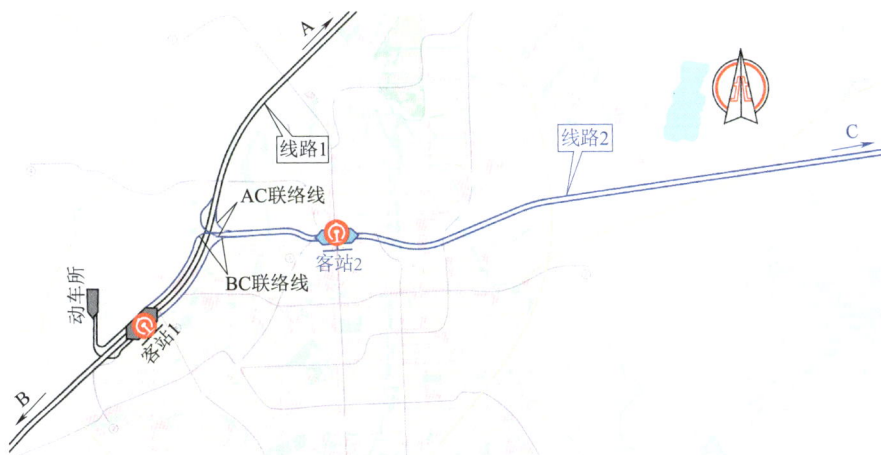

图 5-7　两客站位于不同干线上的 T 形图型

5.2.3　十字形图型

十字形图型主要特征为:一般有 2 条以上高速铁路呈十字形引入,设有 2 座以上客站;客站选址根据城市布局可分别位于十字形分布的不同线别上,也可位于十字形分布的同一线别上。

客站位于不同线别的十字形枢纽图型如图 5-8 所示。枢纽共有 2 条高速铁路线路引入,线路 1 同线路 2 呈十字形布置,衔接 A、B、C、D 四个方向,设 AD 及 AC 联络线。设有 2 座铁路客站,分别位于线路 1 和线路 2 上。一般情况下,两客站分别办理本线旅客列车始发终到及通过作业,两线间交换车流通过设置联络线的形式办理,车站选址需兼顾跨线车流顺畅运行的要求。

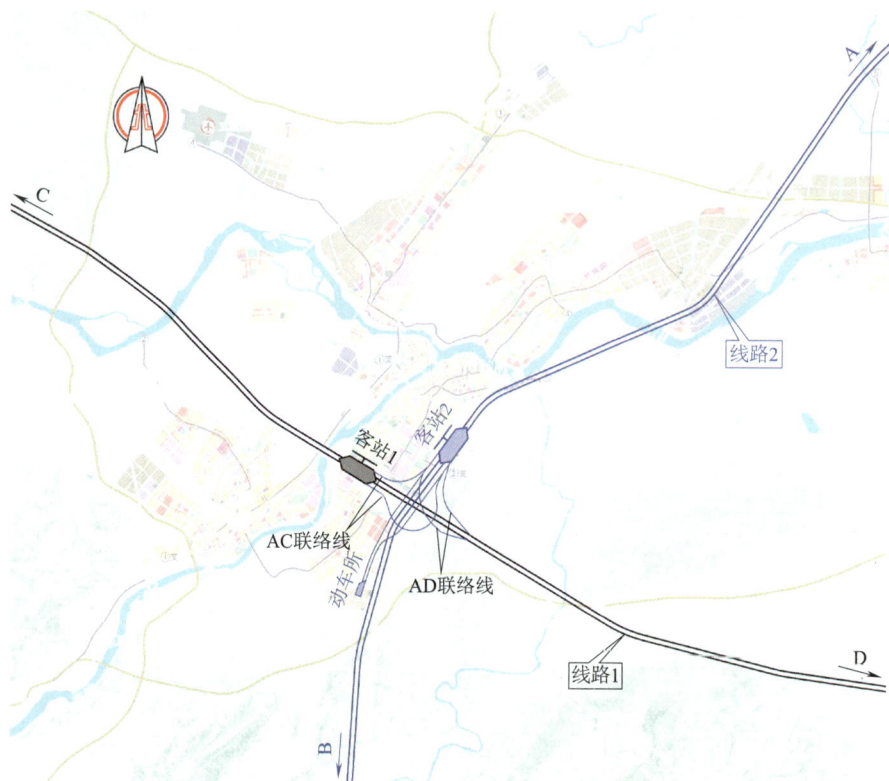

图 5-8 客站位于不同线别的十字形枢纽

图 5-9 为客站位于不同线别的十字形枢纽图型,同上图 5-8 不同在于引入线路 1 和线路 2 呈现不规则十字交叉,此外,两条十字交叉线路局部共站设置,此种图型是结合既有设施条件而形成的。

客站位于同一线别的十字形枢纽图型见图 5-10,线路 1(A 至 B 方向)和线路 2(C 至 D 方向)呈"十"字交叉引入,线路 3(E 至 F 方向)从枢纽西南引入,同线路 1 共通道走行。设客站 2 座,两客站均位于线路 1 和线路 3 组成的通道上。

5.2.4 顺列式图型

顺列式图型主要特征是:各衔接高速线路集中在枢纽两端引入,设 2 座以上客站,受地理环境、城市发展控制,客站呈纵列式串联布置,即客站布置在枢纽一条伸长的铁路通道上。如图 5-11 所示,枢纽衔接 3 条高速铁路线路,线路 1 南北贯通引入,线路 2 自枢纽西北端、线路 3 自枢纽东北端引入,设 2 座主要客站,两客站在枢纽内同一通道内顺列布置,与各线均连通。

图 5-9　客站位于不同线别的十字形图型（不规则）

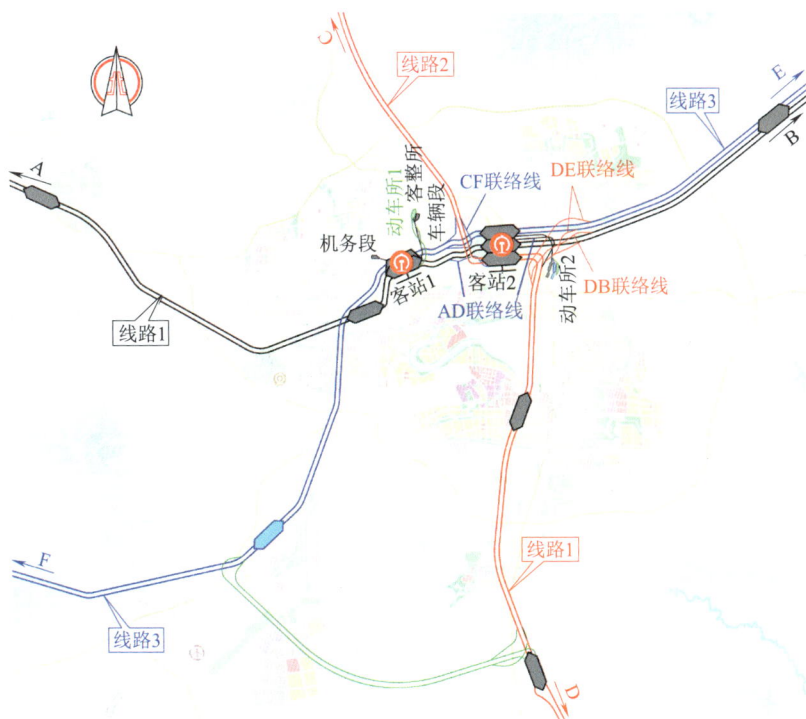

图 5-10　客站位于同一线别的的十字形枢纽

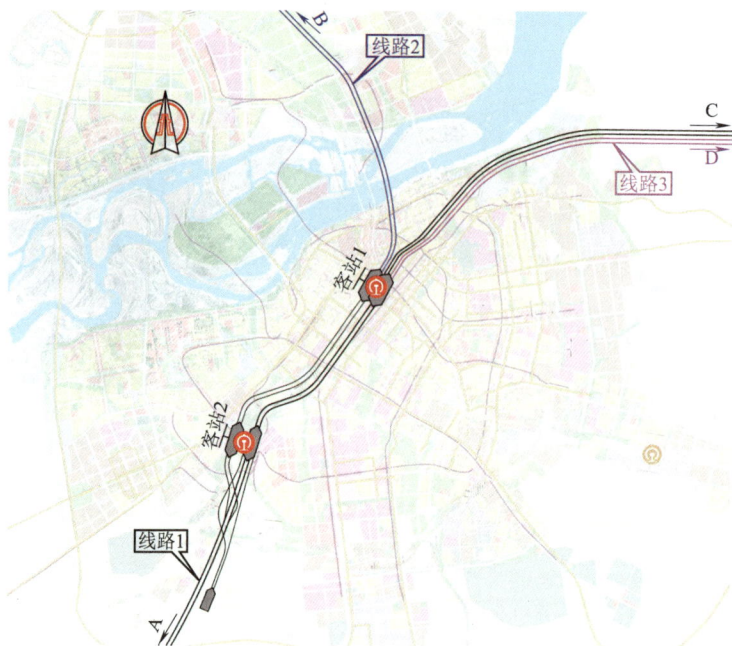

图 5-11　顺列式图型

5.2.5　并列式图型

并列式图型主要特征是:多条高速铁路引入枢纽,形成基本平行的两条高速铁路通道,一般情况下,两条客运通道分别位于城市两侧,在各自通路上分别设有客站。

如图 5-12 所示,枢纽有 2 条高速铁路线路沿基本平行的 2 个通道引入,并分别于中心城区和城市边缘设置客站,两客站分别承担各自干线车流到发作业,干线间客车交流通过设置联络线实现。

5.2.6　尽端式图型

尽端式图型主要特征为:高速铁路线路均终止于枢纽,枢纽内客站为尽端式车站。一般情况下该类枢纽位于滨海地区或者边疆地区。

位于滨海地区的枢纽图型如图 5-13 所

图 5-12　并列式图型

示。枢纽位于滨海地区,枢纽内 2 条高速铁路线路共通道引入客站,设 2 座客站呈顺列式布局,高速铁路线路终止于尽端式客运站。

位于边疆地区的枢纽图型如图 5-14 所示。枢纽位于路网的尽头,枢纽内仅有 1 条高速铁路线路引入,终止于尽端式客运站。

图 5-13　尽端式图型一

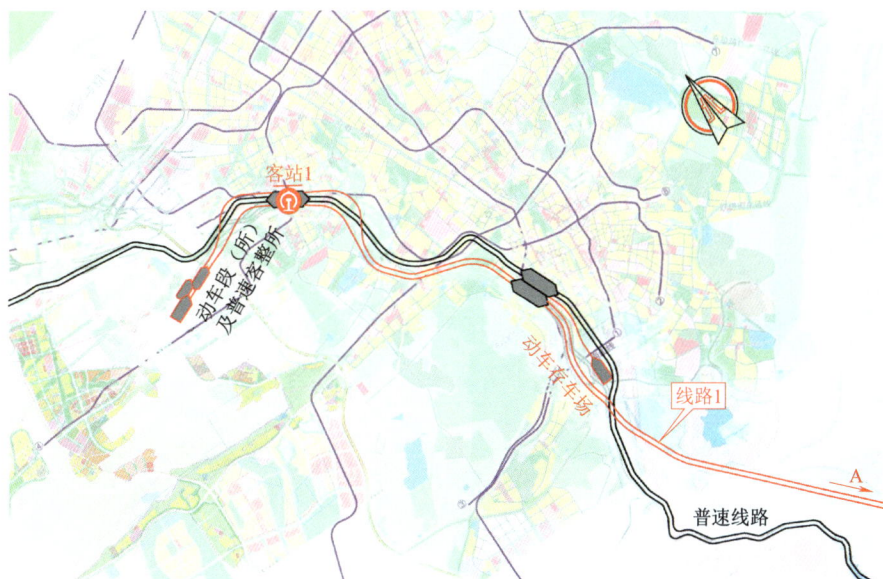

图 5-14　尽端式图型二

5.2.7　环形图型

环形图型的主要特征是：多条高速铁路线路自不同方向引入枢纽，正线或者联络线连接成环状或半环状，多个客站设置在环状或者半环状线路上，各个方向线路以及各个车站连通性好，运输组织灵活。

环形枢纽图型如图 5-15 所示，枢纽内共有 4 条高速铁路线路引入，衔接 7 个方向，设有 AG、BE 等联络线。线路 1、线路 3、线路 4 以及 AG 联络线、BE 联络线连接成环状。枢纽内设有 3 座客站，其中客站 1、客站 2 位于环线上。动车所 1 位于客站 1 西侧，动车所 2 位于客站 2 北侧。

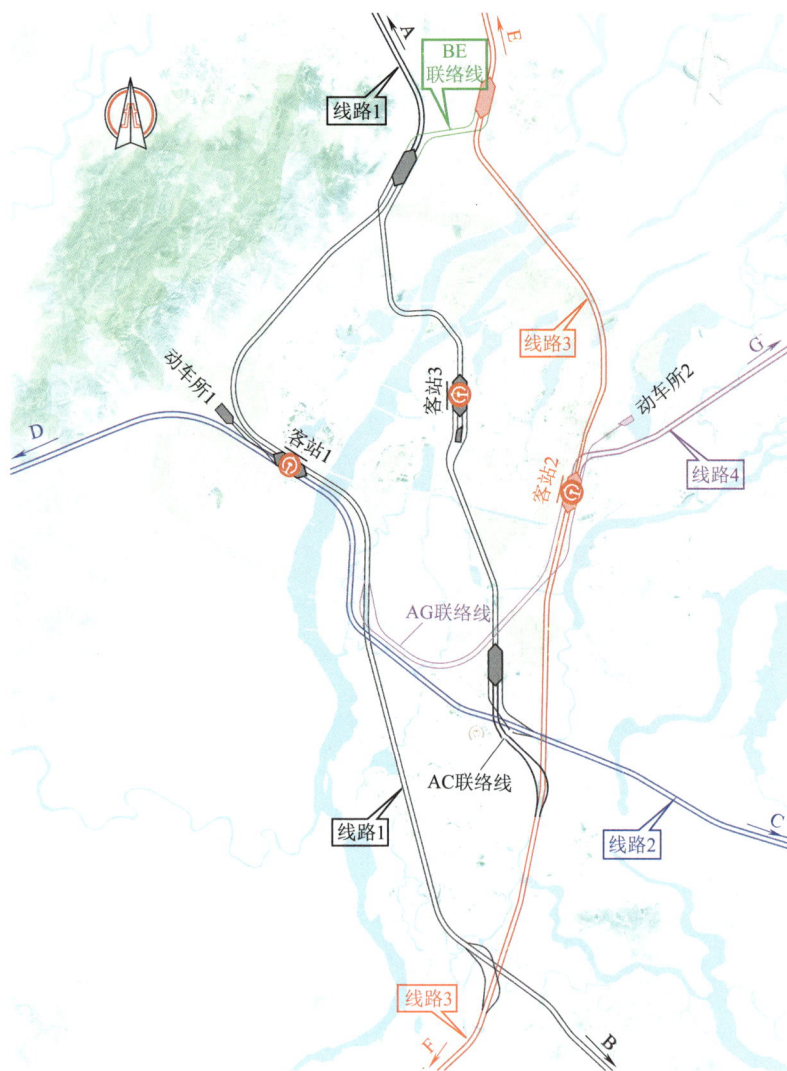

图 5-15　环形枢纽

客站 1 办理线路 1、线路 2 和线路 4 始发终到(立折)以及衔接方向通过列车作业,客站 2 办理线路 3 和线路 4 始发终到(立折)以及衔接方向通过列车作业。客站 3 主要办理枢纽内城际列车作业。客站承担作业以各自联通的主要干线为主,同时通过联络线可实现枢纽内线路间跨线车转线以及多点发车功能。

5.2.8　放射形图型

放射形图型的主要特征是:多条高速铁路呈放射状引入枢纽,枢纽内分方向设置多个客运站,枢纽内车流以始发终到为主。

放射形图型如图 5-16 所示,枢纽内共有 8 条高速铁路线路引入,高速铁路线路向枢纽外各方向呈放射状引出,枢纽内设有 8 个客站,均位于放射状线路的始端。设有客站 2 至 C 方向和客站 3 至 D 方向联络线。客站 1 办理线路 1 和线路 2 始发终到(立折)作业,客站 2 办理线路 3、线路 5 始发终到(立折)作业,客站 3 办理线路 7、线路 8 始发终到(立折)作业,客站 4 办理线路 7 始发终到(立折)作业,客站 5、客站 6 办理线路 6 始发终到(立折)作业,客站 7 办理线路 4、线路 5 始发终到(立折)作业,客站 8 办理线路 8 始发终到(立折)作业。设动车段(所)6 座,动车段 1 位于客站 1 西南侧,动车所 2 位于客站 2 西侧,动车所 3 位于客站 4 北侧,动车所 4 位于客站 6 北侧,动车所 5 位于客站 7 西侧,动车所 6 位于客站 8 东侧。各客站承担作业以衔接主要干线的始发终到作业为主。

图 5-16　放射形枢纽图型

5.2.9　组合式图型

组合式图型是指以上几种图型相结合的布置图型,因引入线路数量、方向、客站数目不同,城市规划和建设时序各异,在一些大型铁路枢纽往往形成上述图型的组合。

图 5-17 为组合式枢纽图型,枢纽内共有 7 条高速铁路线路引入,衔接 11 个方向。枢纽建设早期,线路 1 呈东北-西南走向、线路 2 呈西北-东南走向引入,线路 3 南端引入,线路在客站 2 和客站 3 间共通道走行,形成顺列式枢纽布局。之后,线路 4 与线路 6 引入,建设客站 4,与线路 1、线路 2、客站 2、客站 3 形成十字形格局;线路 5 的引入和客站 5 的建设,与线路 1、线路 2、客站 2、客站 3 形成并列式格局;随着相关联络线的建设和规划,枢纽形成多个环形并存的格局。

图 5-17　组合式枢纽图型

5.3　高速铁路枢纽内线路

高速铁路枢纽内线路包括引入正线、联络线等。枢纽内通过这些线路的设置,实现路网干线与客运站、客运站间、路网干线间的合理衔接。

5.3.1　高速铁路正线

枢纽内高速铁路正线是指连接枢纽内客运站并贯穿枢纽或直接进入车站(尽端式)的干线线路。枢纽内高速铁路正线一般与衔接线路的技术标准一致,线路走向宜尽量顺直,城市范围内,为减少拆迁等对城市的影响,也可适当降低技术标准。高速铁路正线宜尽量与枢纽内既有线、道路、河流等并行,以减少对城市的分割。

1. 引入枢纽方式

一般有直接引入、汇合引入、分散引入三种方式。

直接引入方式,即高速铁路正线直接引入客站,这种引入方式最为普遍。

汇合引入方式,即两条以上的高速铁路线路在枢纽前方站或线路所等处合并后,共用线路引入枢纽客站的方式。共用线路会减少高速引入线工程量,节省工程费用;但共用段列车对数较多,且存在两条干线列车同时到达的干扰,需要检算共用段区间通过能力。

分散引入方式,即一条高速铁路正线引入枢纽时,引出枢纽内多条线路的方式。一般用于跨线运行或者多点发车的情况。

2. 引入枢纽敷设方式

根据枢纽地形条件、城市规划要求等,高速铁路正线引入枢纽的敷设方式有地面引入、地下引入两种方式。地面引入方式,即高速铁路线路以桥梁、路基形式引入枢纽。地下引入方式,即高速铁路线路以隧道形式引入枢纽。

3. 引入枢纽通道

根据枢纽自然环境和客运站位置,高速铁路正线引入枢纽可与既有铁路共通道并行;也可并行河流、道路等城市廊道;客运站位于城市边缘时,可开辟新的通道。

4. 引入枢纽客运站方式

高速铁路正线引入枢纽客运站,可有引入既有客运站、引入新建客运站、分别引入既有客运站和新建客运站双引三种方式。

新建线路引入枢纽既有客运站能够充分利用既有客站客运设施,缩短旅客出行时间,提高换乘便捷度。这种引入方式因既有客站位于城市中心,往往发展空间受限且正线引入困难。

引入新建客站方式的主要优点是建设工程条件好、发展空间大,同时能够带动城市发展,但新建客站的城市配套需要及早完善,以利于旅客便捷出行。

双引方式可实现干线在枢纽内多点发车,兼具上述两个方案优点,但因需修建联络线工程投资较高,具体方案的选择需进行多方案比选后确定。

5.3.2　联络线

枢纽联络线是把枢纽内的车站与车站、车站与正线及正线与正线衔接起来的线路。其主要作用为：连通路网干线，实现高速列车跨线运营；分散枢纽内主要干线及车站的列流，以增加枢纽的通过能力；缩短列车运行距离，使列车以最短路径通过枢纽；消除折角列车运行，尽可能地不改变列车运行方向；减轻车站的作业负荷和交叉干扰，增强枢纽运营作业的灵活性和机动性等。联络线设置对于完善高速铁路路网、提高路网覆盖、提升路网灵活性、适应性、方便旅客快速直达运输，具有重要作用。

1. 实现列车跨线运营的联络线

（1）联络线位于车站进出站端

如图 5-18 所示，某客站有线路 1、线路 2、线路 3 三条干线线路别引入，在车站进出站端设置线路 1 和线路 2 间的 AD、BC 联络线，实现两线间跨线车交流。

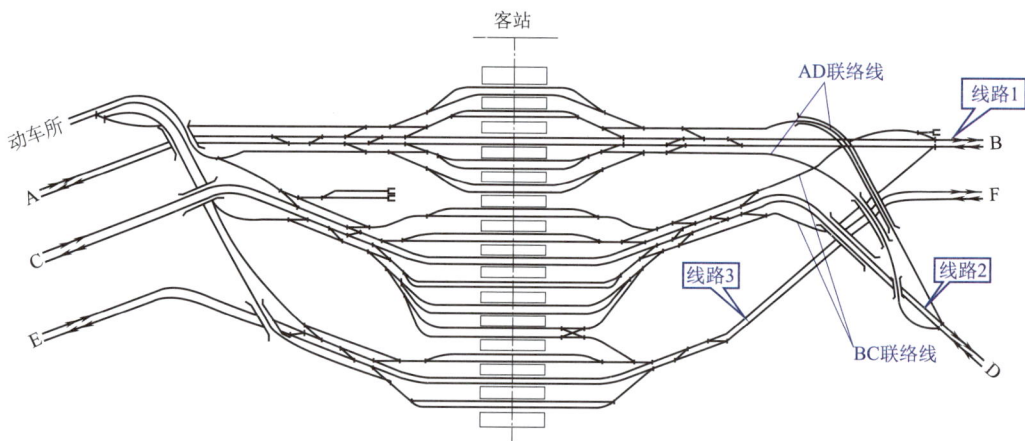

图 5-18　联络线位于车站进出站端示意

（2）联络线位于区间

如图 5-19 所示，线路 1 连接 AB 方向，线路 2 连接 CD 方向，在线路区间设置 AD 联络线，实现 AD 方向的互联互通。

（3）联络线位于场间

某客站示意见图 5-20，高速干线 1（AB 方向）引入该站Ⅰ场，高速干线 2（CD 方向）引入该站Ⅱ场，在Ⅰ场与Ⅱ场间设置联络线，实现 AD、BD 间的互联互通。这种布置形式一般适用于跨线车流较少的情况，跨线车需要在站内折角或切割正线运行，会对车站通过能力产生一定影响。

2. 实现枢纽多点发车的联络线

在人口密集、城市发达、设有多个客站的以始发终到作业为主的大型枢纽，为了便捷旅客出行，在枢纽内实现多点多方向发车，可设置连接主要客站和主要干线之间的联络线。

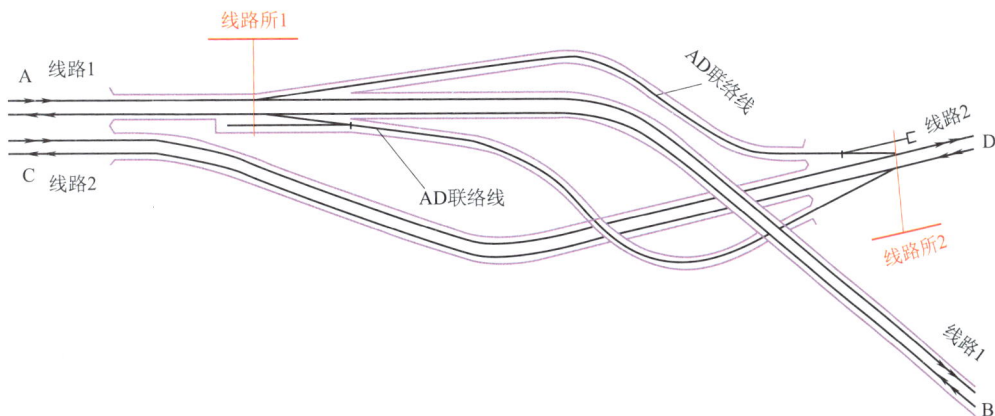

图 5-19　联络线位于区间示意

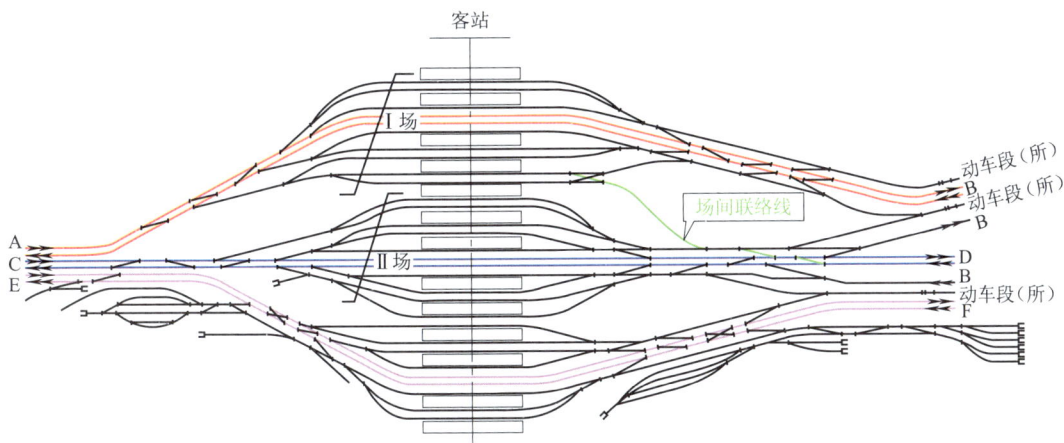

图 5-20　联络线位于场间示意

如图 5-21 所示,枢纽内已建成车站 3 座,客站 2、客站 3 均为尽端式车站,深入城市中心,客站 2 主要办理线路 3 和兼办线路 1 高速铁路客运业务;客站 3 主要办理普速兼办线路 2 及线路 5 高速铁路客运业务;客站 1 位于线路 1 和线路 2、线路 4、线路 5 四大铁路干线的交汇点,主要办理各衔接线路始发终到作业。

设置联络线 1,满足客站 2 始发线路 1 列车的需要,实现线路 1 在客站 1、客站 2 多点发车;设置联络线 2,实现线路 3 在客站 1、客站 2 多点发车;设联络线 3,实现线路 2 在客站 1、客站 3 多点发车;设联络线 4,实现线路 5 在客站 1、客站 3 多点发车。通过枢纽内联络线的设置将 3 个客站与引入枢纽的主要高速通道衔接起来,对便捷旅客出行效果明显。

3. 实现利用普速等既有设施的联络线

(1)为了尽量利用既有客站设施,便捷旅客出行,设置连接既有普速客站与高速铁路干线之间的联络线,或利用既有普速线路作为枢纽内高速铁路通道。

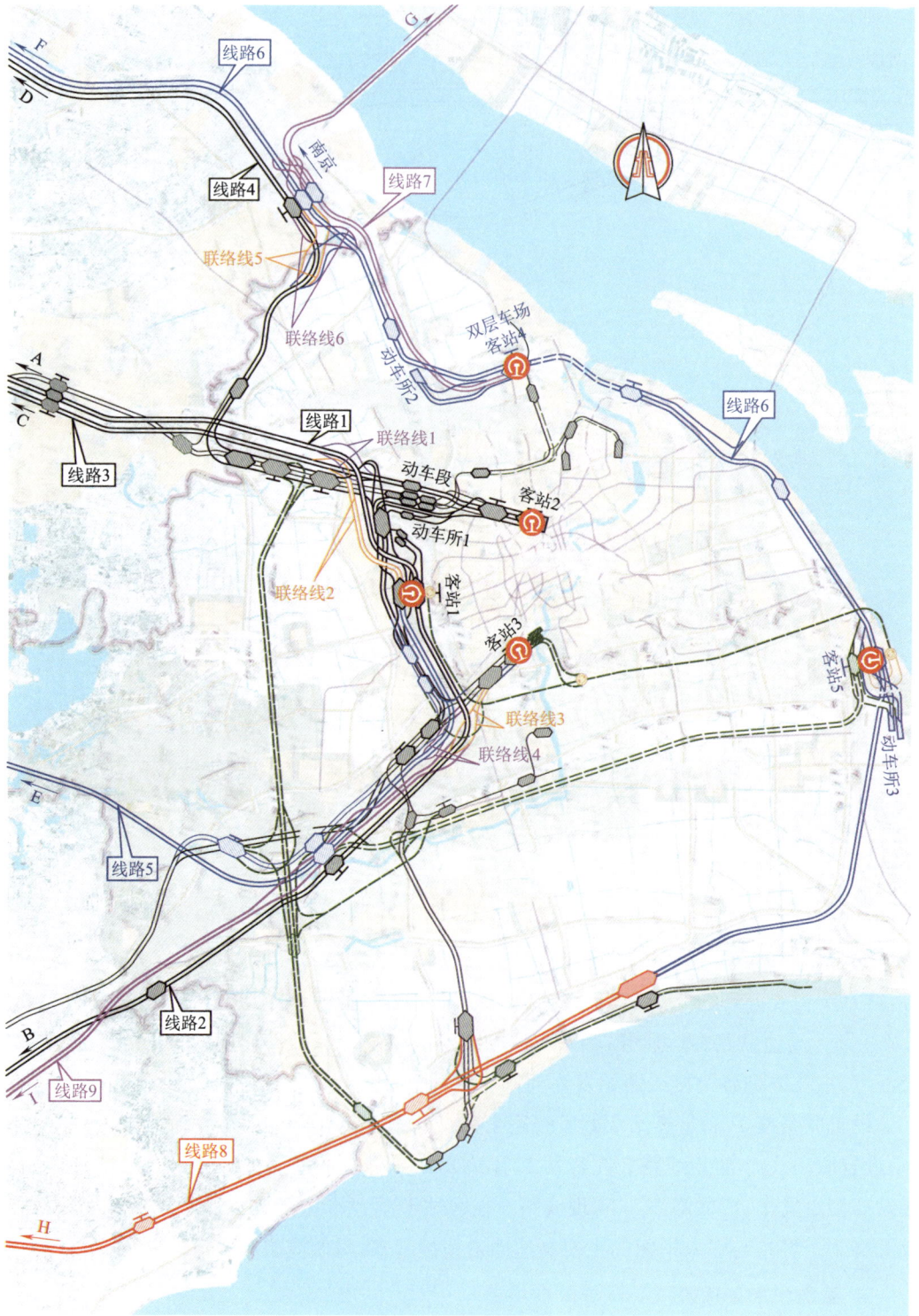

图 5-21　设置多点发车联络线枢纽示意

　　如图 5-22 所示,设置联络线 1(连通高速铁路线路 1 至既有客站 1)、联络线 2(连通既有客站 1 至高速铁路线路 2),利用既有线 3 实现线路 1、线路 2 西南跨线车流经停既有客站 1;同时设置联络线 4(连通既有客站 1 至客站 2),利用既有线路实现线路 1、线路 2 西北跨线车流经停既有客站 1。设置连接既有普速客站与高速铁路干线之间的联络线,部分利用既有普速线路作为枢纽内高速铁路通道,有效利用了既有设施(客站和线路)、满足了既有城区旅客出行需求。

图 5-22　利用普速既有设施的联络线示意一

　　如图 5-23 所示,枢纽内有两个主要客运站,客站 1 是既有客站,地处老城区繁华地段,人口密集,交通便利,生活及出行配套设施齐全;客站 2 是枢纽内的主要高速铁路客站,位于城市新区。为了便于城市中心旅客出行,设置联络线 1,连通高速铁路线路 1 与既有普速线路,使得线路 1 与既有客站 1 沟通。客站 1 办理枢纽内部分高速线路动车组始发终到作业;客站 2 办理部分高速线路动车组始发终到及通过列车作业,通过联络线实现了对既有普速线路和客站的高效利用。

　　(2)高速铁路下线运行。我国高速铁路网的形成是一个逐步完善的过程,在区域路网中部分通道建设尚未启动或尚未建设完成的特定时期内,在新建高速铁路干线和既有普速线之间设置联络线,实现跨线运输的功能,以发挥区域铁路网的整体优势。例如图 5-24 所示,由沪昆高速铁路贵阳方向至大理方向的高速列车,通过昆明枢纽时,经由小团山线路所接入洛羊镇站,接入昆明南至昆明客车联络线,通过昆明站后下线至既有普速广昆线,后在广通北站接入设计时速 200 km/h 的广通至大理铁路至大理站。

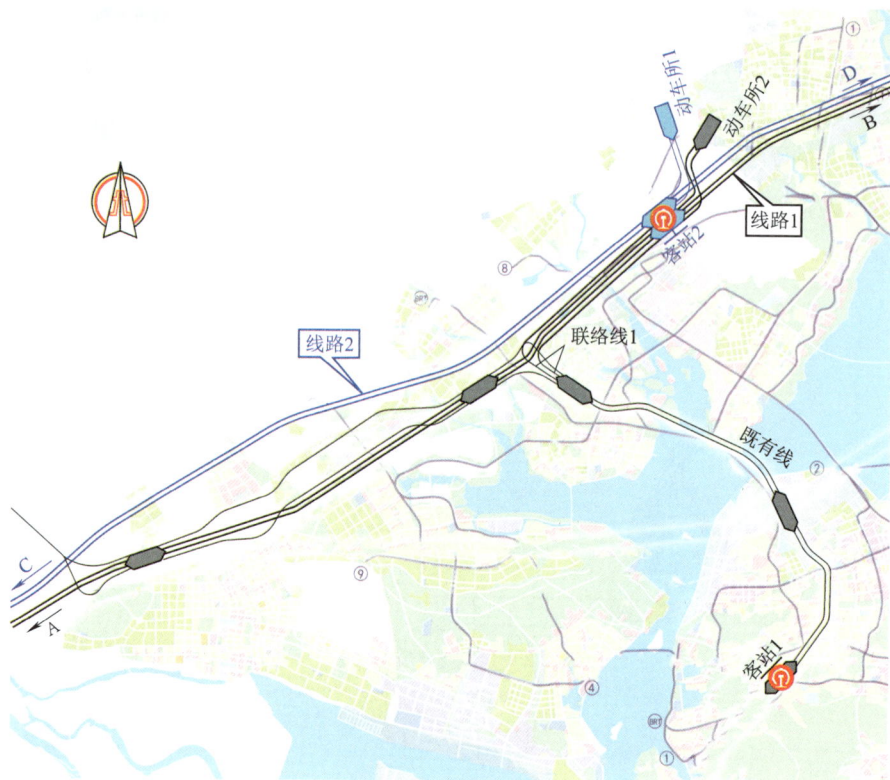

图 5-23　利用普速既有设施的联络线示意二

图 5-24　高速铁路下行线运行示意

4. 实现避免列车折角运行的联络线

枢纽内多条线路在客站同一端引入，当有交换车流时，形成折角车流。可设置联络线解决列车折角运行。

如图 5-25 所示，某枢纽设 1 座客站，连通 A、B、C、D、E 五个方向，除 E 外各方向间均有列车交流，AD 间形成折角车流，在车站 B、C 端设置 AD 方向联络线，该联络线避免了 AD 间列车在站内折角运输。

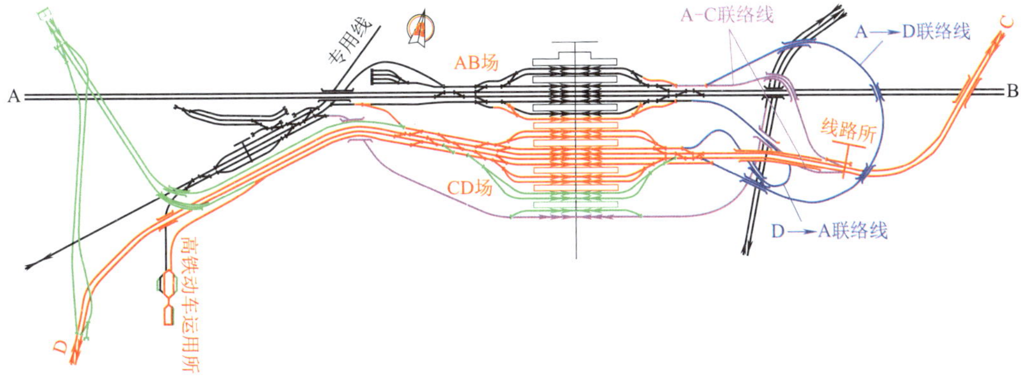

图 5-25　避免列车折角运行的联络线示意

5. 实现减少列车交叉干扰的联络线

多线引入的大型客站采用合场布置图型时，外侧引入线路立折列车较多时，可设置正接反发联络线，或者反接正发联络线，以消除立折车对贯通正线运营的交叉干扰。设置正接反发联络线的情况详见图 3-43，设置反接正发联络线的情况详见图 3-44，在此不再赘述。

6. 实现缩短列车运行距离的联络线

在十字形或 T 形布置的枢纽中，可在枢纽的外围设置联络线，使直通客流以最短径路通过枢纽。

如图 5-26 所示，枢纽内线路 1 自北经客站 1、客站 2 向南引出枢纽；线路 2 自西向东双引进入客站 1、客站 2，为缩短在枢纽内走行距离，在枢纽西北侧设置线路 2 与线路 1（北向）直通联络线，连通线路 1 与线路 2，直通客流可在城市西北侧外绕通过，缩短运输路径。

5.3.3　枢纽进出站线路疏解布置

枢纽内一般都衔接多条高速铁路干线，并设置各种引入线、联络线，为使各衔接方向的高速铁路列车便捷、有序、顺畅接发，减少列车进路的交叉干扰，确保必要的通过能力，需要对衔接枢纽的进出站线路进行合理布置，促使消除或者减少进路交叉干扰，即为枢纽进出站线路疏解。疏解布置分为平面疏解和立体疏解，根据行车安全、通过能力以及工程和运营费用等因素比选确定。

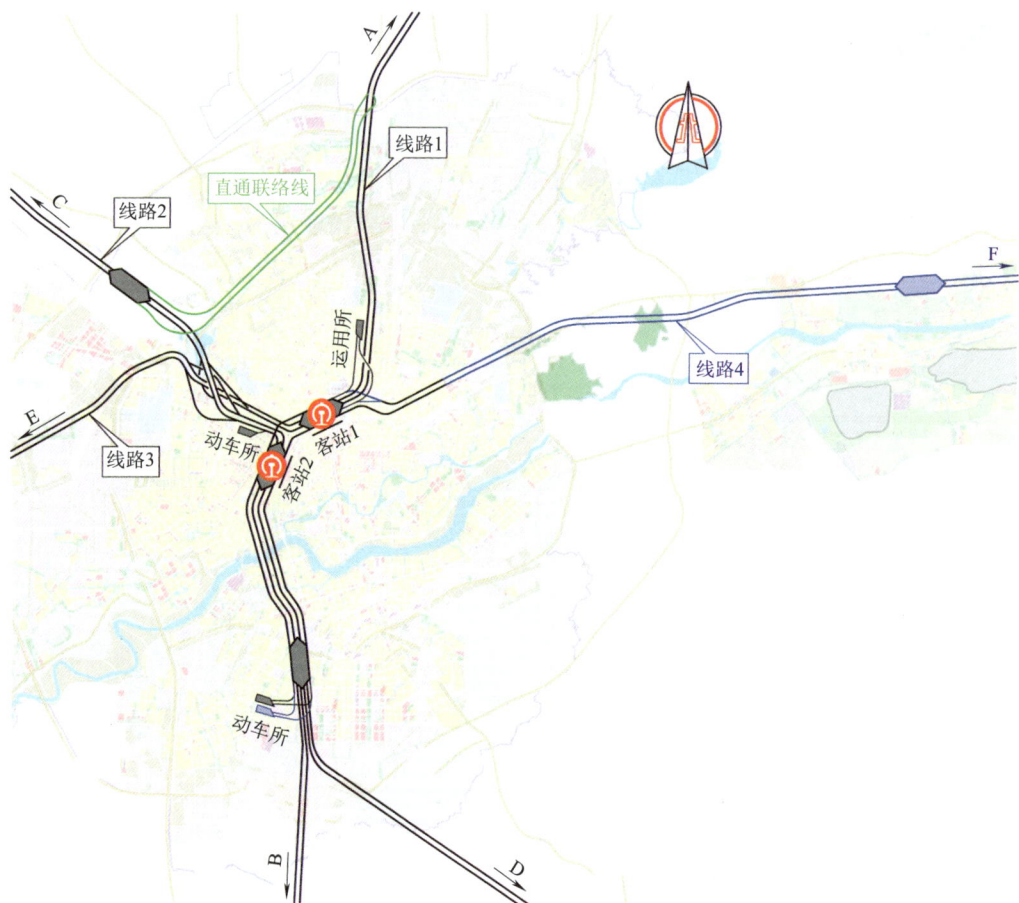

图 5-26 缩短列车运行距离联络线示意

1. 平面疏解

当几个方向的正线在车站或者区间接轨时，应保证各方向能同时接（发）车的平行进路。平面疏解的原理就是通过利用线路隔开、信号等设备保证各列车按"到—通"原则利用行车时间差来疏解线路交叉。在高速铁路设计中，当线路在区间接轨时，最常用的方法就是设置线路所；在车站接轨时，采用咽喉区设置平行进路疏解是最基本的平面疏解方法。

（1）线路所

线路所基本设置形式如图 5-27 所示，安全线布置原则为若干线路汇合时设置安全线，发车进路发往不同方向时不设安全线。

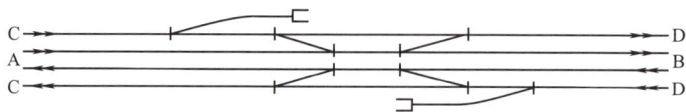

图 5-27 区间平面疏解线路所形式

如图 5-27 所示,以下行为例,通过设置线路所,使得 A→B 车流与 C→D 车流有同时作业通路,A→B 车流、C→B 车流间、A→D 车流、C→D 车流间利用行车时间差来实现跨线车运营。

(2)咽喉区平行进路设置

如图 5-28 所示,线路 1-17-29 与 3-13-15-27 组成平行进路,满足 C、A 方向列车同时到达车站(分别接入到发线 5、3 道)的条件,这种形式是车站咽喉区布置多线引入车站最基本的平行进路设置方法,来疏解 A、C 两方向同时进站对咽喉的占用。

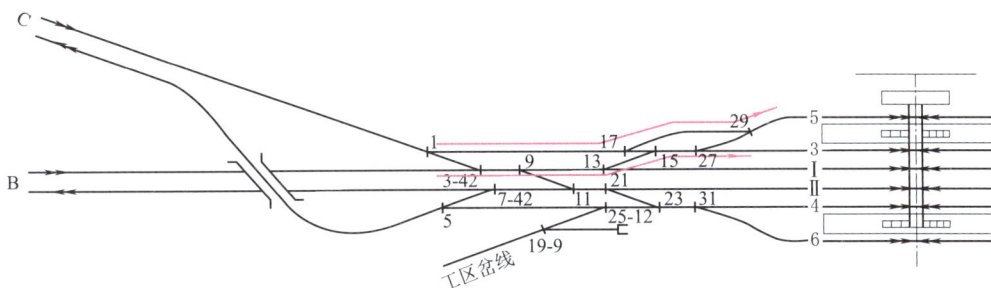

图 5-28　多线引入平行进路示意

如图 5-29 所示,A 方向有少量立折车在本站作业,1-5-19 通路与 17-11-9-7-3 通路形成平行进路,满足 A 方向立折车同时到达(接入 5 道)、出发(自 3 道出发)的平行作业,这种形式是车站咽喉区布置办理立折作业最基本的平行进路设置方法,来疏解 A 方向同时到发对咽喉的占用。

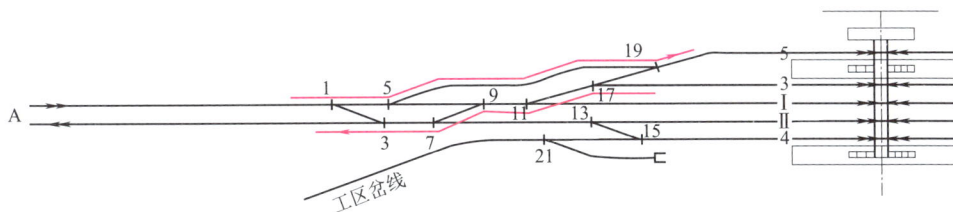

图 5-29　单方向立折平行进路示意

可以看出,平面疏解方案较为简单,是工程投资和运营费用都较低的方案,但此类方案通过能力受限,不能完全解决列车的进路交叉。当行车量大、交叉干扰严重时,应采用立交疏解方法。

2. 立交疏解

枢纽线路采用立体疏解,可以使各线路和枢纽内的客运站(场、段、所)连接成一个整体,用修建立交桥的方式在空间上消除交叉,保证列车运行各自独立的进路,通过能力大、安全性高。

高速铁路立体疏解从形式上一般分为方向别疏解、线路别疏解。

（1）方向别疏解

方向别疏解形式即两双线铁路引入枢纽时，正线的相互位置按照上行、下行方向分区布置，如图 5-30 所示，CD 正线以外包形式分别布置在 AB 正线外侧。

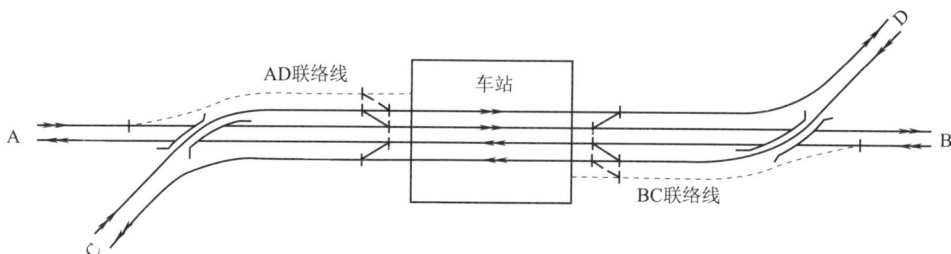

图 5-30　方向别疏解形式示意

方向别疏解布置有利于两干线间跨线车交流，方向别疏解存在顺向转线车流交叉，当交叉作业量大、干扰严重时，可在咽喉区最外侧增设联络线形成平行进路（图 5-30 中虚线所示）消除此类交叉。

（2）线路别疏解

线路别疏解形式即正线的相互位置与区间相同，一条双线铁路的上下行正线位于另一条铁路上下行正线的一侧，按照线路别分区布置，如图 5-31 所示。

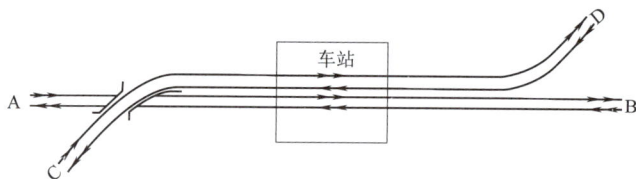

图 5-31　线路别疏解形式示意

当两线路无跨线车流时，线路别疏解形式如图 5-32 所示。

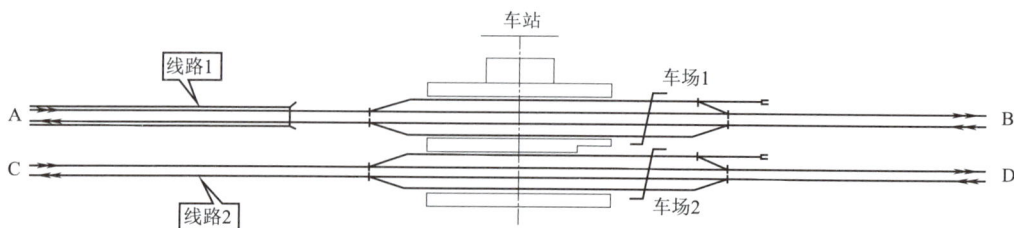

图 5-32　两线无跨线车流线路别疏解形式示意

当两线路间有少量跨线车流时，可在场间设置渡线解决跨线车流作业，如图 5-33 所示。

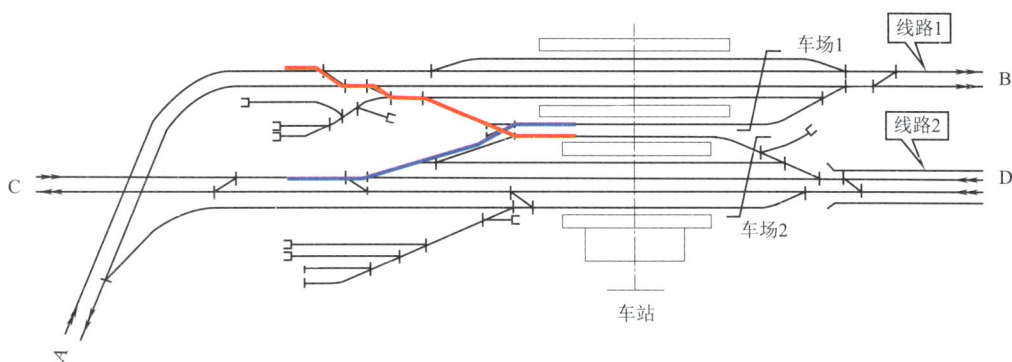

图 5-33　两线少量跨线车流线路别疏解形式示意

　　当两线路间跨线车流大时,可设置场间联络线,消除跨线车流交叉干扰。场间联络线可集中于车站一端,也可以分设在车站两端。场间联络线集中于车站一端示意如图 5-34 所示,线路 1、线路 2 按线路别引入,在车站上行端设置 AD、BC 场间联络线,满足跨线车流运行。场间联络线分设车站两端示意如图 5-35 所示,线路 1、线路 2 按线路别引入,分别于车站两端设置 AD、BC 场间联络线,满足跨线车流运行,较场间联络线集中于车站一端布置,两线间跨线车流存在部分顺向交叉。

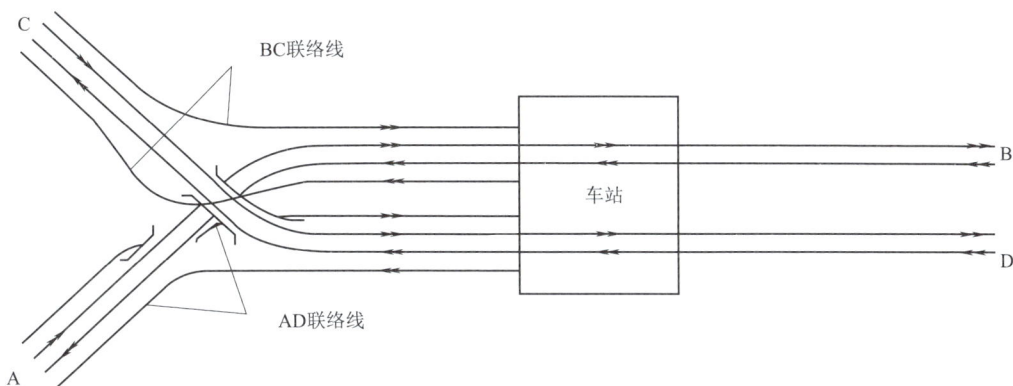

图 5-34　设置场间联络线集中于车站一端线路别疏解示意

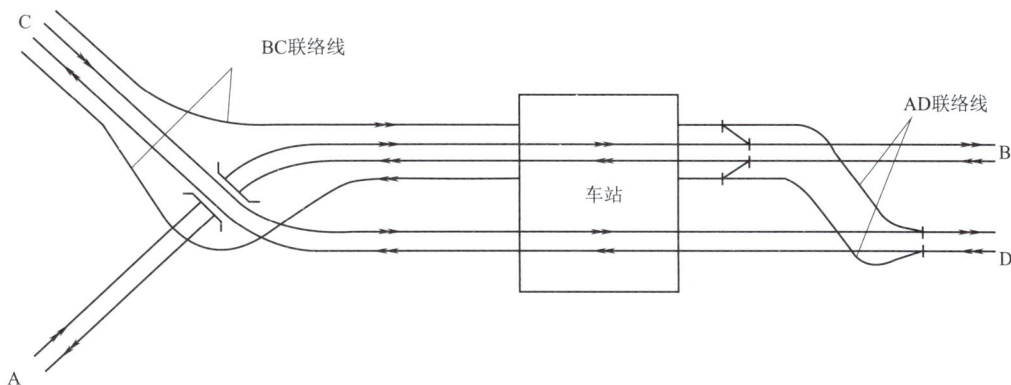

图 5-35　设置场间联络线分散于车站两端线路别疏解示意

5.4 客运站及动车段（所）布局

5.4.1 客运站数量

1. 我国枢纽内高速铁路客运站数量概况

根据现状调查和统计，全路 94 个枢纽范围内，仅设置 1 个主要客运站的为 24 个，占比 26%；设置 2 个主要客运站的为 48 个，占比 51%；设置 3 个主要客运站的为 12 个，占比 12%；设置 4 个主要客运站的为 8 个，占比 8%；设置 5 个主要客站的 1 个；北京枢纽设置多达 8 个客运站。

2. 枢纽内高速铁路客运站数量的确定

影响客站数目的主要因素有：

（1）城市规模

枢纽高速铁路客站的数目与枢纽所在城市的规模正相关。城市规模越大，则经济发展水平越高，产业聚集、人员流动性要求越高，客运量也越大，车站内人员疏散和城市交通疏解压力越大，相对而言，需要的客站数量就越多。

我国城市规模按照常住人口划分：人口在 1 000 万以上的为超大型城市，在 500 万～1 000 万之间为特大型城市，在 100 万～500 万之间为大型城市，在 50 万～100 万之间为中型城市，50 万以下为小型城市。

根据 2021 年相关资料统计，我国超大型城市所在枢纽主要客站数量都在 3 个以上，其中北京达 8 站、广州达 5 站，其余均为 3-4 站格局；特大型城市所在枢纽主要客站的数量在 2～4 个；大型城市所在枢纽主要客站的数量为 1～4 个，以 2 站最多，1 站次之，3 站占有一定比例，4 站仅为个别情况。中、小型城市所在枢纽主要客站数量为 1～2 个。我国不同城市规模客站情况统计详见表 5-1。

表 5-1　我国各类城市主要客站数量

城市规模 （本类城市个数）	主要客站数目/个					
	8	5	4	3	2	1
超大型（7）	1	1	2	3		
特大型（9）			5	2	2	
大型（50）			1	7	28	14
中型（17）					12	5
小型（11）					6	5

（2）城市形态和面积

城市形态是指受地形、河流、主要交通线等影响而形成的城市总体上的外部形状或者形态,城市形态的形成与其所处的地理环境密切相关。一般来说,平原地区的城市用地较为规整,易形成集中发展的城市形态;而山区或丘陵地区的城市用地比较分散,往往形成分散发展的城市形态。在进行铁路枢纽规划时,城市的形态影响着枢纽客站的布局,而枢纽的规划也对城市未来的发展方向带来影响,两者之间是相辅相成的关系,多中心发展的态势易形成多客站布局。

（3）引入枢纽的线路数量

随着高速铁路网规划的实施,新建高速铁路引入铁路枢纽,引入线路数量越多,线路间衔接关系以及枢纽的布置形式也就越复杂,从充分发挥客站通过能力、线路间合理衔接并减少交叉干扰、缓解城市交通压力的角度,增加客站的需求也就越多。

（4）衔接干线走向

衔接干线的走向也会影响客站分布,当枢纽内引入新的高速铁路正线时,要考虑正线便捷顺畅通过枢纽,当衔接干线引入既有主要客站同走向不匹配,或引入条件非常困难时,需要新建主要客站。

（5）既有客站的引入条件

枢纽内引入新的高速铁路正线,条件许可时,应优先考虑引入既有客站,以方便旅客出行。如果既有客站受场地或者拆迁影响,不具备引入条件或者代价非常大时,也可考虑新建客运站。

枢纽内客运站数量的确定需要统筹考虑上述因素,经技术经济比选确定。

5.4.2　客运站布局

位于中小型城市的枢纽仅设置一个客站时,车站应尽可能靠近城市居民区,并设在与城市交通运输系统有着方便、便捷的联系、且有利于客站远期发展的地点。位于大型及其以上城市的枢纽设置两个以上高速铁路客站时,其中一个客站可以考虑设置在距离市中心较近、交通方便地点,为各衔接方向共用;第二客站距离市中心的距离可较第一客站大,同时避免将客站集中在城市一隅。

枢纽内设置两个以上高速铁路客站时,客站布局有以下几种方式:

1. 客运站分别设置在几个引入枢纽干线的尽端

客站布局的主要特征是:高速铁路干线从各方向引入枢纽,于干线尽端设置客运站,主要客运站分别衔接一条或同通道的若干条干线。客站把口设置,各衔接方向列车能够顺直便捷进出枢纽,一般位于衔接方向多、客运量大、以始发终到作业为主的大型放射形枢纽。

2. 客运站顺列布置在铁路干线上

客站布局的主要特征是:高速铁路干线穿越主城区,主要客运站沿贯通枢纽的高速铁路干线顺列布置。一般位于城市发展分散或受江河湖海分割发展成两个市区的顺列式枢纽。

3. 客运站分别布置在枢纽衔接干线的折角边上

客站布局的主要特征是：枢纽内至少有两条高速铁路干线引入，客运站分别位于不同方向的干线上，每个车站均位于另外一条干线的折角边上，避免某一方向通过列车在枢纽内折角运输。一般位于十字、T字形等枢纽。

4. 客运站并列布置在贯通枢纽的干线上

客站布局的主要特征是：枢纽内至少有两高速铁路条干线引入，两条干线分布在城市两侧、大致平行布置，客运站分别设于两条干线上，两客站分别担当所衔接干线的客运作业。一般位于并列式枢纽。

5. 客运站布置在枢纽环线上

客站布局的主要特征是：枢纽内有多条高速铁路干线引入，客运站分别分布在不同干线上，客站间通过枢纽联络线形成环形（或半环形）布置。客站旅客列车运输组织机动灵活，可经行环线实现多种开行方案，一般位于环形枢纽。

5.4.3 客运站分工

客运站应结合衔接线路的技术特征、客运站在城区中的位置、城市规划及人口分布、运输组织管理等因素进行合理分工。合理的客运站分工方案应以实现运营管理顺畅、点线能力协调、旅客乘降方便等为目标。客站分工主要有以下几种方式：

1. 按把口方向办理始发终到列车

按照运输径路最短以及对客站间线路能力占用最少的原则，各客运站分别办理所衔接的线路把口方向始发终到列车作业。这种方式列车运行进路短，客站间线路负荷小，因旅客不能就近乘车，相应增加了城市交通压力。

如图5-16所示，各站办理所衔接线路把口方向的始发终到列车作业，由于各客站间无列车开行，旅客换乘需借助城市交通系统。

如图5-11所示，客站1和客站2呈顺列式布置形式，车站分工主要办理所衔接线路把口方向的始发终到和通过列车作业。

2. 按衔接线路分别办理始发终到列车

客运站分别按其所衔接线路，办理所衔接线路的始发、终到列车作业。

如图5-12所示并列式枢纽中，客站1主要承担线路1进出枢纽所有始发、终到及通过列车作业；客站2主要承担线路2进出枢纽所有始发、终到及通过列车作业。

3. 按办理旅客列车的性质分工

部分客运站以办理始发终到列车作业为主，部分客运站以办理通过列车作业为主。这种方式始发终到列车集中办理,有利于车流组织、动车段所配置。主要用于干线铁路快速通过枢纽、主要客站位于既有城区的 T 形布局枢纽内。

如图 5-36 所示,天津铁路枢纽天津南站位于京沪高速铁路通道上,仅办理高速系统通过列车作业;天津西站高速车场与京沪高速铁路干线以联络线方式沟通,办理枢纽内发往京沪高速铁路所有始发终到作业。对于京沪高速铁路干线,天津西站与天津南站在枢纽内是比较典型的按照旅客列车性质分工的方式。

图 5-36 天津枢纽客站分布示意

4. 按办理客流的特征分工

部分客站主要办理长途客流,部分客站仅办理城际客流。这种分工方式适合于线网规划层次分明的大型枢纽,一般情况下办理城际(短途)客流的客运站位于城市中心,城际旅客换乘便利;办理路网干线长途客流的客运站位于城市外围,干线列车运行径路短直。

如图 5-37 所示,南京枢纽南京站位于城市中心的玄武区,紧邻玄武湖公园,区位优势明显,本站主要办理沪宁城际动车始发终到作业,利于上海、南京间客流交流。南京南站位于雨花台区,是京沪高速铁路、沪蓉通道和宁杭客专、宁安城际的交汇点,主要办理京沪高速铁路、宁杭高速铁路、沪蓉铁路、宁安城际各方向动车的始发终到及通过作业。枢纽内形成了服务不同区域居民出行、满足不同层次客流需求、分工明确且成熟的客运格局。

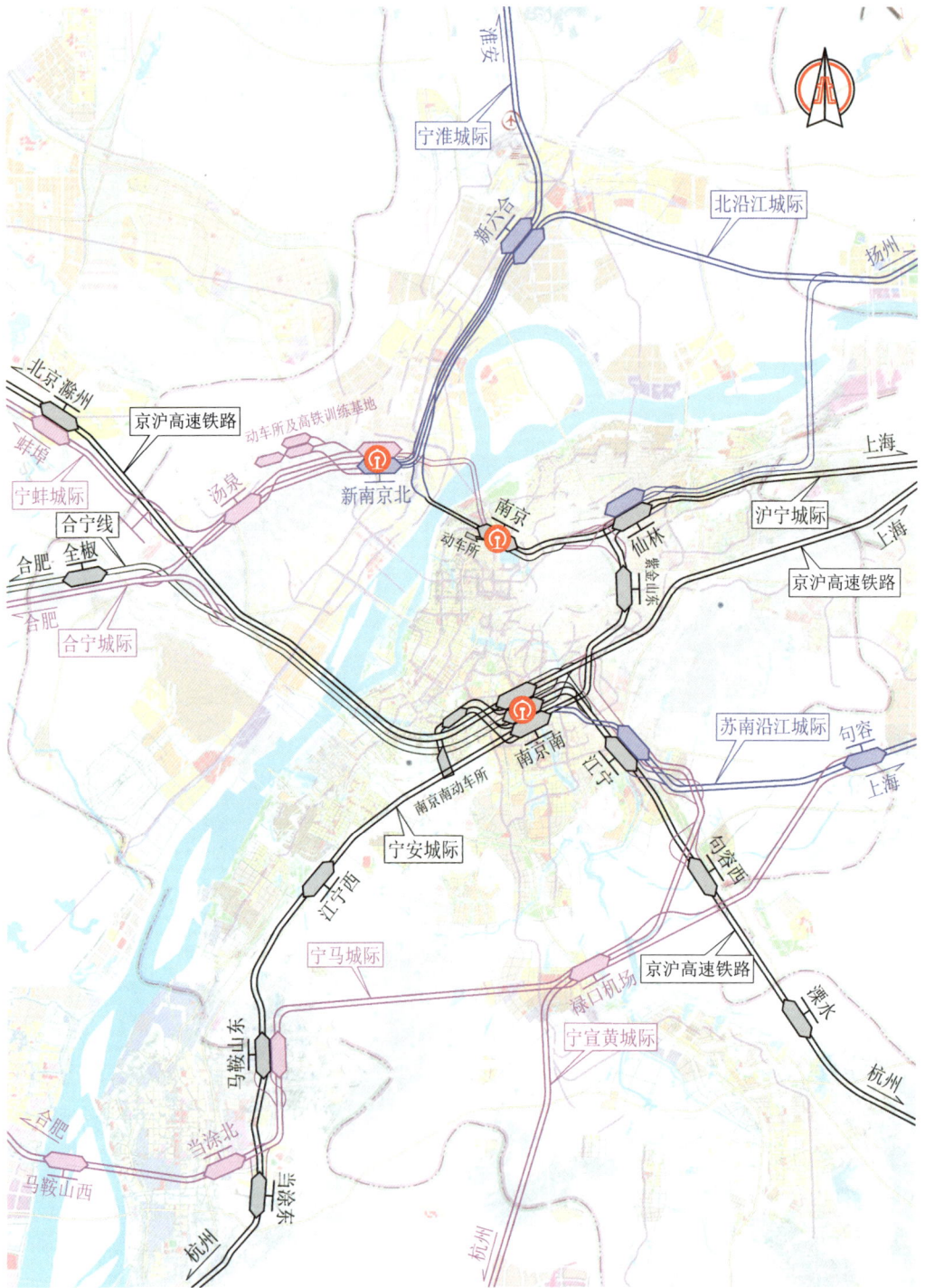

图 5-37　南京枢纽客站分布示意

5. 组合分工

实际分工中,往往是几种分工的组合。如图 5-38 所示的环形枢纽中,设有三个高速铁路客站,客站 2 位于线路 1 上,客站 1 位于线路 3 上,客站 3 位于线路 2 上。按照所处区位,客站 2 处于城市的西侧,客站 3 处于东侧,客站 1 位于城市中心,枢纽通过联络线成为环形枢纽。

客站分工原则上按照衔接的线路别及利于客站所处区位旅客出行原则,客站 2 办理线路 1 所有客运业务,客站 1 办理衔接的线路 3 所有客运业务,客站 3 办理线路 2 所有客运业务。此外,考虑到满足各个区域旅客就近乘车需求,在枢纽客站分工时,客站 1 承担部分经客站 2 发往线路 1 的始发终到作业,客站 2 承担部分经客站 1 发往线路 3 始发终到作业,以及经客站 3 发往线路 2 始发终到作业,实现枢纽内客站向各方向干线多点发车。

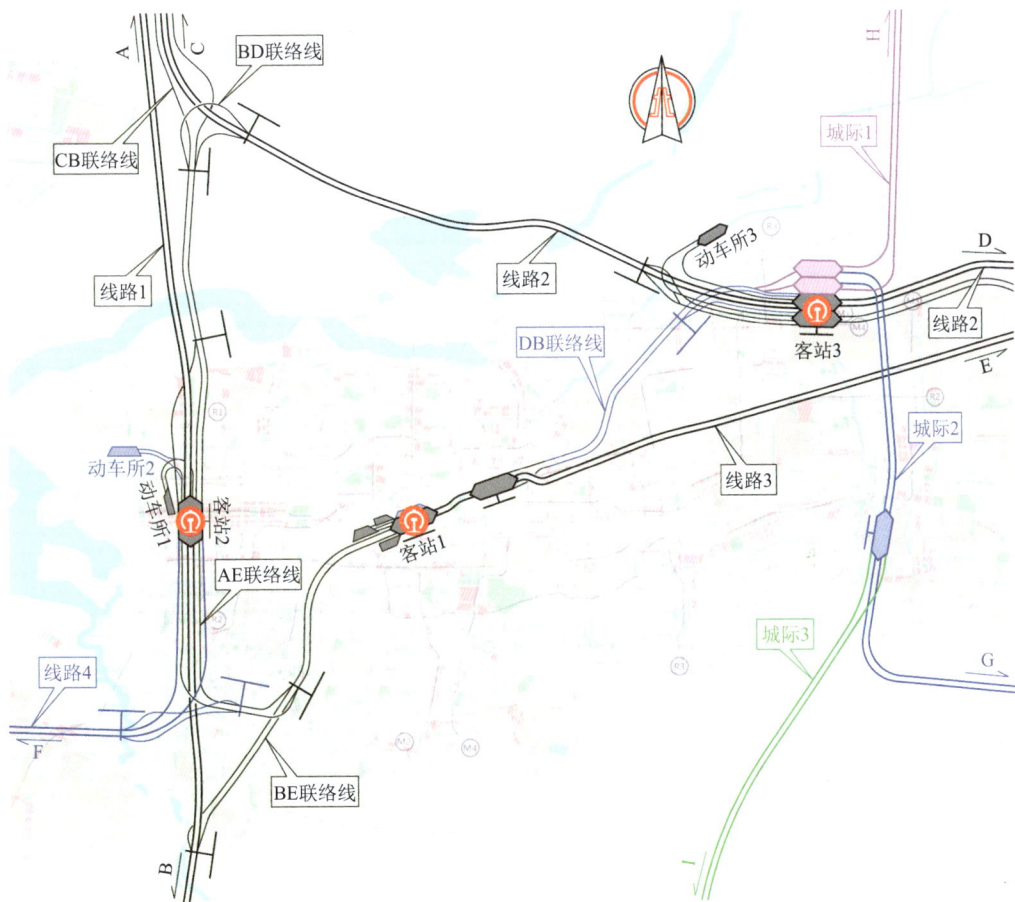

图 5-38 组合分工客站分布示意

5.4.4 动车段(所)布局

动车组运用维修工作是铁路运输的重要组成部分,是保障动车组良好运行的前提,其维修质量直接关系到旅客生命财产安全和企业经营效益。动车组设备布局,即动车段(所)的分布及规模,制约起终点开行列车的能力,影响列车运行图的编制。因此动车组设备分布及规模应根据工作量计算,结合既有动车组设备能力及分布情况、高速铁路铁路网规划、动车组检修布局规划等因素综合确定。

动车段布局贯彻集中检修、分散存放的原则,由于要承担动车组的各级检修、临修作业以及整备和存放作业,动车段布局主要考虑动车组配属、区域快速路网规模、动车组开行方案、动车组检修水平、动车段建设成本与检修成本及质量安全管理责任等因素,其布局覆盖全国快速客运网,设置在客运规模大的路网性客运中心,配备先进的、能力强大的动车组运用、检修设备,储备一定数量的应急移动设备和救援设备,形成全国性的现代化的动车组检修中心,实现运输组织最优化,尽可能实现维修集中化,以减少投资。目前我国全路共设有动车段 7 个,分别为:北京、上海、广州、武汉、沈阳、西安、成都动车段。

动车运用所承担动车组的整备,一、二级检修,临修和存放作业,在主要客运站(主要是指区域性客运中心、大型客运站)设置若干动车运用所或存车场,减少动车组因日常检修回送空走距离,提高车站到发能力及动车组使用效率。动车运用所布局应充分利用既有设施和能力,发挥高速铁路最大效益。动车运用所的布局要与路网规划相适应,满足旅客出行对运输质量的需求。结合路网规划、动车组开行方案和日常运用整备需求,目前我国全路共设置 70 个动车运用所,在有高速及快速铁路的省会城市及 300 万人口以上的大城市均考虑规划建设动车所。

动车存车场承担动车组的存放作业,目前,我国全路约 29 个城市具备存车、整备能力,原则上,在开行动车组的地级市均规划设置动车组存车场。按照规划,2030 年全国约 100 个城市具备存车、整备能力。

枢纽内动车段(所)选址需结合城市规划,并尽量缩短与主要客运站之间线路走行距离,要因地制宜,综合考虑征地拆迁、工程地质条件以及环境保护等各种因素,从系统最优角度进行多方案比选。

1. 动车段(所、存车场)**接轨**

宜接轨于枢纽内主要客站,设置位置尽量靠近始发终到动车组较多的客运站,并采用与车站纵列式布局形式,出入段(所)线与正线采用立体交叉。

当条件困难时,动车段(所)可结合地形条件在始发站的前方站或区间接轨。也可以根据沿线经济据点分布,在始发站前方地级市设动车段(所)。该类选址动车早晚高峰出入段可兼顾城际功能。

2. 动车段(所、存车场)**选址**

宜尽量减少对城市影响,绕避不良地质地段,并应有良好的排水条件。

段(所)要选择所处区域对城市建成区拆迁和规划区影响较小的位置,且利于铁路工程和城市立交通道实施;应避开工程地质和水文地质不良地段,并具有良好的排水条件,消除安全隐患,节省工程投资。

3. 动车段(所、存车场)发展条件预留

动车段(所、存车场)占地较多、投资较大,设计规模应统一规划、分期实施,选址方案既要满足当前需求,又要适当超前,留有发展余地,以免预留工程实施时因征地困难而影响整体布局。

5.5 方 案 评 价

高速铁路引入枢纽是一个多目标、多因素的复杂的系统工程,在铁路建设中,为满足设计运量的需求,高速铁路引入枢纽可以有不同的方案,不同方案的经济、社会效益等有很大的不同,因此必须通过科学的计算和分析,对各种方案进行比选,这个过程就是对引入方案的评价。

5.5.1 评价指标

枢纽评价指标体系的建立应以"选用科学、指标可量化、全面关键、有效合理"为原则,采用定性和定量相结合的方法全面综合对枢纽方案进行评价。高速铁路引入枢纽方案,一般从技术、经济、社会、环境等方面开展评价:

1. 技术指标

(1)工程条件

包括地形、地质、水文条件,工点类型复杂程度,建设、施工难易程度。

(2)运营条件

包括线路走向和顺直程度,运营安全、运营标准满足程度,路网衔接通达、顺畅程度,既有枢纽布局和车站设施影响程度,进一步发展条件,通过能力适应性。

2. 经济指标

(1)工程投资

在满足枢纽运输需求的前提下,降低建设成本,寻找功能性、便利性和工程投资的平衡。

(2)运营成本

在确保高速铁路运输组织顺畅、枢纽运营高效的前提下,合理进行车站站址、动车段(所)、客运服务等配套设施的选择与布局,降低运营成本。

(3)综合开发收益

综合开发对项目的可持续发展影响较大,在引入方案研究时要充分考虑综合开发的可行性和投资回报率。

3. 社会指标

(1)征地拆迁难易程度

征地拆迁是影响高速铁路引入枢纽方案的重要因素,我国城镇化速度快,城区迅速扩张,高楼大厦林立,导致高速铁路深入城市需要巨大的征地拆迁成本。因此在引入方案研究时,应详细核算拆迁量和拆迁代价,并与地方政府充分沟通,确认方案可行性。

(2)对站区周边居民生活影响程度

车站布局应合理靠近城市建成区和规划人口聚集区,方便旅客出行,但同时不能忽视高速铁路运行对沿线居民的干扰。选线时要考虑沿线居民密度,采取声屏障等有效措施隔离噪声。

(3)旅客出行需求满足程度

枢纽内站址选择时应充分考虑车站位置偏远程度,市政配套设施齐全程度,车站与城市交通融合发展、无缝衔接,提高旅客换乘其他交通方式的便捷程度。

(4)与地方发展、政府导向契合程度

高速铁路引入枢纽的线路走向和车站布局涉及铁路和城市两方,对于城市来说,铁路是重大交通基础设施,影响深远,各地政府对线路走向和高速铁路车站选址十分重视。因此,引入方案应重视与城市规划和发展方向协调程度,以及带动站区周边综合开发能力,需路地双方充分沟通并达成一致,确保方案能够实施。

4. 环境指标

(1)环境保护

结合方案实施的资源、生态、环境等制约因素,从生态保护、资源利用、污染排放、文物保护等方面构建评价指标体系。

(2)水土保持

水土保持的目的是防治水土流失,保护、改良和合理利用水土资源,建立良好生态环境。

5.5.2 评价方法

评价方法一般有层次分析法、灰色关联度分析法、关键因素法、专家打分法,模糊综合评价法等,常嵌套采用。

1. 层次分析法

层次分析法是将决策问题的有关元素分解成目标、准则、方案等层次,在此基础之上进行定性和定量分析的一种决策方法。该方法的特点是在深入分析复杂决策问题的本质、影响因素及其内在关系等之后,构建一个层次结构模型,然后利用较少的定量信息,把决策的思维过程数学化,从而为求解多准则或无结构特性的复杂决策问题提供一种简便的综合决策分析方法。

运用层次分析法分四个步骤：建立层次结构模型、构造比较判别矩阵、单准则下层次排序及其一致性检验、层次总排序及其一致性检验。

该方法将问题层次化，通过层层比较由最底层逐渐向最终目标靠近，与线路引入枢纽的方案评价在结构上具有很高的契合度，适合于用来对方案进行评价。

2. 灰色关联度分析法

灰色关联度分析法是一种多因素统计分析方法，主要用来研究各种复杂因素对事物相互关联、相互制约的影响作用，用以确定影响事物的本质因素，使各种影响因素之间的"灰色"关系显得更加清晰。灰色关联度法的基本思想是以各因素的样本数据为依据，用灰色关联度来描述因素间关系的强弱、大小和次序。

运用灰色关联分析法分五个步骤：建立参考数列和比较数列、对各类数列进行初值化处理、求解关联系数、求解关联度和关联度排序。

灰色关联度法能够解决同层次因素间的模糊关系问题，但是无法对全局性的指标进行评价，也就是说可以用来对各个影响因素进行比较，但是无法对整个多因素方案的优劣进行评价。

3. 关键因素法

关键因素法是以关键因素为依据来确定系统信息需求的一种 MIS 总体评价的方法。关键因素指的是对实现规划目标起关键作用的因素。关键因素法就是通过分析找出使得目标实现的关键因素，然后再围绕这些关键因素来确定系统的需求，并进行评价。

此方法在高速铁路引入枢纽规划中比较常用。例如在做枢纽客站布局规划时，枢纽整体布局形态、客运站的位置、运输组织方案、城市总体规划、工矿企业布局、环境保护要求、自然环境条件等都可能是关键因素。不同枢纽其关键因素可能是完全不同的，需要研判影响方案的关键因素。

4. 专家打分法

专家评分法是一种定性描述定量化方法，它首先根据评价对象的具体要求选定若干个评价项目，再根据评价项目制订出评价标准，聘请若干代表性专家凭借自己的经验按此评价标准给出各项目的评价分值，然后对其进行结集。

专家打分法分五个步骤：建立专业的工作组、选择专家、设计打分表、组织调查实施和汇总处理打分结果。

该方法可以征询各方面专家意见，达到集思广益的效果，排除他人干扰，进行独立思考，使得专家作出的评价更为理性客观。

5. 模糊综合评价法

模糊综合评价法是一种基于模糊数学的综合评标方法。该综合评价法的基本思想是根据模糊数学的隶属度理论把定性评价转化为定量评价，即用模糊数学方法对受到多种因素制约的事物或对象做出一个总体的评价。

运用模糊综合评价法分四个步骤：确定评价对象的因素集、确定评语集、作出单因素评价和综合评价。

模糊综合评价法具有结果清晰，系统性强的特点，能较好地解决模糊的、难以量化的问题，适合各种非确定性问题的解决。

以上各种方法都有各自的优点以及适用的范围，一般而言，枢纽引入方案的综合评价需要交错运用各种方法，利用综合评价的思路判断各个方案的优劣，从中选出较优方案。

5.5.3　评价步骤

在实际的工作中，引入枢纽的方案影响因素众多，且影响因素的评价多为模糊定性评价，评价的目标也是涉及多个方面的，无法将所有的影响因素均以某个数值进行绝对表述，因此实际工作中评价采用的办法是综合评价方法。综合评价流程见图5-39。

目前，引入枢纽方案综合评价过程中，较多采用 AHP（层次分析法）-模糊综合评价法。影响引入枢纽方案的比选评价因素较多，需要用多层次、多指标的方式来分析其相关性和系统性，对方案优劣等级进行评价，然后用模糊综合评价的方式将其定性与定量结合，通过科学、缜密地计算，最终根据综合评分结果的排序，做出合理、科学的评价。

AHP（层次分析法）-模糊综合评价法的步骤，见图5-40。首先，确定评价对象的指标集；确定指标的评语集以及指标对评语的隶属度函数；确定每个评语级别的分数和每个指标的权重，这里可通过层次分析法改进每个指标权重的确定方法，进一步修正得到更加合理的权重值；然后，可以通过模糊综合评价计算，得出特定对象的综合评分值，作为方案比选的依据，从而得出引入枢纽的优选方案。

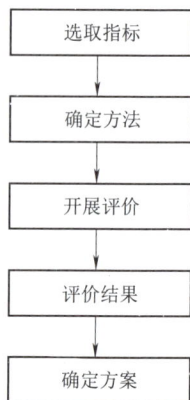

图 5-39　综合评价流程

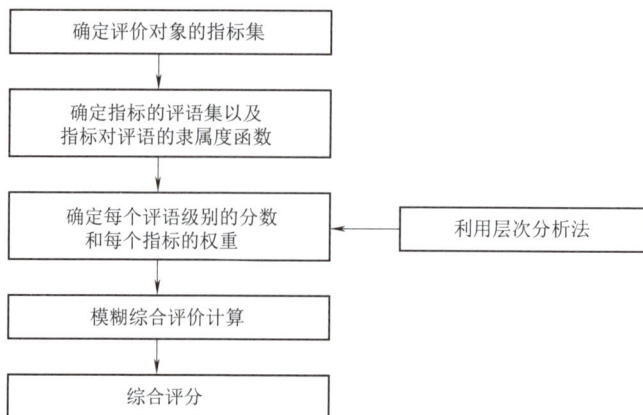

图 5-40　AHP-模糊综合评价法步骤

5.6　国外高速铁路枢纽

5.6.1　巴黎铁路枢纽

截至 2022 年,法国高速铁路新线里程已达 2 137 km。法国 TGV 高速铁路网主要包括东南线、大西洋线、北方线、地中海线、东南延伸线、欧洲东部线和巴黎地区东部联络线等七个部分,基本形成了以巴黎为中心放射状高速铁路网。

巴黎是欧洲最早开行高速列车的城市,以巴黎为中心的高速铁路网呈现典型的放射状分布,主要包括东南线(巴黎里昂站至里昂佩拉什站)、大西洋线(巴黎蒙帕纳斯站至勒芒站和图尔站)、北方线(巴黎北站至里尔站)、巴黎地区东部联络线(连接戴高乐机场站、谢尔西站及马西站)、欧洲东部线(巴黎东站至斯特拉斯堡站)等,同时设有巴黎地区东部联络线至东南线(谢尔西至巴黎里昂、里昂方向)、至北方线(戴高乐机场至巴黎北、里尔方向)、至欧洲东部线(戴高乐机场至斯特拉斯堡方向和谢尔西至斯特拉斯堡方向)以及至大西洋线巴黎蒙帕纳斯站上下行联络线等 9 条线路,如图 5-41 所示。

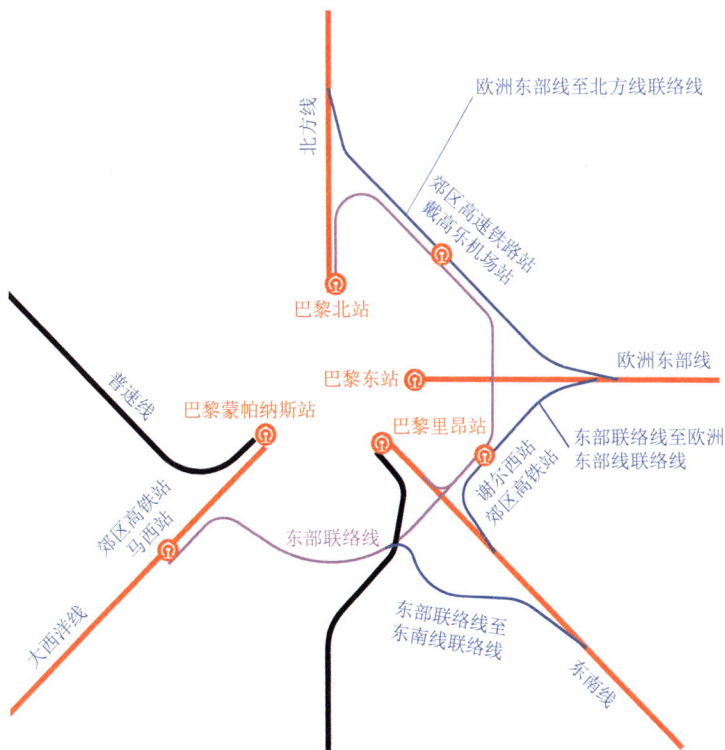

图 5-41　巴黎铁路枢纽高速铁路线网示意

巴黎市区共有 7 个车站，列车分别通往法国国内及欧洲其他城市，各车站间均有地铁联络。其中，巴黎北、巴黎东、巴黎里昂及巴黎蒙帕纳斯站是高速铁路始发站，车站采用尽头式布局，中转乘客只能通过市内公共交通方式换乘。巴黎郊区有 3 个高速铁路中间站，分别为戴高乐机场站、谢尔西站和马西站，巴黎地区东部联络线将这 3 个高速铁路站串联并从东部环绕巴黎，与北方线、欧洲东部线、东南线和大西洋线相连。

巴黎枢纽内 4 个客运站均设有动车设施，车站分工以巴黎为中心，按区域把口承担作业分工。巴黎北站主要接发通往法国北部以及英国、比利时、荷兰、德国等国家城市的列车；巴黎东站主要接发通往法国东部，以及瑞士、德国、奥地利等东欧各国的列车；巴黎里昂站主要通往法国东南部，地中海一带，以及通往瑞士、意大利、希腊等国家、地区的列车；巴黎蒙帕纳斯火车站主要接发通往法国西部太平洋线各城市的列车；通过设置巴黎地区东部联络线实现北方线、欧洲东部线和东南环线之间不经巴黎枢纽的直通作业。

西欧国家既有铁路网比较发达，在城市的特定区域，一个站区有两个及其以上的站场，每个站场衔接多条线路，客运总站伸入市区中心腹地，多为尽端式纯客站，新建高速线一般在城市外围接通原来的既有线，利用既有线引入既有站，城市旅客基本上不改变原有的乘车习惯，且市区内基本不产生新的建设工程及市政配套工程，欧洲之星高速列车的首末站巴黎北站及伦敦圣潘可拉斯车站都是进入既有站，新建高速铁路一般在城市外围通过，不中穿城市，通过联络线与既有站相连。

5.6.2　柏林铁路枢纽

柏林地处欧洲的中心，柏林铁路枢纽是德国乃至整个欧洲铁路路网的中心，该枢纽承担着连接东西（波兰、捷克、俄罗斯至法国、英国）和南北（丹麦、波兰至意大利）铁路线的功能。柏林铁路枢纽是欧洲铁路网中非常重要的客运节点，铁路客运主体由东西线和南北线立体交汇，东达俄罗斯莫斯科，西抵法国巴黎，南至希腊雅典、瑞士苏黎世和意大利罗马，北通丹麦哥本哈根、瑞典斯德哥尔摩，柏林铁路枢纽的主要路网结构包括北部内环线、东西线和南北线等高速铁路线路。除此之外，柏林还有通往周边城市的地区铁路，将城市中心区和郊区连接起来，服务于远郊往返市中心的客流，共同构成了柏林铁路枢纽路网。枢纽内高速铁路和普速共线运营。办理高速铁路业务的 5 座主要客站分别设置在东西线和南北线上，柏林总站位于东西线和南北线的交汇处，枢纽内通过北环线、东西线和南北线 3 条联络线，将施潘道车站、格松德布伦嫩车站、东交叉车站、柏林总站、南交叉车站等 5 座高速铁路客运站衔接起来，高速线路及站点连接起来使得客运枢纽形状似"蘑菇"，因此，柏林枢纽也称为"蘑菇形"铁路枢纽。

柏林枢纽内客站分布以柏林总站（Berlin Hbf）为中心，其余四个客站环绕柏林中央火车站布置，如图 5-42 所示。柏林枢纽主要采取四周小站办理始发终到作业、柏林中央站经停办客的客运组织模式。始发终到作业集中在非中央火车站，中央火车站通过经停方式承担客流。柏林中央站是柏林铁路枢纽的核心,也是规模最大的车站,以办理通过列车为主,车站承接东西和南北两方向的列车,形成十字形的节点换乘。东西向铁路线是最繁忙的线路,施潘道车站位于西段,负责接发东西方向在柏林始发和终到的短途列车,东交叉车站地处柏林东部,负责东西方向高速列车的始发和终到。南北向铁路线上的格松德布伦嫩车站、柏林总站和南交叉车站负责该方向列车的始发和终到作业,短途列车主要以穿行城市为主,在施潘道车站进行始发和终到作业,高速列车在柏林枢纽内主要以始发和终到列车为主,一般在东交叉车站进行始发和终到作业,在柏林中央站和施潘道车站进行停靠。

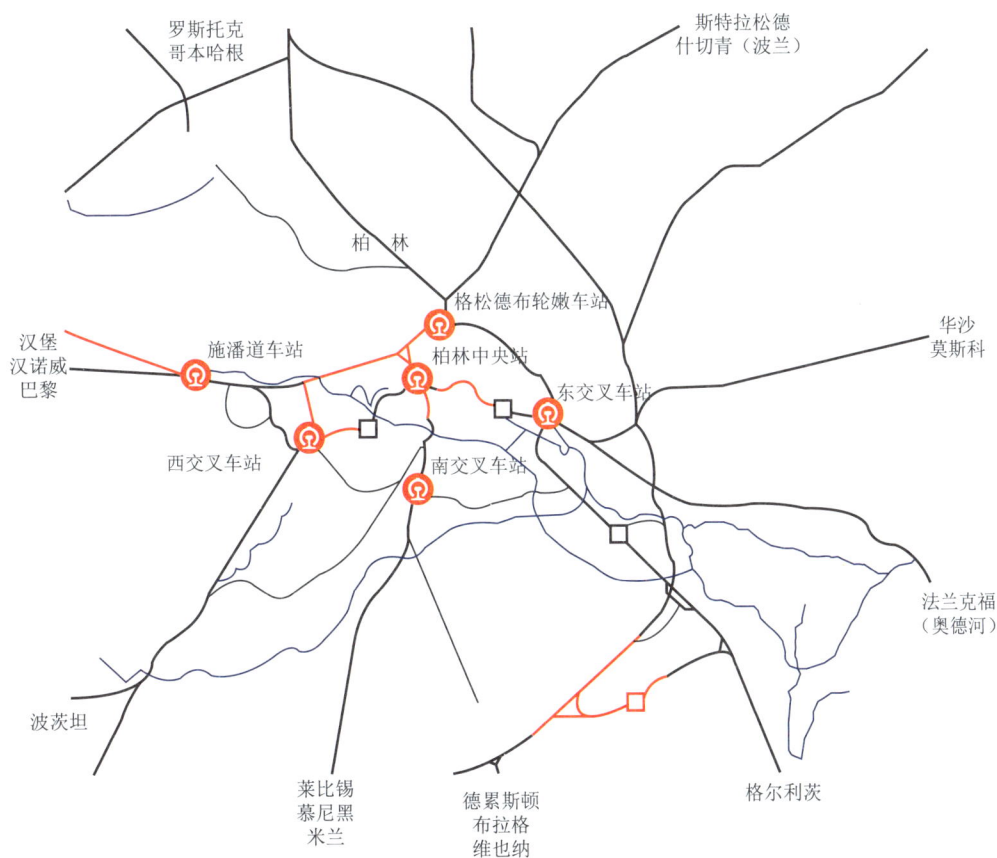

图 5-42　柏林铁路枢纽

柏林地区东部靠近国境线,向东运营的高速列车较少,因此未在柏林中央火车站附近设计动车段所,而是选择枢纽内在东交叉车站东侧的鲁梅斯堡设置动车段所。

与巴黎铁路枢纽不同,干线引入柏林铁路枢纽采用了贯通式车站,其中典型车站是可实现跨线旅客快速集散和便捷换乘的柏林中央站,作为柏林铁路枢纽的主要客运站,车站规模不大,布局设置灵活,根据不同方向列车开行特点,合理分配车站分工,同时车站咽喉区简单紧凑,以减少列车占用咽喉区和到发线时间,从而满足枢纽内高密度接发列车的需要。

5.6.3 东京铁路枢纽

东京铁路枢纽是日本最大的铁路枢纽,也是世界特大型铁路枢纽,位于太平洋东京湾的西北岸,现有东北新干线、东海道新干线、东海道线、横须贺线、琦京线、上野东京线、京滨东北线、湘南新宿线、中央快速线、中央线·总武线、京叶线、常磐线、常磐线快速、宇都宫线等14条线路从枢纽各方引入,并通过山手环线将枢纽围合成半环形布置,如图5-43所示。高速铁路线路主要有东北新干线和东海道新干线。

图5-43　东京铁路枢纽示意

枢纽内主要客站为东京站,枢纽各方向分别设上野、池袋、新宿、品川等客站,经山手环线将各站串联起来。联络线的修建实现了枢纽多点发车及干线间联系的作用。高速铁路客站有东京站、上野站和品川站。东京站是日本最大的综合交通枢纽车站,集高速铁路(新干线)、既有线铁路(普速铁路)、城市轨道交通等多种交通方式于一体,处于东京枢纽3点钟方向。东京站主要办理枢纽内东海道新干线、东北新干线、北陆新干线和上越新干线的始发终到作业,其中,东海道新干线由南端引入东京站,东北新干线由北端引入东京站。同时,东京站还办理普速铁路的始发终到和停站通过作业,该站连接的既有线铁路和城市轨道线路包括京滨线、京叶线、山手线、总武线、中央本线、东海道本线、丸之内地铁线等,旅客出行、换乘非常便捷。上野站位于日本东京都台东区,处于东京枢纽 2 点钟方向,主要办理枢纽内东北新干线、北陆新干线和上越新干线的停站通过作业以及普速铁路的始发终到和停站通过作业。品川站位于日本京都港区,处于东京枢纽 6 点钟方向,主要办理东海道新干线和普速铁路停站通过作业。

动车段位于东京湾,动车走行线在东海道新干线东京站和品川站区间接轨,品川站设有客整设备。

日本关东地区经济发达、人口稠密,东京铁路枢纽路网十分密集,普速系统形成以山手线为中心的放射型路网结构,高速系统东北新干线和东海道新干线分别从枢纽北侧和南侧线路别引入东京站。枢纽内主要车站,如新宿站、东京站均位于城市中心,方便旅客乘车,各车站分工明确,城际运输全部由高速系统(新干线)承担,普速系统主要承担市郊运输。同时,枢纽内线路间多采用平行布置,各线列车运行干扰较少,但互通性较弱。

第6章 系统设计

高速铁路站场涉及站前、站后多个系统，包括路基、轨道、桥涵等站前工程以及四电、房屋和相关配套设施等站后工程，各系统间技术接口多、容易出现差错漏碰和布置的冲突，需要开展系统设计，实现各专业工程接口合理、有序衔接、统筹布局、系统优化。

6.1 车站线路间设施

高速铁路车站线路间布设有接触网支柱、雨棚柱、站房柱、排水槽、电缆槽、客车上水、卸污等设施，应统筹考虑其相互位置。

站内正线距离建（构）筑物边缘距离有砟轨道考虑大机作业时不小于3.1 m，无砟轨道不小于3 m。不考虑大机作业时不小于2.44 m；到发线距离接触网柱边缘不小于2.5 m，距离雨棚柱边缘不小于2.15 m。

1. 线间设有排水槽和接触网支柱

当线间同时设有排水槽和接触网支柱时，排水槽布置应与接触网基础有相对独立空间，排水槽绕行，见图6-1。满足条件的最小线间距 $S=1.25$ m（轨枕半长）$+0.2$ m（抽换枕木距离）$+0.3$ m（排水槽厚度）$+0.4$ m（排水槽宽度）$+0.3$ m（排水槽厚度）$+0.5$ m（排水槽外壁距离 H 型接触网支柱外侧距离）$+3.0$ m（无砟轨道正线距离接触网支柱内侧边缘最小距离，有砟轨道时为3.1 m）$=5.95(6.05)$ m。由于排水槽绕行至到发线道床下，盖板排水槽应进行结构加强以满足受力需求。

2. 线间设有排水槽和站房（雨棚）柱

当线间同时设有排水槽和站房（雨棚）柱时，由于其基础均较大，常将其基础承台下移，排水槽绕行，见图6-2和图6-3，排水槽根据排水流量需求可以从柱体两侧通过，也可以从柱体一侧通过。当站房（雨棚）柱距离到发线大于2.5 m时，可从到发线一侧通过；距离正线间距大于3.1 m时，可从正线一侧通过；特殊困难条件下，线路距离柱体距离不满足排水槽布设时可采用从柱体中间穿过方式。相互关系如图6-2~图6-4所示。

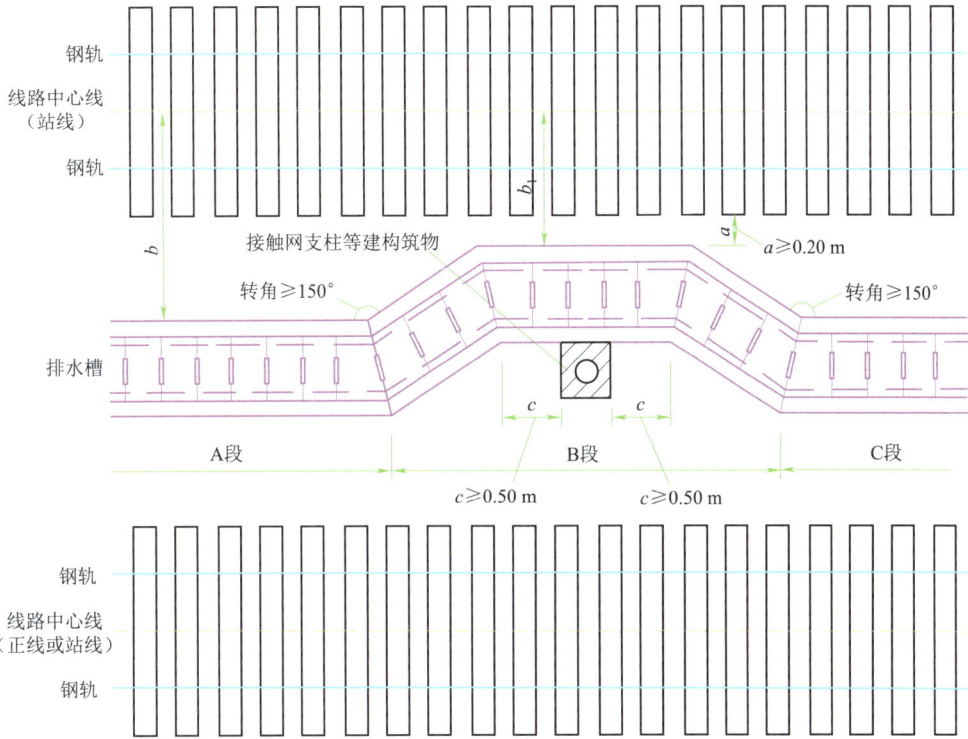

钢轨

线路中心线
（站线）

钢轨

接触网支柱等建构筑物

b

b_1

a　$a \geqslant 0.20$ m

排水槽

转角 $\geqslant 150°$　　　　　　　　　　　　　　转角 $\geqslant 150°$

c　　c

A段　　　　　　　B段　　　　　　　C段

$c \geqslant 0.50$ m　　$c \geqslant 0.50$ m

钢轨

线路中心线
（正线或站线）

钢轨

（a）股道间排水槽与接触网支柱位置平面

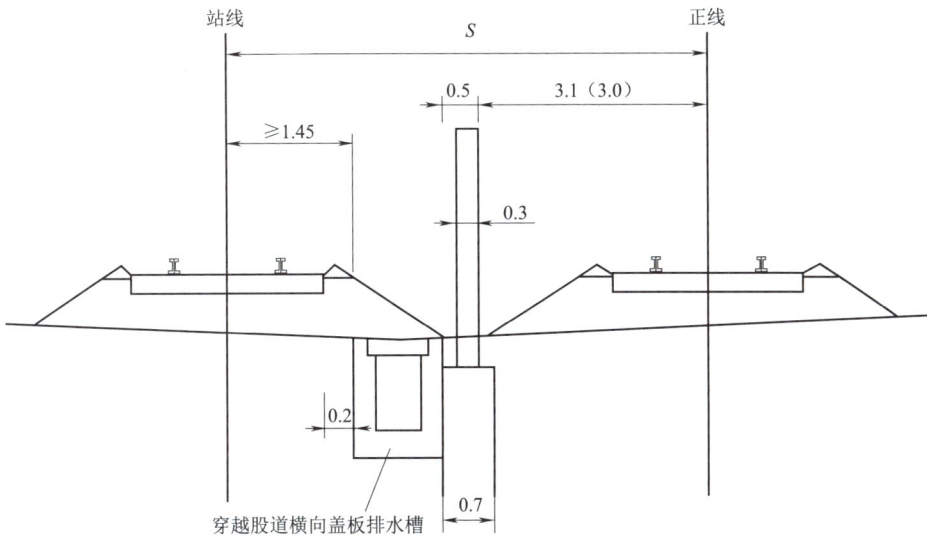

站线　　　　　　　　　S　　　　　　　　　正线

0.5　　3.1（3.0）

$\geqslant 1.45$

0.3

0.2

穿越股道横向盖板排水槽　　0.7

（b）股道间排水槽与接触网支柱位置横断面

图 6-1　股道间排水槽与接触网支柱关系示意（单位：m）

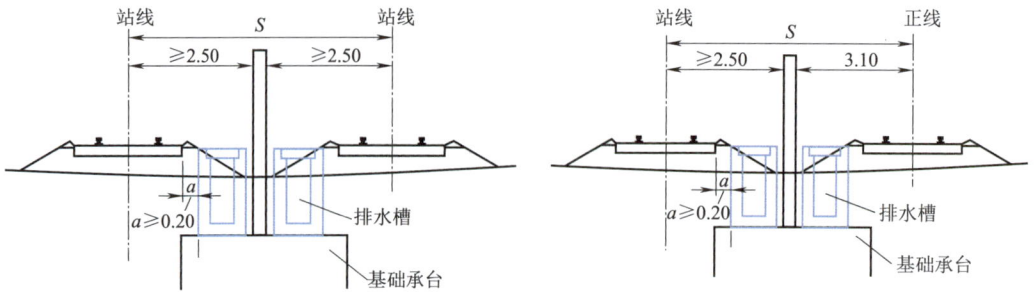

图 6-2　排水槽从柱体两侧通过示意（单位：m）

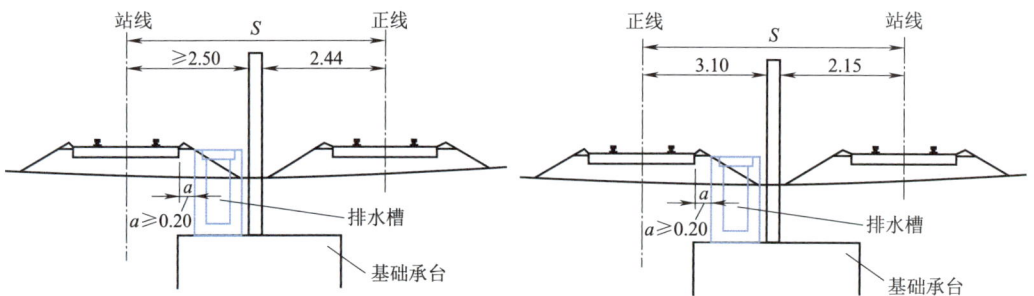

图 6-3　排水槽从柱体一侧通过示意（单位：m）

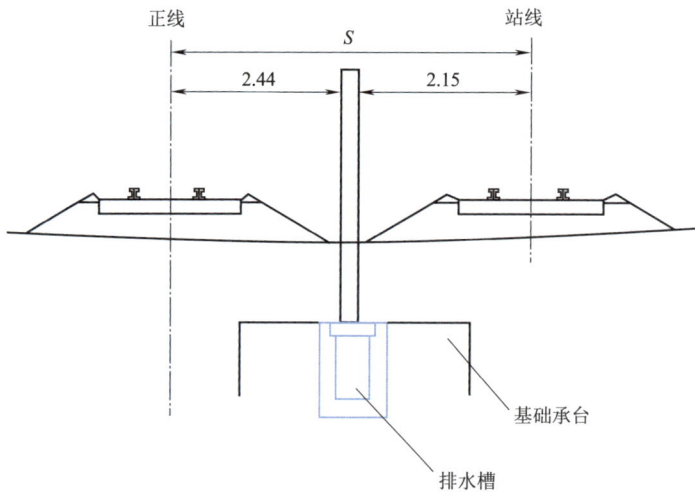

图 6-4　排水槽从柱体基础中间穿过示意（单位：m）

3. 线间设置排水槽、站房（雨棚）柱和客车上水、卸污设施

高速铁路始发站、动车段（所）等根据需要设置旅客列车上水和卸污设施，以上设施不应设置在到发线和正线间，股道间同时设有站房（雨棚）柱、排水槽时，系统布置方式如图 6-5所示。一般地段，在线路两侧分别布设上水管沟、站场排水槽，设置上水单元、卸污接收单元

段落采用综合管沟布置,结构形式如图 6-6 所示。线间距 6.0 m 满足需求。

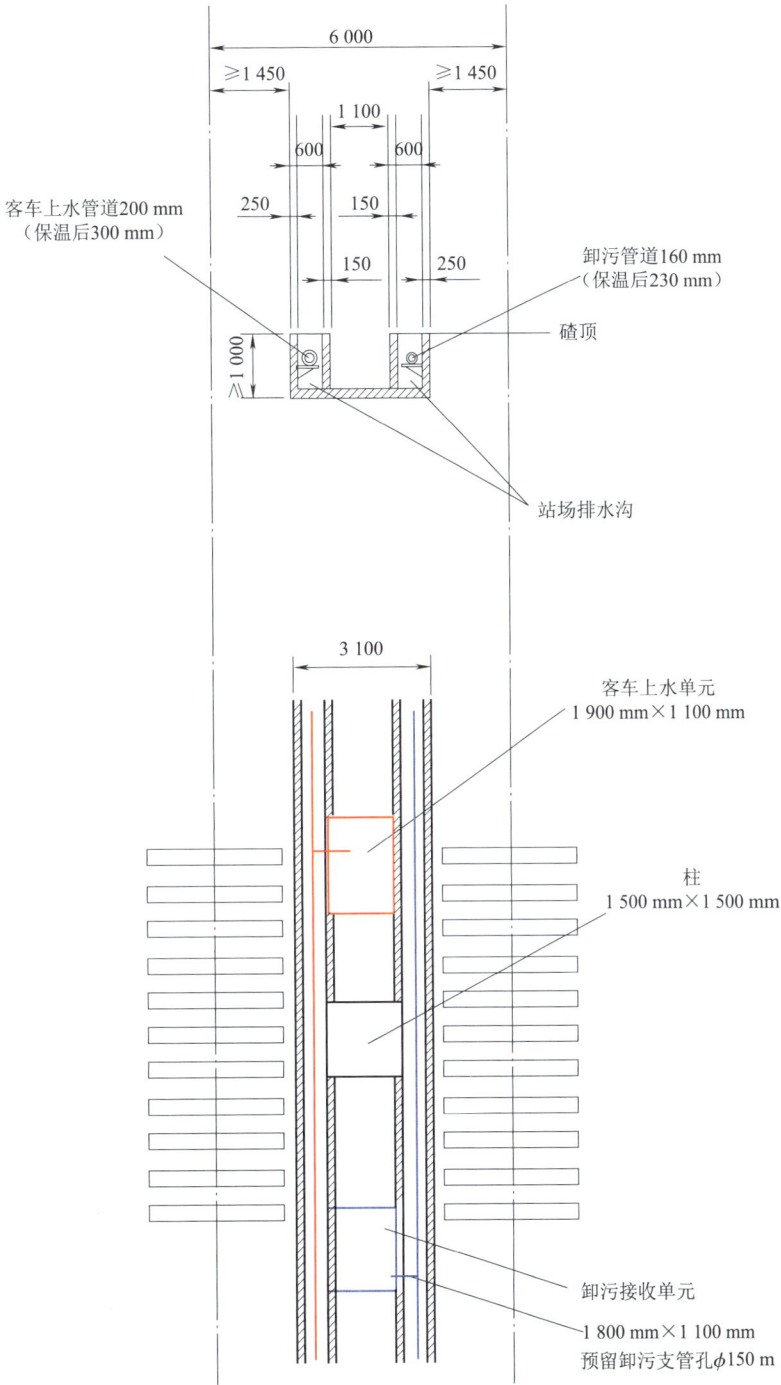

图 6-5　客车上下水设施与排水槽关系示意(单位:mm)

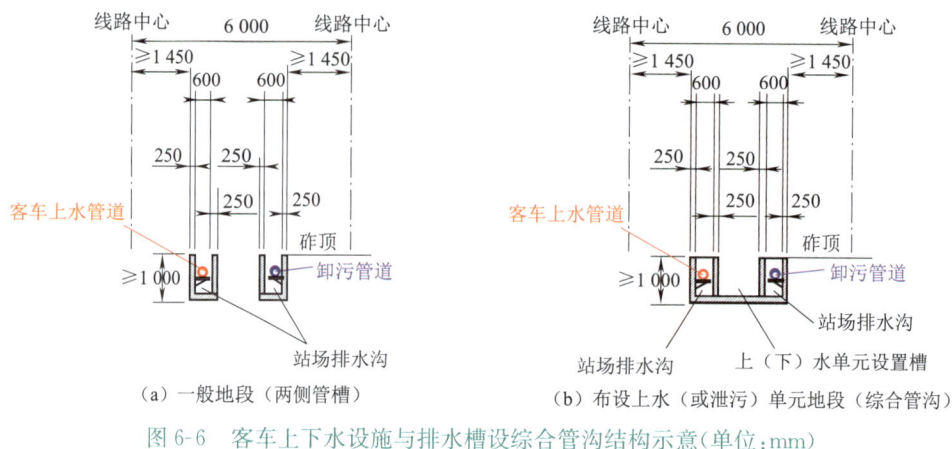

（a）一般地段（两侧管槽）　　　（b）布设上水（或泄污）单元地段（综合管沟）

图 6-6　客车上下水设施与排水槽设综合管沟结构示意（单位：mm）

6.2　车站咽喉区布置

为满足道岔转辙机布设，咽喉区道岔配列与线间距布置应做好统筹考虑。

1. 与道岔布置相关的技术要求

（1）转辙机台数

12 号单开道岔：尖轨设置 2 个牵引点，可动心轨设置 2 个牵引点。

18 号单开道岔：尖轨设置 3 个牵引点，可动心轨设置 2 个牵引点。

42 号单开道岔：尖轨设置 6 个牵引点，可动心轨设置 3 个牵引点。

（2）转辙机安装范围

12 号单开道岔：岔心前 15～8 m，岔心后 14.5～19.5 m。

18 号单开道岔：岔心前 18～30.5 m，岔心后 22.5～28 m。

42 号单开道岔：岔心前 25.5～59.5 m，岔心后 54～66.5 m。

（3）转辙机安装要求

转辙机宜设于线路外侧，与道岔直股基本轨平行，转辙机不应设置在正线间。目前道岔采用的转辙机一般为交流转辙机，主型是 ZYJ7 型（电液，转辙机设备外缘距钢轨 2 137 mm）和 ZDJ9（电动，转辙机设备外缘距钢轨 1 900 mm）两种，还有一种非主型转辙机为 ZD6-D 型（电动，转辙机设备外缘距钢轨 1 660 mm）。转辙机安装结构示意如图 6-7 所示。

转辙机安装位置如图 6-8 所示。从图 6-8 可看出，满足转辙机安装的线间距为转辙机距两线路中心距离之和。转辙机外侧距线路中心距离 2 282.5 mm＋752.5 mm＝3 035 mm，设计中按 3 040 mm 取值；转辙机外侧至相邻线路中心距离受岔枕长度控制，不小于 1 300 mm（线路中心距岔枕端部的距离）＋50 mm（施工距离）/cos 道岔角计算值。

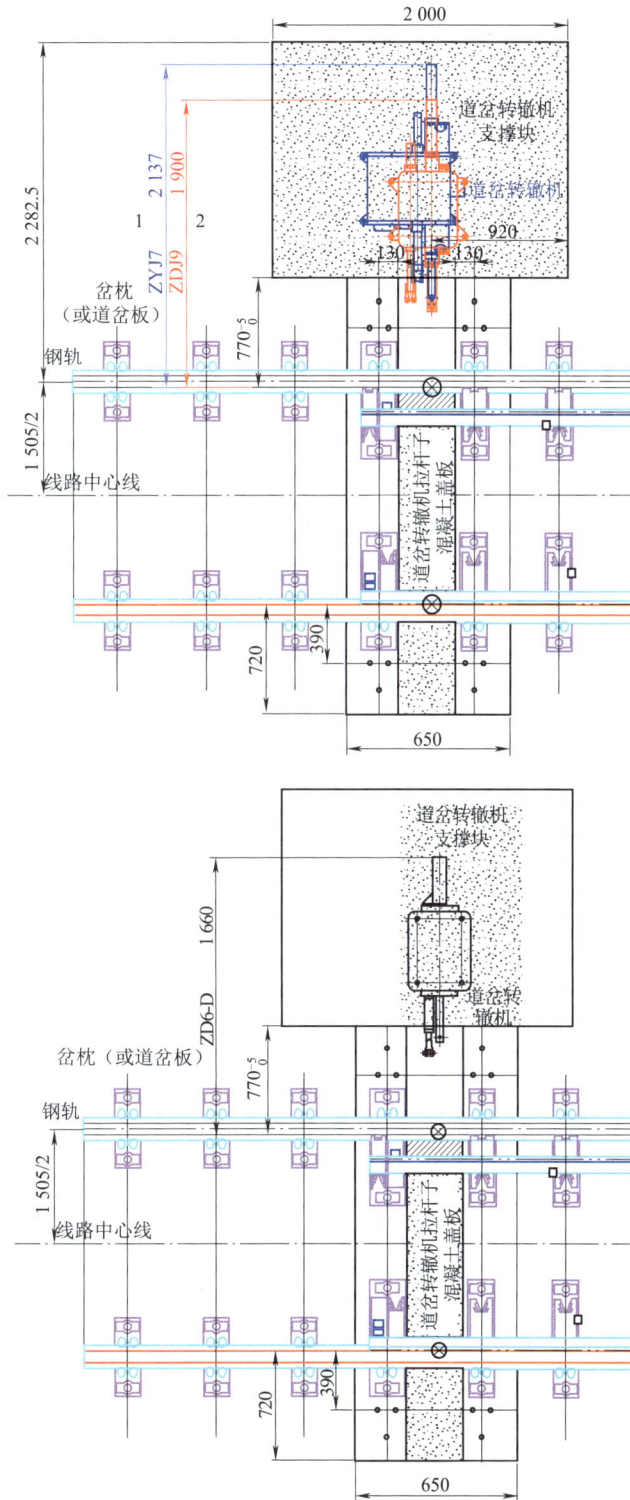

图 6-7 转辙机安装结构示意(单位:mm)

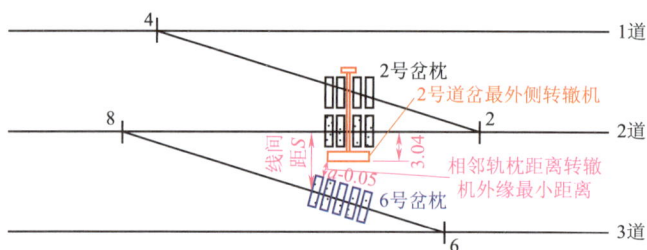

图 6-8 转辙机安装位置示意(单位:mm)

2. 咽喉区道岔布置

大型车站咽喉区道岔多,列车平行进路多,为满足道岔转辙机与相邻线的间距要求,咽喉区线间距布置、道岔配列应根据具体设计情况(道岔型号、转辙机位置等)进行检算。

以 60 kg/m 18 号道岔为例,根据转辙机结构布设要求,转辙机布设范围(即牵引点设置范围)内两线最小间距 $S=3.04+(1.3+0.05)/\cos(道岔角)=4.39$ m。

咽喉布置时道岔间配轨需满足转辙机安装要求,如图 6-9 和图 6-10 所示,23 号与 27 号道岔间配轨长度受 27 号道岔转辙机控制,至少需 31.2 m 才能满足转辙机布设要求;19 号与 25 号道岔间配轨长度受 25 号道岔转辙机控制,当 19 号、25 号均为无砟道岔时,需 39.3 m 才能满足转辙机布设要求;17 号与 21 号道岔间配轨长度受 21 号道岔转辙机控制,25 m 可满足转辙机布设要求。

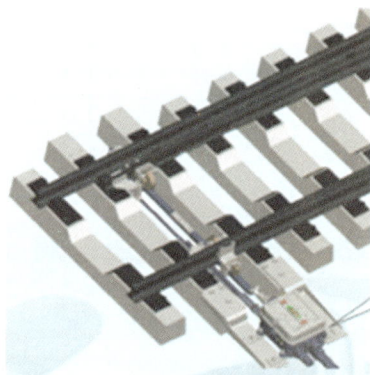

图 6-9 转辙机安装位置

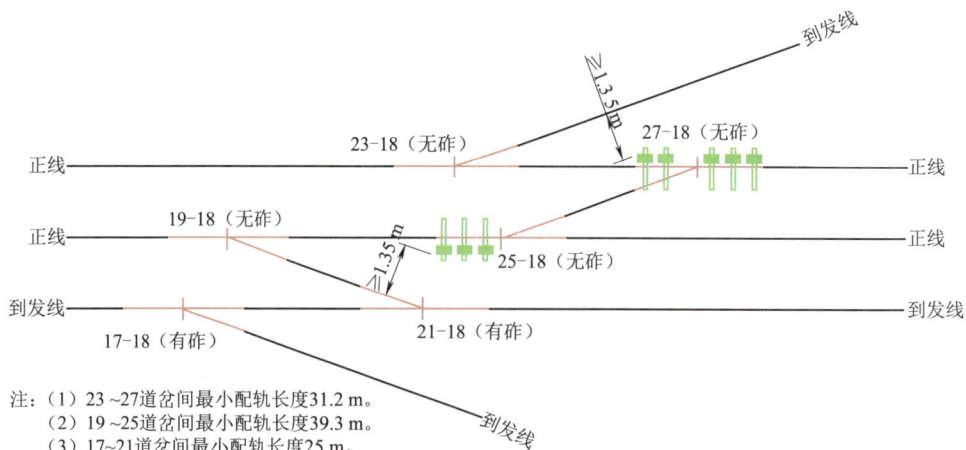

注:(1)23~27道岔间最小配轨长度31.2 m。
(2)19~25道岔间最小配轨长度39.3 m。
(3)17~21道岔间最小配轨长度25 m。

图 6-10 转辙机布置需求示意一

图 6-11 为 42 号与 18 号道岔相邻时配轨示意,16 号与 8 号道岔配轨长度受 8 号道岔转辙机控制,如采用 ZYJ7 型转辙机,需 86.55 m 方可满足转辙机布设需求;如采用 ZDJ9 型转辙机,需 78 m 可满足转辙机布设需求;如特殊条件下可采用 ZD6-D 型转辙机,需 67.5 m 可满足需求。

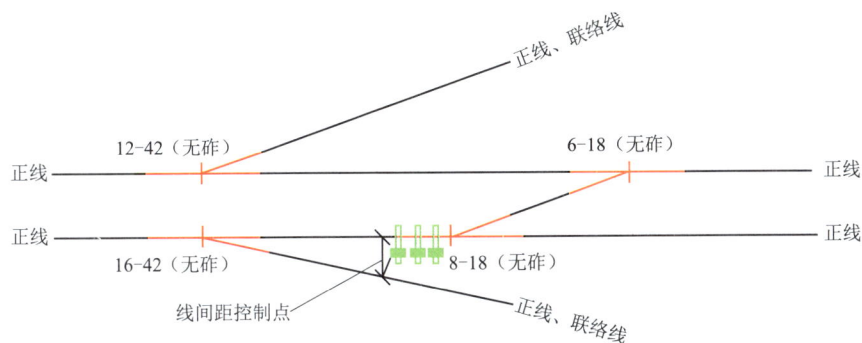

图 6-11　转辙机布置需求示意二

6.3　道　岔　梁

当道岔位于跨区间无缝线路桥梁地段,为保证轨道结构安全平顺,设计时要系统考虑桥梁、轨道相关要求,统筹平纵断面设计。

(1)整组无缝道岔及单渡线应置于一联连续梁内或小跨度刚构上,尽量位于梁的中部,道岔首尾至邻近梁端距离不小于 18 m。

(2)整组无缝道岔及单渡线所在桥面横向应为整体式结构,即道岔侧股不应跨越纵向梁缝。

(3)单渡线所在的道岔梁的固定支座宜设在单渡线中心处。

(4)八字渡线区两联连续梁之间宜布置一孔或以上简支梁。

(5)道岔梁不宜位于竖曲线和平曲线上。

(6)桥梁需局部加宽满足转辙机安装要求。

(7)桥梁设计需满足道岔(含转辙机)荷载要求。

6.4　车站综合排水

车站排水应统筹考虑线路、站场、路基、桥梁、给排水、房建等排水设施衔接关系,形成完整的排水系统。车站排水应与区间排水设施有机衔接，顺畅排出；应结合桥涵设置、铁路排水管网、城市排水系统综合设计；引入桥涵时，入口高程应高于桥涵处的排水出口高程；接触网及雨棚等支柱设置在站内有排水槽（沟）的线间时，有关支柱基础与排水槽（沟）应统一设计。

6.4.1　与区间排水衔接

车站排水系统应与区间排水系统密切配合，排水沟位置、标高、断面及防护形式等宜协调统一，做到排水工程系统、排水径路合理。

6.4.2　与桥涵衔接

1. 排水槽从涵洞（框构）顶通过

排水槽从涵洞（框构）顶通过，需协调涵洞（框构）顶高程和排水槽结构底部最低点的控制高程，防止涵洞（框构）切断排水去路，如图 6-12 所示。

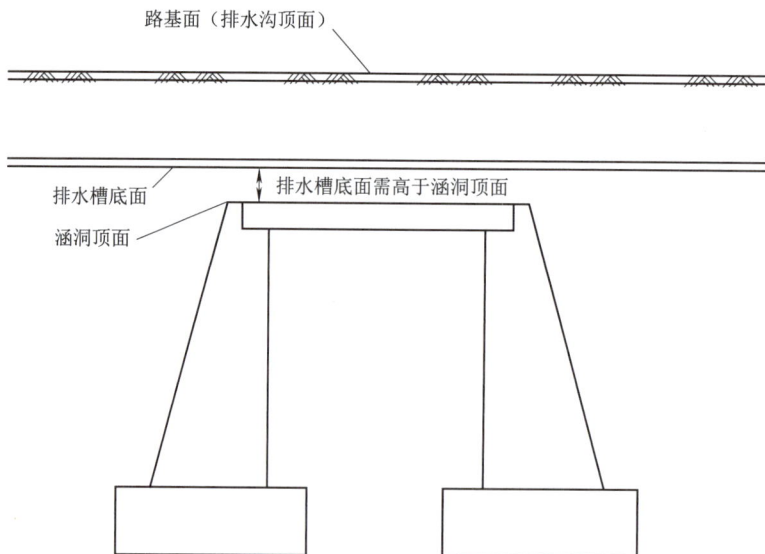

路基面（排水沟顶面）

排水槽底面

涵洞顶面

排水槽底面需高于涵洞顶面

图 6-12　排水槽从涵洞顶通过关系示意

2. 纵向排水沟（槽）利用涵洞作为横向排水设施

站内排水涵洞可作为站场横向排水设施，当站内排水沟沟底低于涵洞顶板时，可在涵洞侧面开口；当排水沟的沟底高于涵洞顶部时，可在涵洞顶部开口。排水沟至涵洞开口处一般可设置竖井，将排水槽的水引入涵洞内，避免渗漏至路基本体内，如图 6-13～图 6-15 所示。

3. 排水沟出口

排水沟排向桥涵出入口或地方排水系统入口时，沟底高程应不低于桥涵和市政排水流水面高程。排水沟尽量引入排洪功能的涵洞,可排入有自然排水系统的立交涵洞内,需将水集中引入,不得散排。

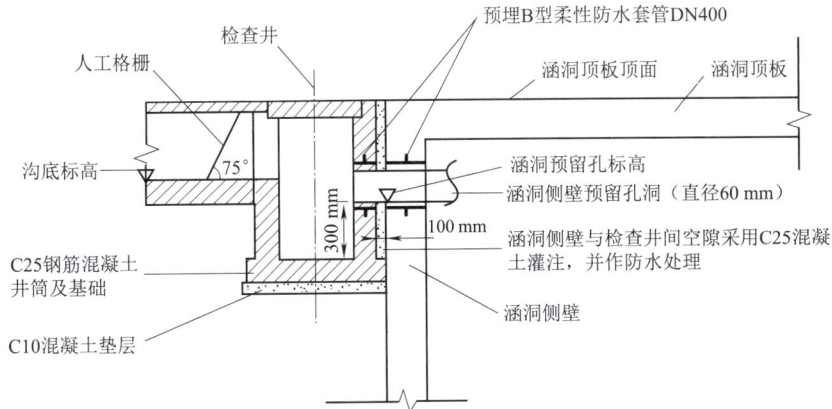

图 6-13　排水槽水引入涵洞侧壁开孔示意

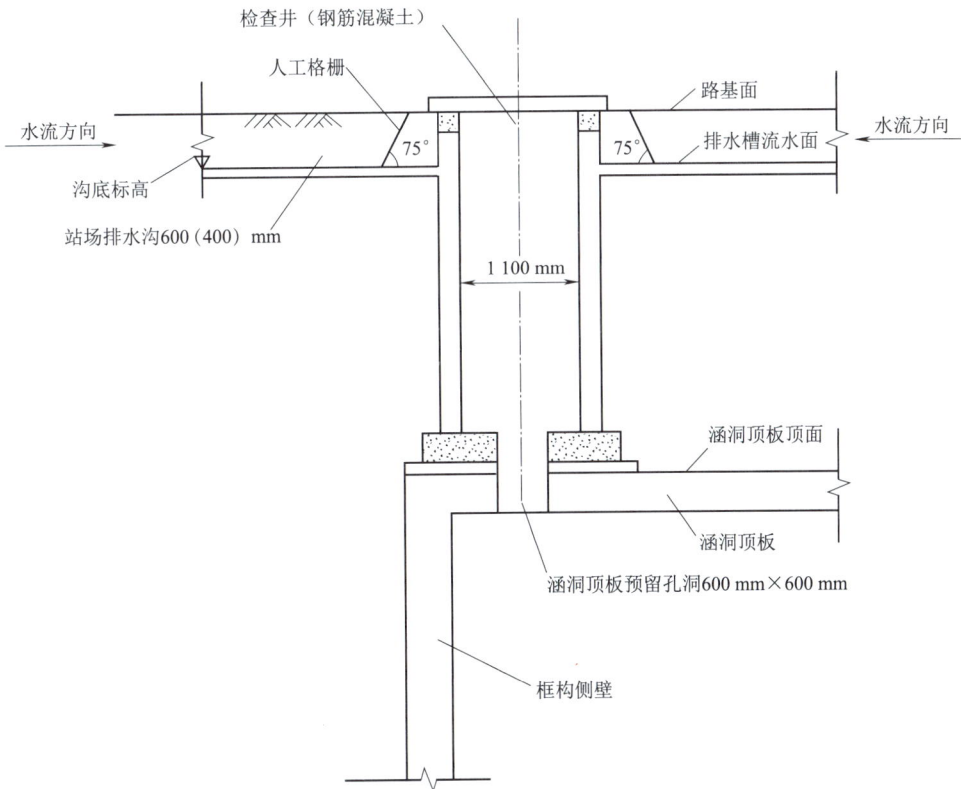

图 6-14　排水槽水引入涵洞涵洞顶开孔示意

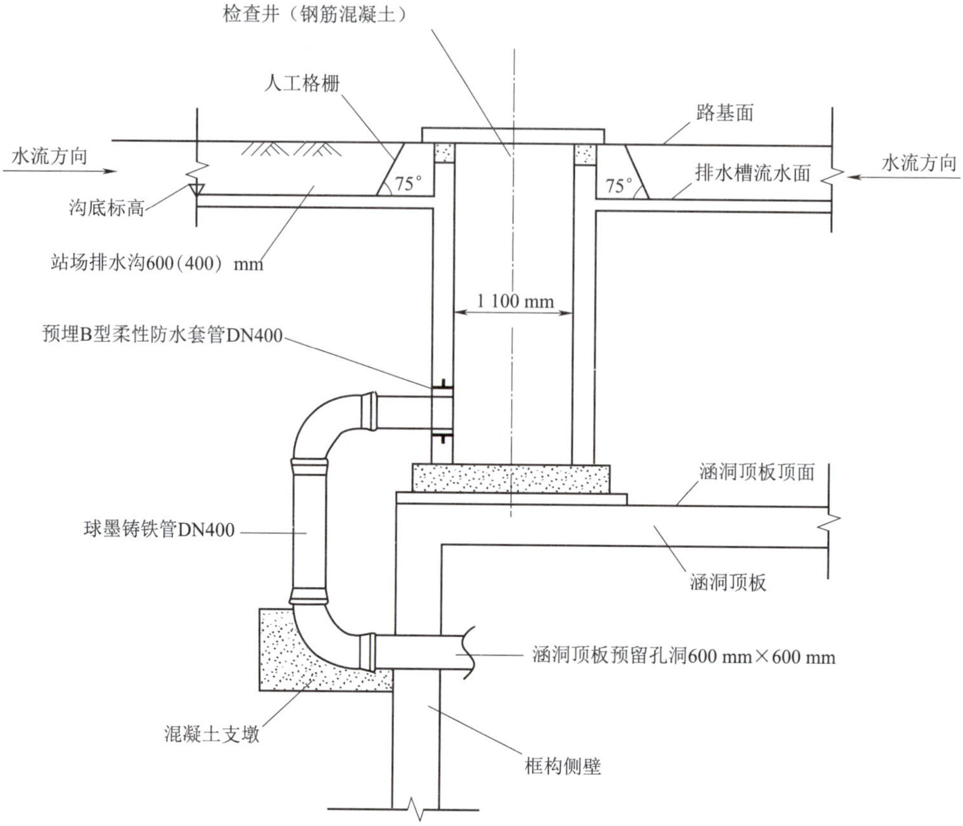

图 6-15 排水槽水引入涵洞涵侧壁开孔示意

6.4.3 与特殊路基地段排水衔接

1. 盲沟

地下水路堑工点需根据地下水位、渗流方向、渗透系数等资料分别采用在路堑一侧或两侧设置盲沟引排地下水。盲沟一般设置在侧沟平台下,为保证冬季排水通畅,盲沟出口采用掩埋式锥体保温出口,出口处设置明沟,出口应选择在远离线路一定距离、地势开阔、落差大、且朝阳避风的地点,自然地向低洼处排水。

2. 截水沟

路堑边坡平台设置截水沟应连续,且应保证截水沟水能顺利排出,避免积水;截水沟应通过连接沟将水排至天沟或侧沟端头内,如图 6-16 所示。截水沟水流不应引入侧沟,当困难条件下必须引入时,应按流量计算增大侧沟横断面尺寸。

3. 挡墙地段排水

路堑地段设置挡墙时,需在挡墙顶部设置截水沟将水引入站场排水沟或排水涵内。

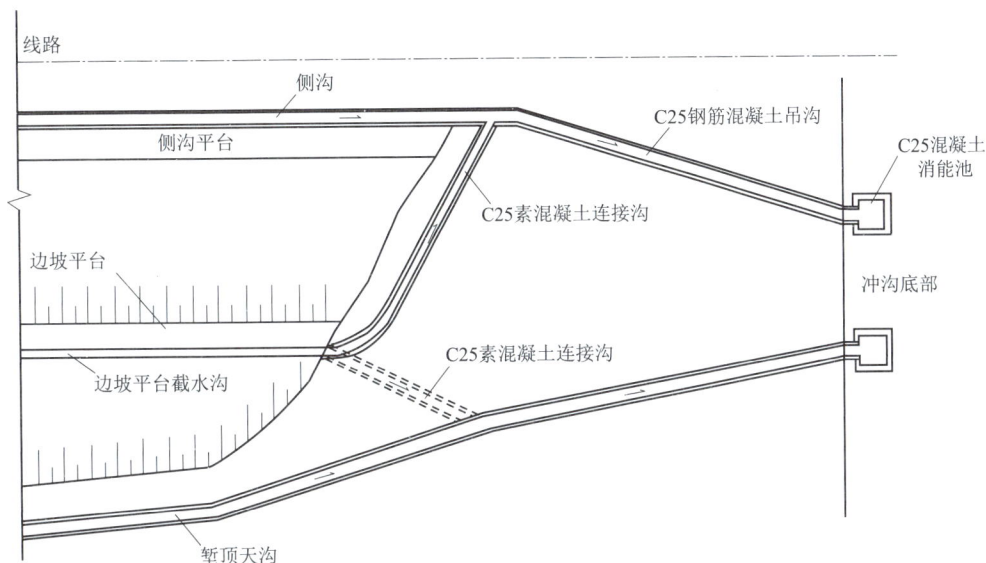

图 6-16 吊沟平面图

当路堤地段设置路肩挡墙时,墙背后设置渗水片材,其后设置袋装砂夹卵石反滤层,在墙顶和地面处(反滤层顶部和底部)设置黏土或混凝土隔水层,隔水层之间沿墙高和墙长方向设置泄水孔,泄水孔上下左右间隔 2~3 m 交错布置。路基顶面做成向外的 4% 横向排水坡,水流经墙顶隔水层后自然外排,部分雨水下渗后经墙身泄水孔排出。

在设置路基挡墙地段需要设置横向排水槽时,应在挡墙顶部预留排水出口,并设置竖向排水管将水引入路基两侧排水沟(槽)内,避免散排对挡墙基础产生冲刷,如图 6-17 所示。

6.4.4 站内无砟轨道正线线间排水

站内路基段落无砟轨道正线线间排水,一般采用集水井方式。集水井设置间隔根据汇水面积及当地气象条件计算确定。设置集水井,正线外侧无排水槽时,在基床表层下一定深度埋设横向排水管将水引出路堤坡脚外或引入排水沟、路堑侧沟内。线路两侧和线间路基面进行防水处理。无砟轨道正线间排水措施如图 6-18 所示。

当正线外侧设有线间排水槽时,在基床表层下一定深度埋设横向排水管将水就近排入相邻的站线间排水槽,线路两侧和线间路基面采用钢筋网片混凝土封闭层进行防水处理,如图 6-19 所示。

当无砟轨道类型采用双块式时,正线间也可结合无砟轨道单元长度的设置、站内排水需求采用其他不设置集水井的措施,如采用加大底座伸缩缝排水或线间填筑级配碎石、表面用钢筋网片混凝土封层的方法,处理措施如图 6-20 所示。

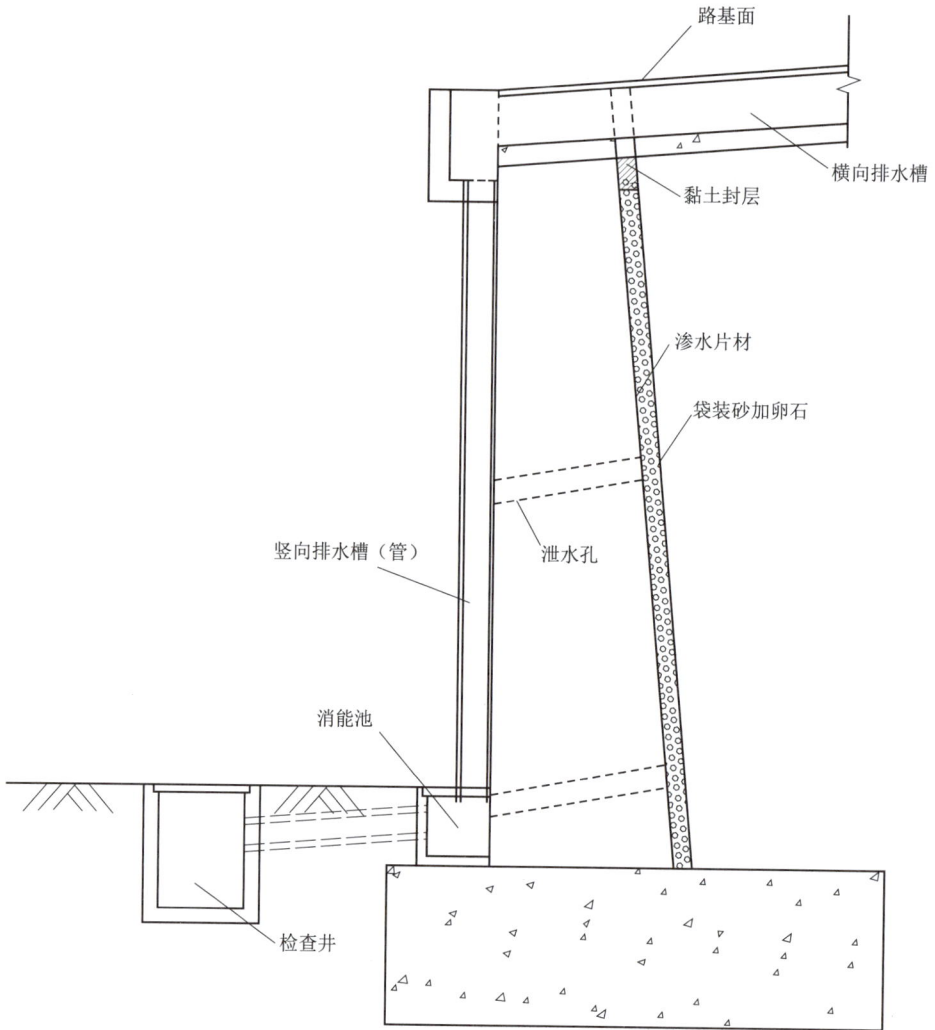

图 6-17　路肩挡土墙排水示意

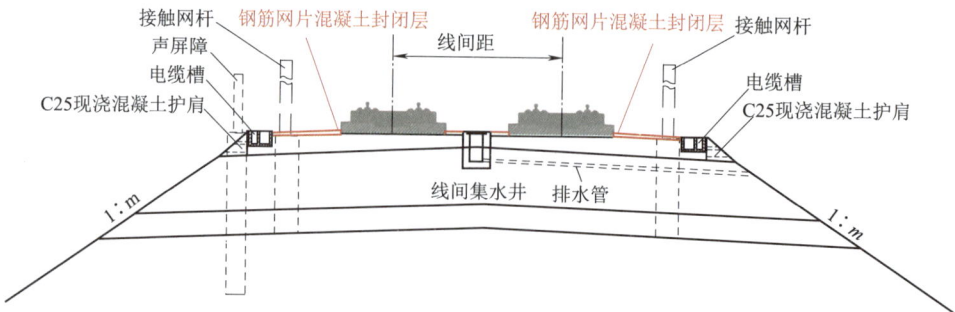

图 6-18　站外无砟轨道正线间集水井设置示意

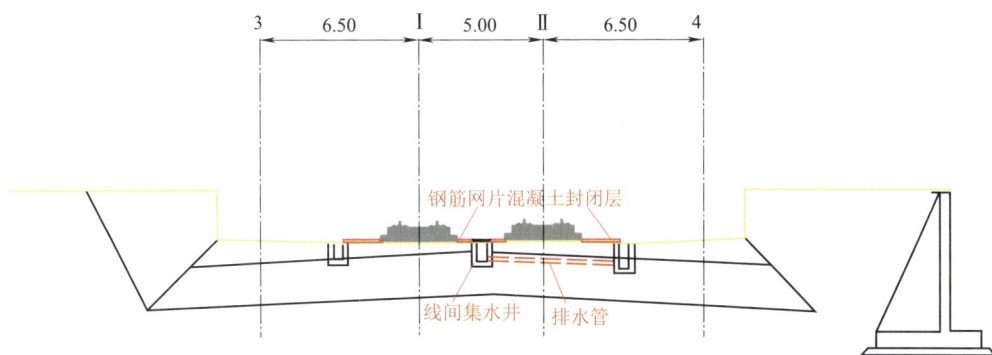

图 6-19　站内无砟轨道正线间集水井设置示意(单位:m)

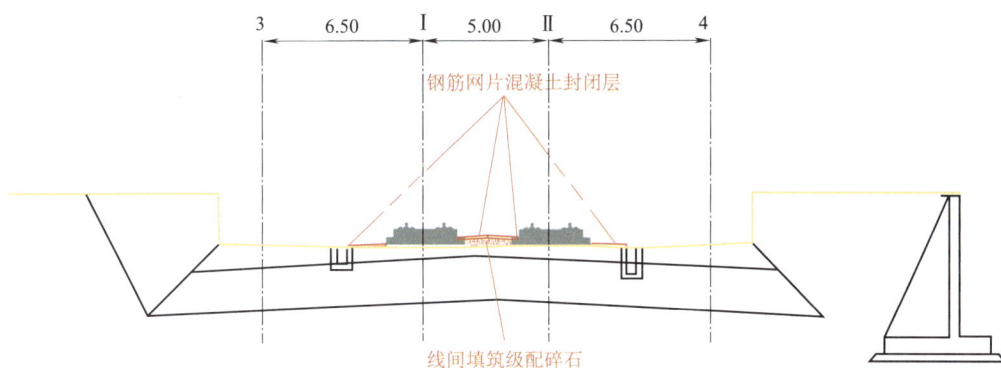

图 6-20　站内无砟正线间不设集水井排水处理示意(单位:m)

6.4.5　与站房、雨棚排水衔接

1. 站房(雨棚)柱位于站台上

当支柱设置在站台上时,一般采用在站台内新建排水管方案。纵向排水管埋设于站台内冻结深度以下,雨棚或站房雨水经支柱排入纵向排水暗管,出站台后,设横向排水设施排至路基外侧,如图 6-21 所示。

2. 站房(雨棚)柱位于线间

当支柱设于线间时,雨水可沿站房(雨棚)柱排水管直接引入线间排水槽内。排水槽需考虑雨水流量和防冲刷处理措施,当线间排水槽从站房(雨棚)柱的两侧通过时,雨棚柱出水口应位于排水槽的下游方向,如图 6-22 所示。

当线间排水槽从柱体一侧通过时,柱体出水口设置在排水槽侧,与纵向排水槽交角成45 度,避免雨水直接冲刷排水槽侧壁,如图 6-23 所示。

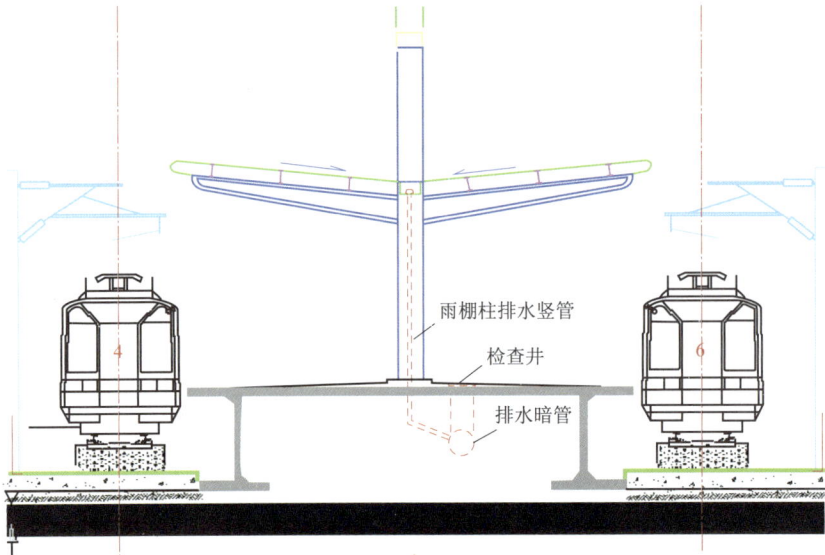

图 6-21 中间站台设纵向排水管示意

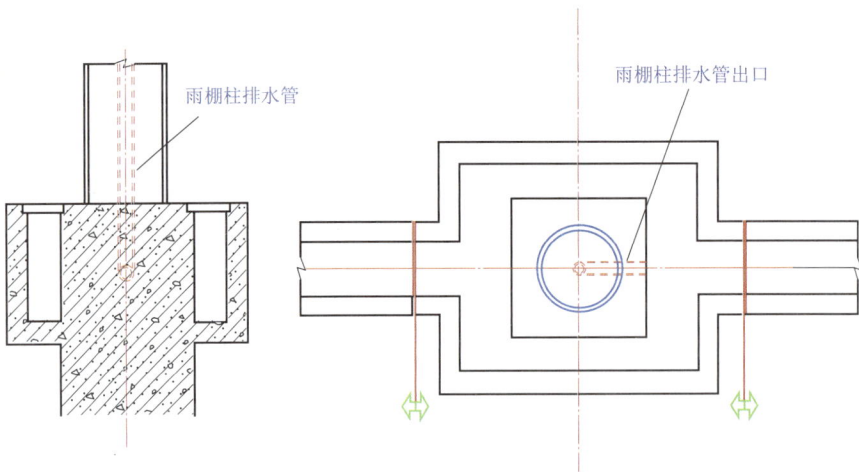

图 6-22 排水槽从柱体两侧通过排水示意

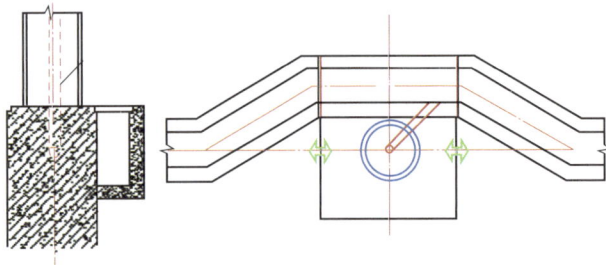

图 6-23 排水槽从柱体一侧通过排水示意

6.5　车 站 路 基

站内路基设计宽度应综合考虑各类管、槽、柱、声屏障等构筑物布局,并应与区间路基有机衔接。

6.5.1　路基面布置

最外侧线路中心线至路基边缘的宽度由接触网支柱边缘距最外侧线路中心的距离、接触网基础的宽度、接触网基础边缘距电缆槽的距离、电缆槽的宽度、电缆槽外护肩顶面宽度、护肩边坡坡度等因素确定。如果最外侧线路为正线且为有砟轨道时,还需考虑曲线加宽。车场最外侧线路中心线至路肩边缘宽度的确定。

(1)接触网支柱边缘距最外侧线路中心的距离 L_1:有砟轨道正线 3 100 mm;无砟轨道正线 3 000 mm;站线 3 100 mm。

(2)接触网支柱宽度 e 及基础宽度 f 见表 6-1、表 6-2。

表 6-1　250 km/h 接触网支柱及基础宽度

项　　目	支柱宽度/mm	接触网基础宽度/mm		
		地面以上 200 mm 处	地面以下 0～1 500 mm 处	地面以下 1 500～4 500 mm 处
混凝土圆立柱	350	700	700	700
硬横梁	350	1 000	1 000	850

表 6-2　350 km/h 接触网支柱及基础宽度

项　　目	支柱宽度/mm	接触网基础宽度/mm		
		地面以上 200 mm 处	地面以下 0～1 500 mm 处	地面以下 1 500～4 500 mm 处
H 型钢立柱	300	700	700	700
硬横梁	350	1 000	1 000	850

(3)接触网基础边缘距电缆槽的距离 K 不小于 20 mm。

(4)电缆槽外护肩顶面宽度不小于 100 mm。

(5)电缆槽外护肩边坡坡度不陡于 1:0.5。

(6)电(光)缆沟槽外廊宽度 i:区间通用电缆槽结构宽度 0.87 m,站内当电缆槽采用双槽时最小宽度 1.07 m,具体项目根据采用的电缆槽结构尺寸确定。

以车场最外侧线路为有砟到发线为例,如站内电缆槽宽度按 1.07 m 的取值、基础网支柱采用基本的支柱形式(结构尺寸:结构宽度 300 mm,地下基础 700 mm),如图 6-24 所示。

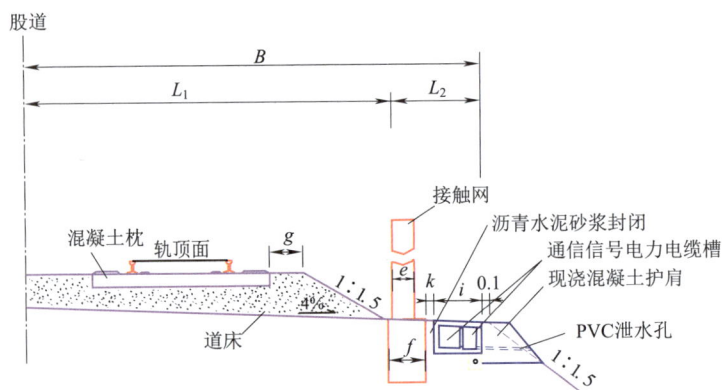

B——车站最外侧线路中心至路基边缘距离(m);
L_1——接触网支柱内缘至最外侧线路中心最小距离(m);
L_2——接触网支柱内缘至路基边缘距离(m);
e——接触网支柱轨面以上宽度(m);
f——接触网支柱基础宽度(m)。

图 6-24 车场最外侧线路中心线至路肩边缘宽度示意

$$L_1=3.1 \text{ m}; e=0.3 \text{ m}; (f-e)/2=0.2 \text{ m}, K=0.02 \text{ m}, i=1.07 \text{ m}$$

最外侧线路中心至路肩边缘宽度为 $3.1+0.3+0.2+0.02+1.07+0.1=4.7$ m。

6.5.2 路基挡墙与雨棚柱衔接

雨棚柱基础与路基挡墙位置重合时,需要统筹设计。挡墙结构设计时需预留雨棚柱接口条件,如图 6-25 所示。

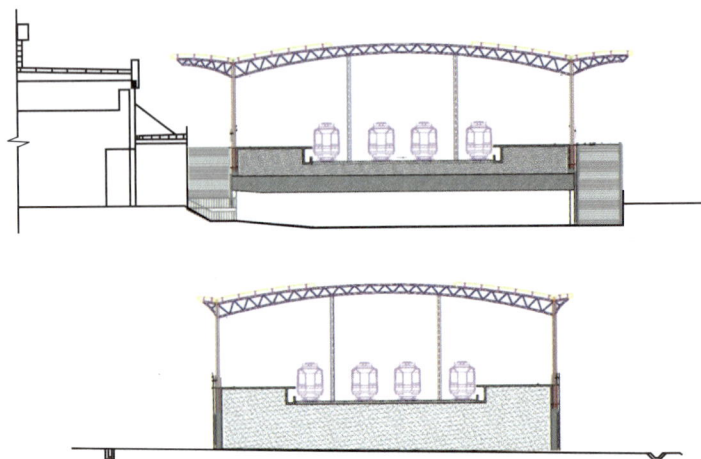

图 6-25 雨棚柱基础与挡墙合设横断面示意

6.6 车站综合管线

综合管线布置的目的是对各专业、各系统复杂的管线系统加以综合,在有限的空间内,将各种管线按规定的间距要求进行综合安排,以达到易于施工(统一安排管线的施工组织,避免在同一地点反复开挖)、便于维修(维修开挖时不影响其他管线或建筑物)、避免干扰(强电对弱电的干扰等)的目的。

6.6.1 站区综合电缆槽

站场内电缆种类繁多,主要分为通信光缆、信息光缆/电缆、信号电缆、电力电缆、接触网PW 线、贯通地线等,电缆沟槽是高速铁路车站管线综合的主要敷设方式。

区间线路两侧布设贯通综合电缆槽,站内贯通综合电缆槽与区间电缆槽平顺相接。由于站内设置侧式站台、站房等原因,综合电缆槽穿越该区域需要根据实际情况考虑综合电缆槽走行径路,如图 6-26 所示。

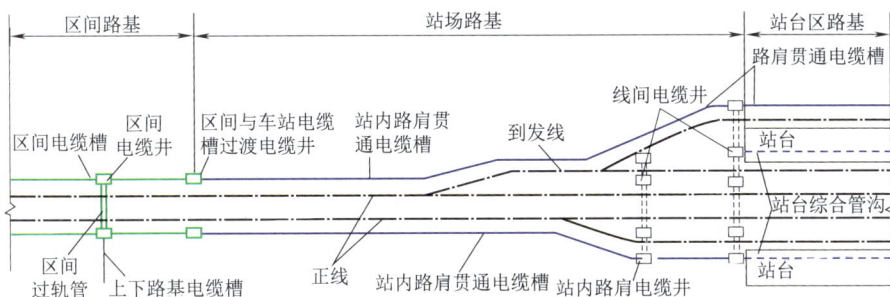

图 6-26 综合电缆槽径路示意

1. 进站信号机至站台端

为了方便电缆铺设,站内进站信号机至站台端路基贯通电缆槽分布于路肩两侧,同区间保持一致。

2. 站房范围

综合电缆槽穿越站区,在站房范围设有各专业分支电缆进入站房机械室,综合电缆槽的位置应综合考虑接入站房的便利性、上下路基电缆槽形式、咽喉区电缆槽的衔接等因素确定。

设线侧下式站房的车站,因站房场坪与路肩有高差,综合电缆槽的位置应根据具体设计工况合理选择。宜优先选择设于站台或路肩上,当站台上其他设施较多(雨棚柱、排水管道、消防设施等)致使站台空间不足时,或因填方过高设有直立式挡墙、因上下路基电缆槽处理复杂时,可选择在场坪区域设置贯通电缆槽。设于站房场坪时,应考虑涝水位的影响并优先选择封闭式贯通电缆沟形式。

综合电缆槽自路肩上通过如图 6-27 所示。自站台上通过如图 6-28 所示。自站房场坪通过如图 6-29 所示。

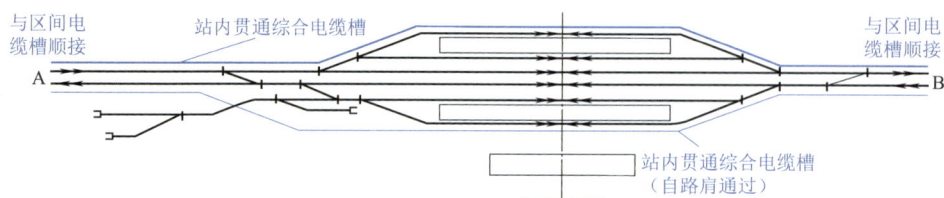

图 6-27　站内综合电缆槽自路肩通过示意

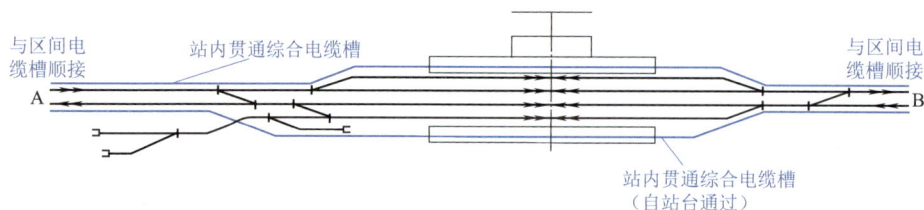

图 6-28　站内综合电缆槽自站台通过示意

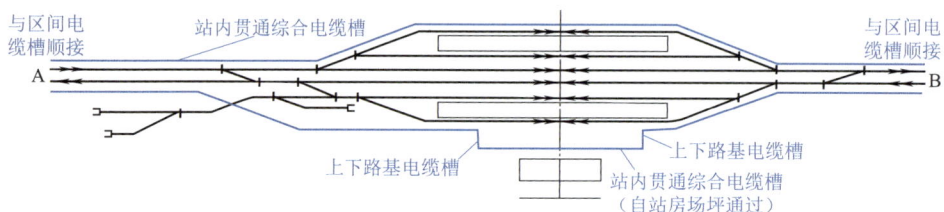

图 6-29　站内综合电缆槽自站房场坪通过示意

6.6.2　站区管线过轨

1. 过轨方式

横向过轨通常有两种方式:一是各专业分别埋设过轨管过轨,在过轨处设置过轨管和电缆井,这种方式是目前设计中常用方式;二是设置过轨涵洞集中过轨,可减少对路基的穿越,但增加了电缆的绕行长度。

2. 过轨位置

过轨位置主要根据各专业的过轨需求进行设置,一般情况下相关专业的过轨位置需求见表 6-3。

表 6-3　各专业过轨需求

专业	进站信号机	咽喉区	出站信号机	站台端	站中心	配电所处等特殊位置	牵引变电所、分区所、AT所、网开关控制站等特殊位置
电力	1	1		1		1	
信号	1	1	1	1	1		
通信		1		1			
变电		1		1			1
给水				单侧 1			

3. 过轨设置原则

(1)过轨位置应避开正线道岔、桥涵、道岔转辙机、接触网支柱等构筑物。

(2)为便于养护维修及管理,不同专业尽量采用集中过轨方式。

(3)各专业之间过轨位置不同时,过轨中心里程间距应大于 3 m。当过轨根数较多、单井过轨难以满足过轨管埋设需要时,可采用分井过轨,强电、弱电线缆不能在同一井内过轨,其电缆井之间净距不小于 1.0 m;当其中有牵引供电线缆时,其电缆井之间净距不小于 2.0 m。

(4)过轨应调整至站台端或者挡墙外侧,减少对站台墙、挡墙的穿越,减少施工难度。

4. 过轨措施

过轨管设置在路基基床表层以下,以减少过轨管设置对路基稳定性的影响。为确保路基压实度及满足现场施工要求,埋设过轨管采用"先填路基,后挖槽埋管回填素混凝土"的措施,采用人工或机械挖槽,槽底设 C25 混凝土基础,厚度不小于 10 cm。具体措施如图 6-30 和图 6-31 所示。

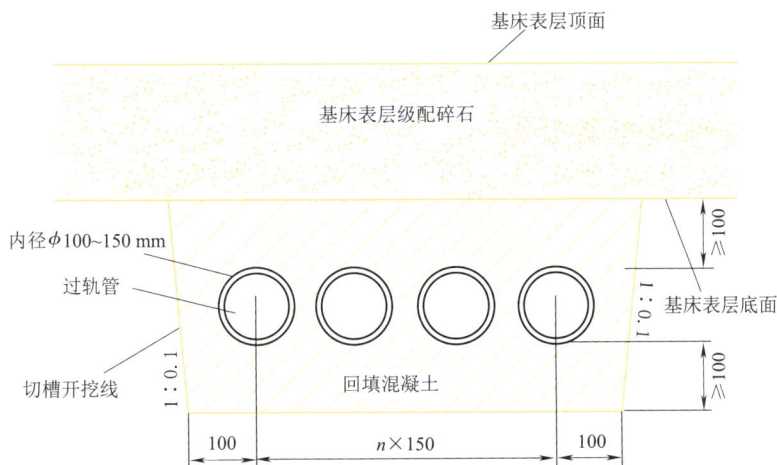

图 6-30　路堤及基床表层换填地段的路堑过轨管埋设示意(单位:mm)

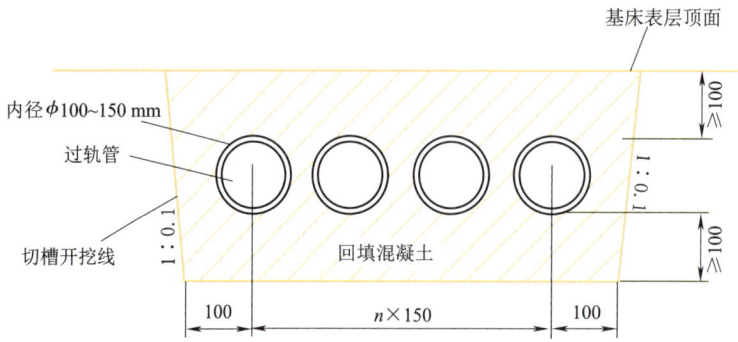

图 6-31　基床表层不换填地段的路堑过轨管埋设示意(单位:mm)

参 考 文 献

[1] 卢春房. 中国高速铁路[M]. 北京:中国铁道出版社,2017.

[2] 黄民. 铁路网规划理论与实践[M]. 北京:中国铁道出版社有限公司,2021.

[3] 黄民. 新时代交通强国铁路先行战略研究[M]. 北京:中国铁道出版社,2020.

[4] 俞祖法. 高速铁路站场与枢纽关键技术研究报告[R]. 北京:中国铁路经济规划研究院集团公司等,2020.

[5] 李荣华. 高速铁路工程技术设计[M]. 北京:中国铁路出版社,2021.

[6] 李树德. 中国高速铁路技术海外设计实务[M]. 北京:中国铁道出版社,2018.

[7] 国家铁路局. 高速铁路设计规范:TB 10621—2014 [S]. 北京:中国铁道出版社,2015.

[8] 国家铁路局. 铁路线路设计规范:TB 10098—2017 [S]. 北京:中国铁道出版社,2017.

[9] 中国铁路总公司. 铁路技术管理规程(高速铁路部分):TG/01—2014 [S]. 北京:中国铁道出版社,2014.

[10] 国家铁路局. 铁路车站及枢纽设计规范:TB 10099—2017 [S]. 北京:中国铁道出版社,2018.

[11] 姜大元. 基于整数规划模型的高速客运站选址方案及数量研究[J]. 铁道运输与经济,2012,34(5):31-36,39.

[12] 王宇嘉,贾永刚,孙耿杰,等. 高速铁路基础设施综合维修生产力布局优化研究[J]. 中国铁路,2019(4):35-40.

[13] 钱立新. 世界高速铁路技术[M]. 北京:中国铁道出版社,2003.

[14] 杨浩. 铁路运输组织学[M]. 4版. 北京:中国铁道出版社,2015.

[15] 彭其渊,王慈光. 铁路行车组织[M]. 北京:中国铁道出版社,2012.

[16] 李海鹰,张超. 铁路站场及枢纽[M]. 北京:中国铁道出版社,2011.

[17] 彭其渊. 客运专线运输组织[M]. 北京:科学出版社,2007.

[18] 陈应先. 高速铁路线路与车站设计[M]. 北京:中国铁道出版社,2001.

[19] 孔庆钤,刘其斌. 铁路运输能力计算与加强[M]. 北京:中国铁道出版社,1999.

[20] 中国铁路设计集团有限公司. 北京枢纽丰台站改建工程[R]. 天津:中国铁路设计集团有限公司,2017.

[21] 中国铁路设计集团有限公司. 京津冀核心区铁路枢纽规划[R]. 天津:中国铁路设计集团有限公司,2019.

[22] 中国铁路设计集团有限公司. 新建郑州至济南铁路工程[R]. 天津:中国铁路设计集团有限公

司,2019.

[23] 中铁第四勘察设计院集团有限公司 . 武汉市枢纽总图规划[R]. 武汉:中铁第四勘察设计院集团有限公司,2015.

[24] 中铁第四勘察设计院 . 站场及枢纽[M]. 北京 :中国铁道出版社,2009.

[25] 朱国志 . 铁路客运专线车站站场设计研究 [J]. 铁道运输与经济,2008,30(9):14-18.

[26] 丁亮 . 关于对客运专线大型客站到发线数量的分析 [J]. 铁道经济研究,2009(5):28-30.

[27] 李庆生 . 客运专线车站设计有关问题的研究 [J]. 铁道工程学报,2006,23(7):86-90.

[28] 俞添 . 中德高速铁路车站到发线有效长对比研究 [J]. 铁道标准设计,2011,55(7):24-26.

[29] 于桂养 . 铁路较大中间站到发线数量的确定 [J]. 铁道运营技术,2003,9(1):35-36.

[30] 司耀旺,顾保南 . 德国柏林铁路客运枢纽特点分析 [J]. 综合运输,2009,31(8):79-83.

[31] 孙雪松 . 铁路客运综合交通枢纽布置的探讨 [J]. 铁道运输与经济,2015,37(8):60-63.

[32] 花伟,杜旭升,向思桐 . 德国柏林中央客运站铁路车场设置及作业方式研究 [J]. 铁道运输与经济,2020,42(1):96-102.

[33] 吴强 . 日本高速铁路考察报告[R].2006.

[34] 中华人民共和国建设部 . 铁路旅客车站建筑设计规范:GB 50226—2007 [S]. 北京:中国计划出版社,2012.

[35] 张春民 . 铁路客运专线车站的选址研究 [J]. 铁道运营技术,2008,14(2):11-13.

高速铁路基础研究与技术创新丛书

第一期(16 册)

高速铁路隧道内附属设施气动效应及安全性研究

彭立敏　杨伟超　施成华　雷明锋　著

ISBN 978-7-113-30104-0

高速铁路钢轨打磨理论与技术　　　　　　　　　　王文健　郭　俊　周　坤　著

ISBN 978-7-113-30061-6

高速列车动态性能正向设计　　　　　　　　　　周劲松　宫　岛　孙文静　著

ISBN 978-7-113-30050-0

高速列车自动驾驶控制理论　　　　宿　帅　李开成　唐　涛　袁　磊　等编著

ISBN 978-7-113-30147-7

高速铁路行车调度与控制一体化　　　　唐　涛　宿　帅　孟令云　阴佳腾　编著

ISBN 978-7-113-30112-5

高速铁路无砟轨道结构水泥基材料理论与技术

龙广成　曾晓辉　马昆林　谢友均　著

ISBN 978-7-113-30056-2

（二）动车组系列

高速列车空气动力学设计技术　　　　　　　　　　　　　　丁叁叁　著

ISBN 978-7-113-30055-5

（三）供电系列

高速铁路电力牵引供电工程智能建造技术

胡志华　陈建明　奚金柱　吴命利　等编著

ISBN 978-7-113-30205-4

（四）工程设计系列

现代铁路枢纽规划设计　　　　　许佑顶　高丰农　吴学全　李传勇　等编著

ISBN 978-7-113-27468-9

高速铁路隧道底部结构动力响应特性及设计方法

彭立敏　施成华　黄　娟　丁祖德　著

ISBN 978-7-113-30133-0

（五）工程施工与组织系列

高速铁路工程勘察技术创新与实践　　　　　　　　　　　　陈则连　著

ISBN 978-7-113-30189-7

第三期（18 册）

高速列车制动防滑控制基础理论与试验技术　　田　春　朱文良　马天和　吴萌岭　编著
　　ISBN 978-7-113-31585-6

高速铁路轮轨廓形设计及应用　　　　　　　　　　　　　沈　钢　陈迪来　编著
　　ISBN 978-7-113-31307-4

高速列车辅助供电系统　　　　　　　　　张立伟　姜东杰　徐海大　编著
　　ISBN 978-7-113-31574-0

高速列车被动安全系统技术理论　　　　　　　　　　　　　　丁叁叁　编著
　　ISBN 978-7-113-31996-0

（三）供电系列

高速铁路供电系统电磁暂态分析与防护　　　　　　　刘明光　刘　铁　编著
　　ISBN 978-7-113-31249-7

（四）工程设计系列

（五）工程施工与组织系列

寒区高速铁路隧道低温影响与工程对策　马志富　田四明　杨昌贤　王志杰　等编著
　　ISBN 978-7-113-31456-9

高速铁路路基边坡生态防护技术与实践　　叶阳升　蔡德钧　魏少伟　吕宋　著
　　ISBN 978-7-113-31741-6

（六）通信与列控系列

真空管磁浮高速飞行列车车地无线通信技术　　　　　　刘留　艾渤　编著
　　ISBN 978-7-113-31382-1

（七）测量与检测系列

高速铁路运营监测技术　　　　　赵斗　张冠军　王长进　梁永　编著
　　ISBN 978-7-113-31182-7

高速铁路精密工程测量技术　　　　王长进　刘成　张冠军　石德斌　编著
　　ISBN 978-7-113-31519-1

铁路工程地质遥感技术创新与应用　　　　　　　　　　　刘桂卫　著
　　ISBN 978-7-113-31354-8

（八）高铁运营与经济系列

高速铁路列车开行决策理论与技术　　　　周文梁　史峰　徐光明　等著
　　ISBN 978-7-113-31563-4